사회복지법제의 이해

박태정 저

Social Welfare Law

학지사

머리말

한국 현대사의 근 백 년을 되돌아봐도 요즘처럼 사회복지에 대한 관심이 뜨거운 시기는 아마 없었을 것이다. 바야흐로 복지의 시대다. '삶'이라는 사적 공간에 '복지제도'라는 공공 영역을 연결하여, 어떻게 하면 좀 더 나은 세상에서 인간답게 살 것인가를 고민하는 모습은 이제 곳곳에서 나타나고 있다. 불과 몇십 년 전만 하더라도 사회복지 그리고 복지국가라는 단어조차 생경하게 여겼는데, 그때를 생각하면 놀라운 변화다.

그 변화의 한가운데에 '법'이 있다. 지금 우리가 들여다보는 모든 복지제도의 시작과 끝은 사회복지법을 본바탕으로 한다. 건강보험의 보장성 강화, 지방자치단체의 청년수당 지급, 장애인등급제 폐지 등 우리 사회를 뜨겁게 달구고 있는 복지이슈는 그에 해당하는 개별 사회복지법과 맞닿아 있다. 국민의 욕구를 반영한 법이 없다면 좋은 복지정책 역시 나올 수 없는 이치다. 사회복지 교육자이자 연구자로서 그리고 사회복지사로서, 국민 욕구에 부응하는 복지입법 노력이 이어지고 있는 것은 더할 나위 없이 반가운 일이다.

그런데 사회복지 전공자들은 과연 사회복지법을 어떻게 이해하고 있을까? 개인과 사회에 적극적으로 개입하여 변화를 이끌어 내려고 노력하는 일선 사회복지 종사자들은 사회복지법을 얼마나 잘 활용하고 있을까? 복지를 둘러싼 변화에도 불구하고 이 두 가지 질문에 대해 긍정적인 답을 하기는 여전히 어렵다. 사회복지법은 사회복지의 가장 중요한 도구다. 그럼에도 불구하고 사회복지학을 공부하는 학생부터 현업 종사자, 심지어 연구자, 교수에 이르기까지 많은 사람은 법이란 단어 앞에서 사회복지를 분리

시켜 생각해 왔다. 심지어 '사회복지실천'과 '사회복지법'은 별개라는 인식조차 존재한다. 이런 태도는 사회복지법의 제정과 개정에서 사회복지전문가의 배제라는 현실로도 연결되고 있다. 사회복지정책이라는 이름으로 발표된 후에야 비로소 사회복지계에서 특정 제도의 흠결과 문제점을 주장하게 되는, 이른바 '사후약방문'과 같은 모습은, 사회복지법을 수단으로 활용하는 데 능숙하지 못한 한계를 여실히 보여 준다.

민주주의가 정착되어 시민사회가 성숙할수록 사회복지법은 제·개정을 거듭할 것이다. 수많은 사회복지법이 국민이 원하는 바를 정확하게 담고 있으면서 목적과 내용이 일치하는지, 지속가능성을 담보하고 있는지, 보편적 인권보장을 전제로 하는지 등과 같은 중요한 문제를 철저히 검증하여 바로 잡는 것은 우리의 몫이다. 하지만 사회복지 전공자와 종사자 그리고 연구자가 그 책임에 걸맞은 역할을 다하고 있다고 하기엔 아쉬움이 남는다.

이러한 점 앞에 사회복지법제를 교육해 온 사람으로서 반성할 수밖에 없는 책임감을 느끼며 이 책의 직업을 시작하였다. '법'이라는 말과 연결되는 어떤 단어 앞에서도 부담을 느끼지 않도록, 나아가 사회복지 종사자와 전공자가 사회복지법에 대한 분석과 적용 그리고 성찰을 해 나갈 수 있도록 동기를 부여하는 것이, 이 책을 쓰는 시간 내내 필자가 고민했던 것이다. 독자들이 사회복지전문가로서 사회복지법을 이해·적용하는 역량을 갖추는 데 이 책이 조금이라도 도움이 되길 바란다.

이 책은 크게 두 부분으로 구성하였다. 먼저, 제1부는 법을 이해하고 분석하는 데 필요한 기초 이론을 다룬다. 법의 개념부터 법 해석방법에 이르기까지 사회복지법을 이해하기 위해 먼저 알고 있어야 하는 개념들이라고 볼 수 있다. 사회복지학을 전공하는 독자라면 첫 장부터 차근차근 읽어 나아갈 것을 권하며, 사회복지 종사자라면 필요한 부분을 발췌하여 읽어 볼 수 있겠지만 기본권, 권리구제, 법해석을 다루고 있는 제5장 이후의 내용

만큼은 보다 꼼꼼하게 살펴보길 권한다. 제2부는 주요 사회복지법률을 분석하고 있다. 수십 개가 넘는 개별 사회복지법을 모두 싣는 것은 법전(法典)과 다름없는 일이므로 사회복지법제에서 기본법적 지위 내지 중요한 의미를 갖는 법을 선택하였다. 사회복지법에서의 기본법이자 「헌법」 다음으로 상위법적 지위를 갖는 「사회보장기본법」, 사회복지사업의 근거이자 사회복지시설 설치와 운영의 준거가 되는 「사회복지사업법」, 사회보장급여 이용과 급여권 행사의 기초가 되는 「사회보장급여의 이용 · 제공 및 수급권자 발굴에 관한 법률」, 공공부조체계의 획기적인 변화를 가져왔을 뿐만 아니라, 공공부조 분야 기본법에 해당하는 「국민기초생활 보장법」, 그리고 고령사회에서의 노인빈곤을 해소하기 위한 목적을 담았으면서도 공적연금과 공공부조적 성격이 혼합된 특징이 있는 「기초연금법」의 내용을 중심으로 구성하였다.

제2부에서 다루지 않았던 개별법, 즉 대상자와 제도별로 규정되어 있는 법들은, 각 전공 영역에서 구체적으로 다루어지기를 희망한다. 가령, 「아동복지법」은 아동복지론과 같은 과목과 그 응용 분야에서 심층적으로 분석될 때 더 중요한 의미를 가지게 될 것이다. 사회복지 분야 각 전공교과목에서 그 분야에 해당하는 법률을 구체적으로 다룰 때, 사회복지법제 역시 법전적 구성이 아닌, 본래의 교육목적을 다할 수 있다.

'사회복지법제의 이해'라는 제목 아래 이 책이 마무리될 때까지 많은 분들의 도움과 조언이 있었다. 무엇보다 오랜 시간을 두고 기다려 주신 김진환 대표님, 그리고 편집을 맡아 애써 주신 이영민 선생님 등 학지사의 모든 관계자 분들께 감사드린다. 공부하는 일의 즐거움, 나아가 사회복지학자로서 지역사회에 대해 가져야 할 책임감을 잊지 않도록 일깨워 주시는 김영화 교수님께 지면을 빌려 감사와 존경의 말씀을 올린다. 지역사회현장에서 사회복지 종사자로서 묵묵히 한길을 걷고 있는 주민정 선생님, 최혜원 선생님의 조언은 사회복지현장감각을 잃지 않는 데 큰 도움이 되었다.

아울러 사회복지법제론 강의실에서 수많은 질문을 쏟아 내고 궁금해했던 학생 한 명, 한 명 모두에게 고마움을 전한다. 연구자와 교육자로서 10년 넘는 시간 동안 흔들리지 않고 설 수 있었던 것은 전적으로 나와 인연을 맺어 준 학생들 덕분이다.

첫 페이지에서 마지막 페이지까지 세심히 살피고 제대로 쓰기 위해 최선을 다했지만, 아직도 부족한 점이 있는 것은 분명한 사실이다. 이 한 권에 그치지 않고 사회복지법에 대해 언제나 궁리하면서 연구하겠다는 약속을 드리며 조심스럽게 이 책을 세상 앞에 내놓고자 한다. 아무쪼록 독자들이 사회복지법에 한 걸음 더 들어가도록 하는 데 이 책이 조금이나마 도움이 된다면 더 바랄 나위가 없을 것이다.

2018 북미정상회담을 하던 날

박태정

차례

제2부 각론

제8장 사회보장기본법 • 155

제9장 사회복지사업법 • 179

제10장 사회보장급여의 이용 · 제공 및 수급권자 발굴에 관한 법률 • 221

제11장 국민기초생활 보장법 • 265

부록

제1부 총론

사회복지의 목적은 무엇은 무엇인가? 여러 가지로 정의할 수 있지만 '모든 사회구성원의 안녕(well-being)'은 그 가운데 공통분모다. 사회복지법 역시 바로 이 목적으로부터 출발한다. 사회구성원의 안녕을 유지하고 향상시키기 위한 노력의 결정체가 바로 사회복지법이다. 사회복지법이 담고 있는 목적과 내용은, 복지가 개인과 집단 그리고 국가 전체의 현재와 미래에 어떤 영향을 미칠지의 여부를 결정 짓는 데 중요한 근거가 된다.

그럼에도 불구하고 사회복지법학은 사회복지학과 법학, 양쪽 모두에서 그다지 주목받는 분야가 아니었다. 다만 복지국가에 대한 범국민적인 관심을 반영하듯, 복지정책의 근거가 되는 사회복지법을 다루는 연구와 분석들이 최근 늘어나고 있는 것은 분명하다. 이러한 배경 아래 총론에서는 사회복지법을 이해하고 연구하는 데 필요한 기초 이론을 다룬다. 법의 개념에서 사회복지법의 해석방법에 이르기까지의 범위로서, 이를 토대로 사회복지법을 이해할 수 있는 시작점을 만들 수 있기를 기대한다.

제1장
사회복지법이란 무엇인가

국가를 다스리는 사람은 반드시 비용을 절약하여 백성을 사랑해야 한다.

爲國家者 不可不節用而爲民

- 정도전, 『조선경국전』 -

1 법의 개념

대부분의 사람은 법을 이야기하면서 규제와 원칙을 떠올린다. 그런 만큼 대중에게 법은 꼭 필요하지만 동시에 굳이 필요하지 않은 그 무엇인 셈이다. “법은 마치 맥주와 같아서 처음에는 치를 떨지만 마실수록 뗄 수가 없다.”라고 했던 괴테의 말처럼 인간이 생활하는 모든 순간에 법은 규범으로서 끊임없이 작동되고 있다. 굳이 법조인, 법학자가 아니더라도 우리들은 일상에서 법이란 용어를 자주 사용한다. 그렇기 때문에 때로는 마치 인간과 법이 일정한 거리에서 서로 마주보며 서 있는 것처럼 느껴진다.

“법이란 무엇인가?”에 대한 답은 법 자체의 목적에서 찾을 수도 있지만, 다른 한편으로 법은 인간 사회 속에서 선하고 정당한 결과를 찾아내기 위한 기술이라고도 답할 수 있다. 또한 법에는 “존재와 당위의 일치 속에서 바른 것, 정당한 것을 지향하는 규범"이라는 의미도 담겨 있다(문종욱, 2010: 376). 법은 유기체와도 같은 인간세계와 밀접한 연관을 맺고 있기 때문에 시·공간을 초월하여 공통적으로 쓸 수 있는 개념을 제시하는 것은 쉽지 않다.

이러한 점에서 여러 학자들은 법의 특성이나 기준을 제시하면서 법의 개념을 설명하려고 시도해 왔다. 특히 풀러(L. Fuller)는 법이 갖추어야 할 8가지의 기준을 다음과 같이 제시하였다(김혁기, 2009: 521-522).

① 일반적이어야 한다.
② 공포되어야 한다.
③ 소급입법을 남용하면 안 된다.
④ 이해하기 쉬워야 한다.
⑤ 상호모순되는 내용을 가지면 안 된다.
⑥ 당사자에게 불가능한 것을 요구하면 안 된다.
⑦ 시간적 지속성을 가져야 한다.
⑧ 공포된 바와 집행이 일치해야 한다.

풀러는 이 가운데 하나라도 누락되거나 미비하다면 법으로서의 존재가치가 없다고 말하면서 무엇보다 이해하기 쉬워야 한다는 속성이 가장 중요하다고 했다. 이 기준만 보더라도 법의 목적과 내용은 명확하고 분명하게 전달되어야 함을 잘 알 수 있다.

기존 연구들에서 제시된 법의 개념정의를 정리해 보면, 법이란 다음과 같이 정의되고 있다.

① 사회생활의 질서를 유지하고 다수 사람들 간의 배분 및 협력의 관계를 규율하기 위해서 발달한 규범의 체계로서 그 효력을 확보하기 위해 조직적 강제의 뒷받침을 받고 있는 것(신법률학사전편찬

위원회, 1985: 694)

② 어느 사회의 정당한 정치권력이 그 사회의 공동선을 위하여 자연 질서에 근거를 두고 그 사회의 도덕, 관습, 필요성 등 합리적 가치 요소 등을 반영하여 정당한 방법으로 제정하거나 확인 · 적용하는 강제적인 사회생활규범(유병화, 1990)

③ 인간의 사회생활을 규율하는 사회규범의 하나로서 조직화된 국가권력에 의하여 강제되는 사회적, 실천적인 행위규범(함순용, 김광선, 남현우, 1999)

학자별로 혹은 어떤 상황에서 말하는가에 따라 판단의 잣대부터 이치와 도리, 방법을 의미하는 것까지 법은 조금씩 다르게 일컬어지지만, 일종의 규범을 지칭하려고 할 때 사용되는 것은 공통적이다. '법 = 규범'으로 여기기 때문에, 법이 윤리적인 해석, 가치 그리고 관습을 모두 포함하는 것으로 곧잘 정의하거나 이해하려고 한다. 이런 점에서 앞의 질문, "법이란 무엇인가?"에 대한 대답은 인간생활에 대한 도덕, 관습, 가치 등 법과 닮은꼴을 가진 규범으로부터 '법'을 구분하는 것에서 그 실마리를 찾을 수 있을 것이다.

규범과 구분되는 법의 속성은 다음과 같다. 첫째, 법은 강제력을 갖는 사회규범이다. 사회규범이란 "집단(공동체)과 사회를 조직화하고, 그 질서를 유지하고, 무엇인가의 사회적 목표와 가치를 실현하기 위해 사람들이 사회생활상 지켜야 하는 규칙"을 의미한다(강대성, 1997: 22). 사회생활에서 기준으로 작용하며 이를 거부할 경우, 그에 따른 강제조치도 취할 수 있다는 점에서 여타의 종교적 규범, 도덕규범 등과 다른 특징이 있다.

그럼에도 불구하고 법과 도덕은 상당 부분 닮아 있다. 가령, 살인(殺人)이나 절도(竊盜), 사기(詐欺) 등과 같은 범죄(犯罪)는 형법에 의하여 처벌을 받지만, 도덕적으로도 용인(容忍)될 수 없는 반윤리적인 행위다. 또한 법과 도덕은 서로 바뀌면서 달라지는 상호전화(相互轉化)되는 경우가 많다. 가령, 도덕과는 거리가 먼 기술적 법규가 오랫동안 지켜지면서 생활화된 결과, 사회생활상의 도덕으로 바뀌는 경우다. 예를 들면, 차량과 보행자의 통행방식은 도덕과는 무관한 결정이지만, 오랜 시간 지켜 왔기 때문에 오히려 어기게 될 경우 도덕적인 비난을 받게 되는 것과 같다. 이를 라드브루흐(Gustav Radbruch)는 "도덕의 왕국으로 법의 귀화(歸化)"라고 한 바 있다. 법과 도덕은 효력 면에서도 상호부조(相互扶助)를 한다. 법은 사회규범인 도덕규범 중에서 특히, 사회질서의 유지를 위해 반드시 필요하다고 인정되는 것에 대해 강제력으로 그 실효성을 부여한다. 즉, 법은 강제력을 가지고 도덕의 효력을 뒷받침한다(홍성찬, 2013: 94-95).

하지만 법은 희로애락과 같은 인간관계의 내면에서 작동되는 것이 아니라 외형적 관계를 규율한다는 점에서 차이점이 있으며, 국가권력에 의한 강제성 등의 속성만으로도 도덕과 분명히 구분된다.

〈표 1-1〉 법과 도덕의 차이

기준	법	도덕
내용	외면성	내면성
형식	강제성	비강제성
경험여부	국가권력이 만든 경험적 규범	인간이성에 터 잡은 실험적 규범
대상	평균인	이상인
문자	문자로 표기	비문자적 속성이 더 높음

둘째, 법은 정의라는 가치를 지향하기 위해 만들어진 규범이다. 우리 사회에는 매우 다양한 가치들이 존재한다. 자유, 평화, 선(善) 등 다양한 가치 가운데 법은 '정의'를 가장 중요하게 여기며 이를 실현하기 위한 장치라고도 볼 수 있다. 정의의 개념은 평등을 중심으로 이해되어 왔는데, 평등과 더불어 인권존중까지 포괄하여 접근하는 경향이 점차 드러나고 있다. 세계인권선언의 전문(前文)에서도 "인류사회 모든 구성원의 생명 존엄과 평

등하고 양도할 수 없는 권리를 인정하는 것은 자유와 정의와 평화의 기초"라고 강조된 바 있다(최종고, 2010: 42). 다만, 중요한 것은 법 그 자체가 반드시 정의로운 것만은 아니라는 점이다. 권력이나 집단을 도구로 정의롭지 않은, 부당한 법도 얼마든지 만들어지고 시행될 수도 있다. 법을 정의와 동일시할 수는 없지만 다른 어떤 규범보다 정의를 실현하고자 노력한다는 것으로 정리해 볼 수 있다.[1)]

셋째, 법은 위계를 갖는 규범이다. 도덕적 판단, 종교적 가치, 문화 등은 위계적 힘을 갖지 않는다. 그러나 법이 사회에서 강제력을 갖고 집행되기 위해서는 그 효력에 따른 체계가 필요하다. 이는 법이 위계질서를 구성하고 있다는 것과 같은 의미가 된다. 최하위 법규에서 상위법에 이르기까지 효력을 달리하는 위계를 구성하고 있으므로, 법은 사회구성원에게서 발생하는 일들의 관계를 판단할 수 있는 준거로서 작용한다.

넷째, 법은 유기체로서의 특징을 갖는다. 법은 인간생활을 규율하기 위한 규범이다. 그렇기 때문에 사회라는 시·공간에서 나타나는 현실을 끊임없이 반영하여야 한다. "인간은 사회적 동물이다."라는 것은 시대를 막론하고 불변하는 명제이지만 이러한 사회적 동물이 생활하는 구체적인 시·공간에서의 '외형적 관계'는 늘 변화하는 것이다. 법은 고정불변의 절대명제가 아니라 항상 고쳐질 수 있고, 그 시대적 특징에 따라 등장하거나 사라질 수 있는 생명력을 가지고 있다. 그럼에도 불구하고 법의 적용은 예외를 두지 않는 만큼, 이른바 절대적 효력을 가진 살아 있는 규범이라고 볼 수 있다.

---

1) 이 점에 대해 최종고(2010)는 정의를 법의 이념으로 간주하면서 법은 정의를 지향하는 문화규범이라고 설명하고 있다.

2 사회복지법의 개념

인간생활을 규율하는 규범이 법이라면 사회복지법이란 무엇인가? 사회복지와 법이 결합된 꼴이지만, 그 의미를 이를 정확히 정의하자면 사회복지의 개념을 규정하면서 시작되어야 할 것이다. 많은 책과 학자들이 입을 모아 얘기하듯이, 사회복지를 하나의 의미로 정의하는 것은 매우 어렵다. 심지어 때로는 불가능해 보이기까지 하다. 그에 대한 이유로는 사회복지는 인간, 그리고 인간생활과 직결되어 있고, 도덕이나 종교와 같은 규범적 가치가 아님에도 불구하고 그러한 것들과도 매우 닮은꼴을 보인다는 점을 들 수 있다. 사회복지의 정의를 수학식처럼 단일하게 표현할 수는 없지만 다양한 정의에 내재된 공통점을 중심으로 정리해 본다면, 사회복지(social welfare)란 "사회 전체와 그 모든 구성원의 안녕(well-being)을 목적으로 하는 것"이다. 그랬을 때 사회복지법이란 "모든 구성원과 사회의 안녕을 위한 국가와 국민 간의 권리 · 의무관계를 규율한 규범"이다.

현대사회에서 사회복지는 생존권적 기본권이 강조되면서 권리로 자리매김되었다. 복지가 발달한 국가에서는 사회복지가 생존권적 기본권으로서 국민의 권리로 인식되고 있는 것이 보편적 현상이다(김광범, 김수정, 2012). 행복하고 인간다운 삶에 대한 염원이 국민이 갖는 욕구라면, 이를 누릴 수 있도록 권리를 보장하는 것은 국가의 책무라고 할 수 있다. 오늘날 많은 국가들은 이 같은 권리 · 의무관계를 토대로 복지국가로 나아가기 위한 다양한 정책과 서비스를 실시하고 있다. 복지국가가 필요한 여러 가지 이유 가운데 하나가 인간다운 생활이라면, 이는 생존권적 기본권의 보장으로도 달리 말할 수 있으며, 우리 「헌법」에서도 제34조를 통해 강조하고 있다.

생존권적 기본권에 대한 관심은 자본주의 경쟁체제 속에서 필연적으로 나타나게 되는 비자발적 근로빈곤집단의 등장과 더불어 시작되었다. 또한 사회 모순을 바로 잡을 수 있는 장치로 기능하리라는 기대에서 발전하게 된 것으로도 볼 수 있다. 환언하면 생존권은 생활과 생존의 위기에 처한 사람들의 문제를 해결하기 위해 등장한 것으로서, 절박한 욕구와 위기로부터의 보장이라는 점에서 중요한 의미가 있다(이명현, 2001). 생존권은 인간다운 생활을 하기 어려운 자에게 사회보장을 받을 권리를 보장한다는 측면에서 국가의 개입을 배제하려는 자유권과 달리, 국가의 개입을 적극적으로 강조하는 사회권적 기본권의 성격을 지닌다.

생존권적 기본권은 국민 개인의 생존을 위해 필요한 재화의 배분과 공급에서부터 시작된다. 생존권적 기본권을 행사하기 위해서는 국민을 대상으로 하는 국가의 의무가 요구된다. 달리 말하자면, 그 권리의 구체적 실현을 위한 조치들은 대체로 사회복지 관계 입법을 통해 제도화되어야 한다. 이는 사회복지가 법관계로 이해되어야 함을 의미한다. 우리나라를 비롯한 대부분의 국가들이 법적 권리를 강조한다는 점만 보더라도 사회복지제도가 '법률'에 의해 국가와 국민 간의 권리 · 의무관계로 존재해야만 그 실효성이 보장되는 것을 이해할 수 있다. 이것이 곧 '사회복지법'의 필요성이다. 사회복지법은 사회복지의 목적을 추구하기 위해 필요한 이념, 가령 인간다운 생활, 기본권의 보장, 시민으로서의 자유와 책임을 상세하게 규정하고 제도화하는 데 근본이 된다. 구체적인 수준과 내용은 관계법에 의해 규정되어 행사되는 것이지만, 인간다운 생활은 단순히 신체적 차원뿐만 아니라 문화적 측면을 포함한 개념이다. 이와 같은 점에서 사회복지법은 시대를 적극적으로 반영해야 한다.

사회복지법은 사회적으로 열악한 처지에 있는 약자만을 대상으로 그들의 최소한의 인간다운 생활을 영위하도록 원조했던 협의의 영역에서 모든 국민의 기본권과 기본욕구를 충족시키는 광의의 사회복지법으로 나아가고 있다. 그리고 국민의 인간다운 생활을 적정수준(optimum level)에서 보장하는 동시에 상호주의에 입각하여 자국거주 외국인의 인간다운 생활을 보장하려는 광의의 사회복지개념까지도 담으려는 움직임이 나타나고 있다(최봉석, 2003: 643).

3 사회복지와 사회복지법

사회복지법과 사회복지의 관계는 여러 가지로 설명된다. 가령, 사회복지사의 지위가 확보되는 것은 바로 '법'에 의해서다. 그런 만큼 법이 정하는 전문직의 요건, 의무와 책임을 지키도록 규제받고 있으며 대체로 업무의 성격과 영역까지도 법이 정한 테두리 안에서 자리하고 있다. 물론 사회복지법 내지 법 자체만 가지고 사회복지라고 할 수는 없다. 그러나 법이 사회복지전문직에게 권한과 책임을 부여하며 그들이 수행하는 각종 사업의 목적과 필요성을 분명히 제시한다는 점에서 의미가 있다.

사회복지법과 사회복지의 관계를 살펴보면 다음과 같다.

첫째, 사회복지전문직들은 생존권적 기본권[사회권(social right) 혹은 복지권(welfare right)]의 실현을 위해 자신들이 지닌 전문 지식과 기술을 활용한다. 이때 사회복지법은 생존권을 보장하는 데 근간을 이루는 것이며 사회복지전문직들이 사회복지사업을 수행하는 데 필요한 법적 근거와 당위성을 제공해 준다.

둘째, 공공부문에서 실시되는 각종 사회서비스는 사회복지법을 근거로 한다. 따라서 사회서비스에 요구되는 재정, 인력, 전달체계와 같은 구체적인 조건들은 법규로서 정해지며 이에 따라 사회복지전문가들은 욕구와 서비스가 필요한 대상에게 사회서비스를 실시한다. 이런 점에서 사회복지법은 직접적인 사회복지실천과 서비스 제공의 근거이자 매뉴얼의 기능을 한다고 볼 수 있다.

셋째, 사회복지전문직의 자격과 책무를 명확히 규정한다. 우리나라의 경우 「사회복지사업법」에 의해 사회복지사의 자격요건을 규정하고 있다. 이처럼 사회복지법은 사회복지전문직을 정의하고 전문가로서 갖추어야 할 요건을 제시한다. 또한 사회복지사의 직무수행과정에서 그 직업윤리를 어떻게 적용하고 지켜야 하는지에 대한 가이드라인을 제공하기도 한다.

넷째, 법률은 사회서비스의 재정 조달을 위한 근거를 제공한다. 사회서비스가 계획, 실천되는 과정에서 반드시 수반되어야 하는 예산은 법에 의해 그 조달과 집행기준이 정해지고 있다. 따라서 사회복지법은 사회서비스의 지속성과 효과성을 담보한다.

다섯째, 사회복지에서 발생하는 많은 문제와 욕구들은 점점 '법적 쟁점'을 내재하고 있으며 이를 해결하려면 미시적 개입뿐만 아니라 정책적 측면에서도 함께 접근해야 할 경우가 빈번하다. 따라서 사회복지법적 원리와 지식은 사회복지 분야 종사자들이 사회문제 예방과 해결을 위해 숙지해야 하는 필수 요소다.

4 사회복지법의 구조

법은 그 법적용을 받는 당사자에게 특정 행위를 하도록 만드는 행위규범이다. 또한 행위, 그 행위와 연결되는 일들의 위법성 여부 등을 판단하기 위한 재판규범이기도 하다. 사회복지법 역시 행위규범과 재판규범의 구조로 이루어져 있다.

1) 행위규범

행위규범이란 개인에게 일정한 행위[2]를 명령하는 것이다. 사회복지법 역시 행위규범으로서의 구조를 갖는다. 사회복지법은 특정한 행위를 하도록 정한 것(요구규범)과 특정한 행위를 하지 않도록 명하는 것(금지규범)으로 명령의 구조가 나뉜다. 예를 들어, "아동의 보호자는 아동을 가정에서

2) 이때 행위는 작위와 부작위로 나뉜다. 먼저 작위는 특정 행위를 하는 것, 부작위는 특정한 행위를 하지 않는 것을 의미한다.

그의 성장시기에 맞추어 건강하고 안전하게 양육하여야 한다(「아동복지법」 제5조 제1항).”는 요구규범의 전형적인 예다. 반면에 “아동의 보호자는 아동에게 신체적 고통이나 폭언 등의 정신적 고통을 가하여서는 아니 된다(「아동복지법」 제5조 제2항).”는 금지규범에 해당한다. 행위규범은 정언명령(무조건의 명령)의 형식을 갖는다.

2) 재판규범

재판규범이란 행위규범을 위반한 자에 대해 재판을 통해 제재조치를 명하는 규범을 의미한다. 재판규범으로서의 사회복지법은 사회복지법이 정한 행위규범에 위배될 경우 이를 판단하는 준거가 된다. 예를 들면, “아동·청소년의 성을 사는 행위 또는 아동·청소년이용음란물을 제작하는 행위의 대상이 될 것을 알면서 아동·청소년을 매매 또는 국외에 이송하거나 국외에 거주하는 아동·청소년을 국내에 이송한 자는 무기징역 또는 5년 이상의 징역에 처한다(「아동·청소년의 성보호에 관한 법률」 제12조 제1항).”에서처럼 어떤 목적을 달성하기 위해 내리는 조건부의 명령형식, 즉 가언명령의 꼴을 취한다. 다시 말해, 아동·청소년의 성을 사는 행위라는 조건이 발생했을 때, 그 행위에 대한 법적 효과로서 형벌을 명하도록 하는 것이다.

최근 사회복지 모든 영역에서 인권의 중요성이 강조되고 있는 점을 감안해 본다면, 사회복지법은 각종 인권침해사건에 대한 재판규범으로서의 기능을 보다 충실히 수행할 것을 요구받고 있다.

5 사회복지법의 효력

일반적으로 법의 효력은 시간, 사람, 장소로 구분하여 볼 수 있다. 이는 사회복지법에서도 마찬가지다.

1) 시간에 관한 효력

(1) 시행과 폐지

법이 갖는 시간적 효력은 언제부터 언제까지 법의 효력이 지속되는가에 관한 것이다. 사회복지법의 시간적 효력 역시 동일하다. 시간적 효력의 시작은 법의 제정시점이 아닌 시행시점이다. 법은 제정된 바로 그 순간 효력을 발생하는 것이 아니라 국민들의 알 권리를 보장할 시간, 다시 말해 국민들에게 법의 제정사실과 내용을 알리기 위한 기간을 둔 후 시행된다. 이를 시행예정기간이라고 한다(김영규 외, 2013: 36-37). 우리나라의 시행예정기간은 원칙적으로 「헌법」이 정한 바를 따르는바, 「헌법」에서는 "법률은 특별한 규정이 없는 한 공포한 날로부터 20일을 경과함으로써 효력을 발생한다(제53조 제7항)."라고 하여 '20일'이 일반적인 시행예정기간에 해당한다. 다만 사회복지법의 경우, 제도 수립과 적용에 필요한 준비기간이 더 필요한 경우가 종종 발생하기 때문에 부칙에서 시행일자를 따로 정하는 경우가 빈번하다. 예를 들면 「아동의 빈곤예방 및 지원 등에 관한 법률」은 2011년 7월 14일 제정되었으나, 제정 당시 부칙을 통해 "이 법은 공포 후 1년이 경과한 날부터 시행한다."라고 시행예정기간을 별도로 둔 바 있다.

법의 시간적 효력이 상실되는 시점, 즉 법의 폐지는 크게 두 가지로 나뉜다. 첫째, 명시적 폐지다. 명시적 폐지에 해당하는 대표적인 예는 법 제정 단계에서 특별히 기간의 정함을 두고 만들어진 경우로서 이른바 한시법이다. 사회변화에 대응하여 기존 법이 폐지되고 신법이 제정되었을 때, 신법에서 구법의 폐지를 명시하고 있는 것 역시 명시적 폐지에 속한다. 사회복지법의 경우, 한시법에 의한 명시적 폐지보다는 사회문제나 현상에 대응하는 과정에서 특정 법률의 전면적인 수정이 불가피하여 기존 법을 폐지하고 새로운 법을 제정하여 명시적 폐지가 이뤄지는 경우가 더 빈번하다. 예를 들면, 「생활보호법」은 「국민기초생활 보장법」이 제정되면서 명시적으로 폐지되었다.

둘째, 묵시적 폐지다. 이는 신법과 구법이 충돌했을 때, 신법 우선에 의해 구법이 폐지되는 것이다. 사회복지법의 특성상 개정이 잦은 점을 감안할 때, 묵시적 폐지는 종종 나타나고 있다.

(2) 법률불소급

법률불소급이란 법은 그 시행기간 중에 발생한 사항에 대해서만 적용되고, 그 시행일 이전에 발생한 사항으로 소급되지 않는 것을 의미한다. 법률불소급원칙은 국민의 권리보호를 위해 「헌법」에서 규정한 사항이다. 「헌법」 제13조에 의하면 "① 모든 국민은 행위시의 법률에 의하여 범죄를 구성하지 아니하는 행위로 소추되지 아니하며, 동일한 범죄에 대하여 거듭 처벌받지 아니한다. ② 모든 국민은 소급입법에 의하여 참정권의 제한을 받거나 재산권을 박탈당하지 아니한다."라고 규정된바, 불소급원칙을 분명히 밝히고 있다.

사회복지법에서도 동일하다. 새로운 법이 제정되었거나 혹은 개정을 통해 변경된 사항이 있더라도 원칙적으로 시행 이전의 사건에 대해 소급적용되지 않는다. 다만 경과규정을 활용하여 신법과 구법 간의 충돌에 의한 권리행사의 지연 등을 대체로 해소하고 있다.[3] 또한 「민법」의 불소급 예외에서처럼 단서규정 등을 통해 부분적인 소급을 허용하기도 한다.

2) 사람에 대한 효력

사회복지법뿐만 아니라, 우리나라의 모든 법은 속인주의(屬人主義)에 의해

---

3) 법률불소급의 원칙은 법 효력에서의 일반원칙이다. 다만, 「민법」과 「형법」에서는 일부 예외를 두고 있다. 먼저, 「민법」 부칙 제2조에 의해 "본 법은 특별한 규정이 있는 경우 외에는 시행일 전의 사항에 대하여도 이를 적용한다."라고 하여 실질적인 소급적용이 일부 가능함을 허용하고 있다. 「형법」에서도 행위자에게 불리한 소급을 금지하는 것은 원칙이지만, 행위자에게 유리한 경우, 다시 말해 피고인에게 유리한 경우에는 예외적으로 소급적용이 허용된다.

대한민국 국민이라면 당해 국민이 처한 장소의 영토 경계를 불문하고 모든 국민에게 적용된다. 이는 속인주의적 효과다. 우리나라 영토 안에 있는 외국인의 경우, 속지주의(屬地主義)를 따르도록 하고 있다. 사회복지법에서는 속지주의적 효력의 적용에 있어서 특히, 외국인에 대한 사회보장제도 적용과 같은 경우, 조약체결 여부에 따라 속지주의적 원칙의 예외가 발생하기도 한다.

3) 장소에 대한 효력

「헌법」 제3조는 "대한민국의 영토는 한반도와 그 부속도서로 한다."라고 규정하여, 우리나라의 모든 법은 대한민국의 모든 영역에 효력을 미침을 원칙으로 하고 있다. 사회복지법에서도 동일하다. 다만, 지방의회 및 지방자치단체가 제정한 조례와 규칙은 해당 지역에서만 구분되어 적용되는 점은 예외다. 지방자치단체별로 복지 분야 조례 제정이 활발한 만큼 그 적용범위에 대해서도 유의하여야 한다.

6 사회복지법의 원리

다양한 사회복지법이 만들어지고 있지만, 인간다운 생활 보장은 공통 목적이다. 인간다운 생활 보장의 목적을 이루기 위해, 사회복지법은 이를 위한 급여체계를 대부분 명시하고 있다. 이런 점에서 사회복지법은 급여중심의 법이라고도 볼 수 있다. 이때 사회복지법에 의한 급여가 지급되는 원리를 일컬어 사회복지법의 원리(혹은 급여원리)라고 한다(이상광, 1988: 25-26).

사회복지법의 원리는 급여대상자, 재원조달, 급여수준 등을 결정하는 근거가 되며 서로 다른 사회복지법에 의한 급여들을 구분하려고 할 때 기준으로 적용한다.

1) 보험의 원리

보험의 원리란 앞으로 발생할 수 있는 특정한 위험에 대해 스스로를 보호하려고 하는 공동목적을 가진 사람들이 상호부조로서 각각 일정한 기여금을 지불하여 적립하다가 자기에게 특정 위험이 발생하게 되면 적립된 기여금에서 약속된 소정의 급여를 받는 원리다(신섭중 외, 1993: 18-19; 장동일, 2008: 62).

보험의 원리가 지배하는 사회복지법의 대표적인 영역은 사회보험 분야다. 우리나라 사회보험에서 보호되는 특정한 위험은 질병, 산업재해, 실업, 노령과 같은 것으로서 이른바 4대 보험으로 일컬어지며 각각에 대한 개별법이 시행중이다. 즉, 「국민건강보험법」「산업재해보상보험법」「고용보험법」「국민연금법」이 앞에서 제시한 위험에 대응하기 위한 법에 해당한다. 그 밖에 최근 고령화에 따른 노인 돌봄 및 요양의 사회화현상을 반영하여 제정된 「노인장기요양보험법」 역시 보험의 원리가 적용되어 있다.

2) 부조의 원리

부조의 원리란, 인간다운 생활을 못 할 만큼의 경제적인 어려움을 겪고 있는 개인을 대상으로 국가 재정에 의해, 그 당사자의 생활이 최소한의 수준에 이르도록 지원하는 것을 의미한다. 어려움의 원인을 따지지 않는 대신 소득 수준 등에 대한 조사를 실시하며, 사전 기여금 납부 등과 같은 전제조건이 없는 특징이 있다. 국가 재원을 기초로 실시되기 때문에 부조의 원리에 의해 실시되는 급여는 약간의 소득재분배 기능을 가지고 있다.

부조의 원리가 담긴 사회복지법은 공공부조 분야다. 생존권 보장의 최후 보루라고 볼 수 있는 공공부조제도는, 빈곤의 원인을 따져 가리지 않지만 법이 정한 자격조건에 부합하는지에 대한 엄격한 심사를 통해 급여가 제공된다. 이러한 심사는 자산조사가 기본이며 부양의무자의 여건 등 경우에 따라 일부 부수적 기준이 부가되기도 한다.

우리나라에서 부조의 원리가 적용되는 사회복지법은 「국민기초생활 보장법」「긴급복지지원법」「의료급여법」 등이 있다.

3) 원조의 원리

원조의 원리란 사회적 욕구 충족이 결핍된 개인과, 사회문제로 인해 어려움을 겪게 된 사람을 대상으로 일정 수준의 서비스를 제공하여 이들의 상태를 개선하는 원리를 의미한다. 사회복지법에 의한 각종 사회서비스들은 원조의 원리가 지배하는 영역에 해당한다.

우리나라에서 원조의 원리가 지배하는 사회서비스는 재활, 치료, 상담, 교육, 생활지원 등 다양한 영역에 걸쳐 있으며, 「아동복지법」「장애인복지법」「노인복지법」 등 대상자 중심의 특수성을 갖춘 개별 사회복지법에 의해 주로 실시되는 것을 알 수 있다.

4) 보상의 원리

보상의 원리는 국가, 민족, 공동체를 위해 활동한 사람이 상해를 입거나, 사망하거나, 근로능력을 상실하여 인간다운 삶의 유지가 곤란하게 되었을 때, 당사자의 활동이 갖는 공익성에 근거하여 당사자와 그 가족 혹은 유족에 대해 보상하고자 하는 것이다.

국가의 재정을 근간으로 하며 활동의 공익성과 그 목적의 수행과정에서 발생한 위험 등이 보상의 원리에서 나타나고 있다. 보상의 원리가 지배하는 대표적인 사회복지법은 「군사원호보상법」「독립유공자예우에 관한 법률」「의사상자 예우에 관한 법률」 등이다.

요약

사회복지법은 개인의 인간다운 생활 보장과 삶의 질 향상에 기초가 되는 기본권을 실현하는 데 중요한 수단이 된다. 국민의 욕구에 부응하는 사회복지제도는 법률에 의해 구체화되면서 그 실효성이 보장된다.

핵심어

- 생존권
- 사회복지
- 사회복지법
- 법과 도덕
- 재판규범
- 행위규범

제2장

사회복지법의 법원(法源)

배우기만 하고 생각지 않으면 맹목적으로 되고,
생각하기만 하고 배우지 않으면 위태롭다.
學而不思則罔, 思而不學則殆
-『논어』, 위정편 -

법을 실제로 적용, 집행하기 위해 표현하는 방법은 여러 가지가 있는데 이를 법의 존재형태, 즉 법원(法源, source of law)이라고 한다. 이때 법의 존재양식은 문자로 표현되었는지 혹은 사회구성원 사이에 관습적으로 동의되어 당연히 인정되어 왔는지에 따라 성문법(成文法)과 불문법(不文法)으로 구분된다. 이는 법의 종류, 가령 공·사법 등에 따라 달라지지 않는 기본적인 구분방식이다. 사회복지법의 법원 역시 이와 같은 법의 일반적인 존재형태와 동일한 만큼 성문법과 불문법의 법원으로 나누어 살펴보도록 한다.

1 성문법으로서의 사회복지법

성문법은 문자와 문장으로 표현되어 입법기관에 의해 만들어진 법을 의미한다.[1] 자연발생적으로 생성된 것이 아니라 한 사회 혹은 국가의 의지에 의해 의도적으로 만들어지는 것이다. 성문법은 만들어지는 것인 만큼 사회현실과 '만들어진' 규정 사이에 간극이 존재할 수 있다. 이는 성문법의 존재형식을 빌고 있는 사회복지법에서 더 유의해야 할 점이다.

사회복지가 추구하는 가치는 추상적이며 형이상학적이다. 예를 들면, '인간다운 생활'의 의미는 누구나 짐작할 수 있겠지만 이를 구체적으로 표현할 때는 사람에 따라 기준이 달라진다. 이와 같은 특수성으로 인해 사회복지법이 지닌 내용을 해석하거나 규정을 제·개정할 때에는 사회구성원의 욕구와 태도 그리고 법적 현실이 상충될 소지가 있다. 특히 사회복지가 추구하는 '안녕'은 고정불변의 상태가 아닌 만큼, 사회복지법이 만들어져 있다고 하여 실제 수요와 욕구를 모두 반영하였다고 간주하는 것은 지양하여야 한다. 사회복지법의 법원으로서 성문법에 속하는 것을 그 효력의 크기, 즉 수직적 위계에 의해 살펴보면 다음과 같다.

1) 헌법

「헌법」은 국가와 국민 간의 권리·의무에 관한 기본법이다. 우리나라 「헌법」은 1948년 7월 12일에 제정되고 같은 해 7월 17일에 공포되어 현재까지 9번의 개정을 통해 시행되고 있다.[2]

사회복지법의 관점에서 「헌법」이 가지는 의미는 사회복지에 대한 국가의무를 명문으로 규정하였다는 점이다. 보다 구체적으로 보면 근대입헌주

1) 성문법이 법원으로서 작용하는 효력은 국가에 따라 차이가 있다. 가령, 불문법을 원칙으로 삼고 있는 영국 및 미국과 같은 나라의 경우 성문법의 중요성이 상대적으로 덜하며, 오히려 대륙법계의 국가들에 해당하는 우리나라, 일본, 독일, 프랑스 등의 국가들에게서는 좀 더 중요한 것을 알 수 있다.

2) 2018년 3월 현재, 문재인 대통령은 「헌법」 제128조를 근거로 대통령 발의에 의해 헌법 개정안을 제출한 상태다.

의적 의미로서 그 내용과 형식상 특성을 유지하면서 국민주권주의, 기본권 보장, 권력통제를 실질화했다는 점에서 중요하다. 「헌법」에서는 국민주권주의를 실현하기 위해 대의민주주의에 직접민주주의적 요소를 가미했고, 복지국가원리를 기초로 사회권적 기본권과 사회적 시장경제질서를 채택함으로써 사회정의 실현을 꾀하고 있다. 나아가 「헌법」이 갖는 규범적 효력을 담보하기 위해 헌법재판제도를 도입, 시행하고 있다(성낙인, 2014: 5).

「헌법」 전문에서도 이러한 의미가 나타나는데, "모든 사회적 폐습과 불의를 타파하며, 자율과 조화를 바탕으로 자유민주적 기본질서를 더욱 확고히 하여 정치 · 경제 · 사회 · 문화의 모든 영역에 있어서 각인의 기회를 균등히 하고, 능력을 최고도로 발휘하게 하며, 자유와 권리에 따르는 책임과 의무를 완수하게 하여 안으로는 국민생활의 균등한 향상을 기하고"라 하여 사회정의의 실현, 기회균등, 국민생활의 향상을 선언하였다.

사회복지법의 최상위 법원으로서 「헌법」의 중요성은 기본권 보장의 근거로 작용된다는 점이다. 「헌법」 제10조는 "모든 국민은 인간으로서의 존엄과 가치를 가지며, 행복을 추구할 권리를 가진다. 국가는 개인이 가지는 불가침의 기본적 인권을 확인하고 이를 보장할 의무를 진다."라고 하여, 국민이 인격의 주체로서 존중되고 행복을 누릴 권리를 갖는다는 것을 밝히고 있다. 이는 모든 종류의 사회복지법을 관통하는 기본권—행복추구권—으로 이해할 수 있다. 행복추구권을 실현하기 위해 헌법은 생존권적 기본권을 규정하고 있는바, 이를 바탕으로 개별 사회복지법률이 만들어진다는 점에서도 「헌법」이 법원으로서 갖는 의미를 찾을 수 있다.

실제로 「헌법」 제34조는 인간다운 생활을 할 권리에 관하여 규정하였는데 이는 소위 '생존권적(사회권적) 기본권'으로서 그 내용을 보면 다음과 같다.

① 모든 국민은 인간다운 생활을 할 권리를 가진다.
② 국가는 사회보장, 사회복지의 증진에 노력할 의무를 진다.
③ 국가는 여자의 복지와 권익의 향상을 위하여 노력하여야 한다.

④ 국가는 노인과 청소년의 복지향상을 위한 정책을 실시할 의무를 진다.

⑤ 신체장애자 및 질병, 노령 기타의 사유로 생활 능력이 없는 국민은 법률이 정하는 바에 의하여 국가의 보호를 받는다.

⑥ 국가는 재해를 예방하고 그 위험으로부터 국민을 보호하기 위하여 노력하여야 한다.

이를 근거로 국가는 모든 국민의 인간다운 생활을 보장하기 위하여 사회보장제도와 사회복지제도를 확립해야 하며, 국민은 국가의 적극적 관여에 따른 사회보장을 받을 권리를 가지게 되는 것이다. 이것이 사회복지법률이 제정되는 이유이기도 하다.

「헌법」은 자유권의 보장만으로는 인간다운 생활을 보장할 수 없는 일반국민과 경제적 약자로서의 노동자대중의 복지실현을 표방함과 동시에 사회정의와 실질적 법치주의, 복지국가의 실현에 필요한 국가의 책임완수와 의무이행을 규정하고 있다. 이러한 일련의 관계조항들은 우리 「헌법」에 있어 복지국가의 원리를 직접·간접으로 규정한 것들이다. 요컨대 「헌법」의 행복추구권(제10조), 교육권(제31조), 인간다운 생활을 할 권리(제34조) 등은 개별 사회복지법의 근거이자 제정이유로도 중요한 조항이며 각종 사회복지법이 공통적으로 추구하는 목적 내지 방향에 해당한다.

〈표 2-1〉 사회복지 관련 주요 「헌법」 조문

(행복추구권)

제10조 모든 국민은 인간으로서의 존엄과 가치를 가지며, 행복을 추구할 권리를 가진다. 국가는 개인이 가지는 불가침의 기본적 인권을 확인하고 이를 보장할 의무를 진다.

(교육권)

제31조 ① 모든 국민은 능력에 따라 균등하게 교육을 받을 권리를 가진다.

② 모든 국민은 그 보호하는 자녀에게 적어도 초등교육과 법률이 정하는 교육을 받게 할 의무를 진다.

③ 의무교육은 무상으로 한다.

④ 교육의 자주성 · 전문성 · 정치적 중립성 및 대학의 자율성은 법률이 정하는 바에 의하여 보장된다.

⑤ 국가는 평생교육을 진흥하여야 한다.

⑥ 학교교육 및 평생교육을 포함한 교육제도와 그 운영, 교육재정 및 교원의 지위에 관한 기본적인 사항은 법률로 정한다.

(근로권)

제32조 ① 모든 국민은 근로의 권리를 가진다. 국가는 사회적 · 경제적 방법으로 근로자의 고용의 증진과 적정임금의 보장에 노력하여야 하며, 법률이 정하는 바에 의하여 최저임금제를 시행하여야 한다.

② 모든 국민은 근로의 의무를 진다. 국가는 근로의 의무의 내용과 조건을 민주주의원칙에 따라 법률로 정한다.

③ 근로조건의 기준은 인간의 존엄성을 보장하도록 법률로 정한다.

④ 여자의 근로는 특별한 보호를 받으며, 고용 · 임금 및 근로조건에 있어서 부당한 차별을 받지 아니한다.

⑤ 연소자의 근로는 특별한 보호를 받는다.

⑥ 국가유공자 · 상이군경 및 전몰군경의 유가족은 법률이 정하는 바에 의하여 우선적으로 근로의 기회를 부여받는다.

(생존권)

제34조 ① 모든 국민은 인간다운 생활을 할 권리를 가진다.

② 국가는 사회보장 · 사회복지의 증진에 노력할 의무를 진다.

③ 국가는 여자의 복지와 권익의 향상을 위하여 노력하여야 한다.

④ 국가는 노인과 청소년의 복지향상을 위한 정책을 실시할 의무를 진다.

⑤ 신체장애자 및 질병 · 노령 기타의 사유로 생활능력이 없는 국민은 법률이 정하는 바에 의하여 국가의 보호를 받는다.
⑥ 국가는 재해를 예방하고 그 위험으로부터 국민을 보호하기 위하여 노력하여야 한다.

(환경권)
제35조 ① 모든 국민은 건강하고 쾌적한 환경에서 생활할 권리를 가지며, 국가와 국민은 환경보전을 위하여 노력하여야 한다.
② 환경권의 내용과 행사에 관하여는 법률로 정한다.
③ 국가는 주택개발정책 등을 통하여 모든 국민이 쾌적한 주거생활을 할 수 있도록 노력하여야 한다.

2) 법률

법률은 통칭 법 그 자체를 의미하기도 하지만, 성문법적 질서에서 법률이란 국회에서 의결되어 제정되는 모든 법을 의미한다. 따라서 「헌법」을 제외하면 성문법에서 가장 넓고 방대한 존재형태를 갖고 있다. 사회복지법 역시 법률로서 각 분야의 법들이 규정될 때 실정법으로서 기능과 효력을 발휘하게 된다. 「사회보장기본법」은 사회복지 분야의 기본법적 지위를 갖는 법률이다. 그 밖에 사회복지사업의 목적과 내용을 정하고 있는 「사회복지사업법」, 공공부조제도를 구성하는 「국민기초생활 보장법」 「의료급여법」 「긴급복지지원법」 등이 법률로서의 성문법적 법원에 해당한다.

사회복지법은 사회복지가 국가의 제도로 실현될 때 그 지침과 방향을 제시하는데, 이때 지침과 방향은 「헌법」의 기본원리에서 출발한다. 사회복지법률들은 「헌법」의 기본원리를 토대로 생존권적 기본권 등을 보장하고 실현하기 위한 구체적인 내용들을 규정하고 있다(정진경, 2006). 사회복지법의 법원으로서 법률이 갖는 의미는 사회복지제도와 사회복지법을 이어주는 연결지점이라는 것이다. 사회복지 분야의 법률은 사회복지제도를 시행하는 근거이자 기준이 되는 만큼 법률에 대한 정확한 이해와 해석은 사회복지 종사자에게 반드시 요구되는 능력이다.

3) 명령

명령이란 국회의 의결을 거치지 않고 대통령 이하의 행정기관이 제정한 법규를 의미한다. 행정기관이 정했다는 점에서 법률과 다른 점이 있지만, 명령 역시 여전히 성문법의 존재형태이자 국가의 법령이다. 다만 그 위계적 서열에서 법률보다 하위에 있으므로 명령을 통해 법률을 바꾸지는 못한다. 우리나라에서 명령은 대통령령, 총리령, 부령이 있다. 이를 행정입법이라고도 한다. 대통령령은 대통령이 법령의 위임을 받아 만드는 것으로서 '~ 시행령'이라고 부른다. 총리령과 부령은 국무총리 및 장관이 각각의 법령의 위임을 받아 만드는 것인데, 두 가지 모두 '~ 시행규칙'이라고 부른다. 가령 「장애인복지법 시행령」과 「장애인복지법 시행규칙」이 그 각각의 예에 해당한다. 사회복지법의 법원으로서의 명령은 개별 법률의 시행령 및 시행규칙인 동시에 사회복지법으로 규정된 각종 제도와 서비스를 실시하기 위한 구체적인 기준과 지침의 기능을 한다.

4) 자치법규

자치법규란 지방자치단체가 법률에 의해 인정된 자치권의 범위에서 제정한 법이다. 지방자치단체는 법률에 의해서 인정된 자치권의 범위에서 조직, 사무 및 기타 주민의 권리의무에 관한 법규를 제정할 수 있다. 그 종류는 조례와 규칙이 있는데 조례는 지방자치의회가 의결을 거쳐 제정한 법이며, 규칙은 지방자치단체의 장이 그 권한에 속하는 사무에 관해 제정하는 것이다. 자치법규는 해당 지방자치단체의 지역에서만 효력을 갖는 지역적 특성을 가지고 있다.

〈표 2-2〉 자치법규의 예

서산시 사회적경제제품 구매촉진 및 판로지원에 관한 조례 [시행 2018. 01. 25.] (제정) 2018. 01. 25. 조례 제1242호 제1조(목적) 이 조례는 서산시가 사회적경제기업이 생산하는 재화나 용역, 서비스 등 사회적경제제품 구매촉진 및 판로지원에 관한 사항을 규정함을 목적으로 한다. 제2조(정의) 이 조례에서 사용하는 용어의 뜻은 다음 각 호와 같다. 1. '사회적경제기업'이란 다음 각 목의 어느 하나에 해당하는 기업을 말한다. 가. 「서산시 사회적경제 육성 및 지원에 관한 조례」 제2조에서 정한 기업 나. 「협동조합 기본법」 제2조 제3호의 사회적협동조합 다. 그 밖에 가목과 나목에 준하는 기업으로서 서산시장(이하 '시장'이라 한다.)이 정하는 기업 2. '사회적경제제품'이란 제1호에 해당하는 기업이 생산하는 재화나 용역, 서비스를 말한다. 3. '관내기업'이란 본사 또는 생산시설이 서산시(이하 '시'라 한다.) 내에 소재한 기업을 말한다. 제3조(다른 법령 등과의 관계) 제4조의 적용대상 공공기관에게 적용되는 재화 및 용역의 우선구매에 관한 법령이 있는 경우 해당 법령이 우선 적용되며, 사회적경제제품 우선구매에 관하여 다른 법령 등에서 특별히 정한 경우를 제외하고는 이 조례에 따른다. 제4조(적용대상 공공기관) 이 조례의 적용을 받는 공공기관(이하 '공공기관'이라 한다.)은 다음 각 호와 같다. 1. 「서산시 행정기구 및 정원 운영에 관한 조례」에 따른 본청, 직속기관, 사업소, 읍·면·동 2. 시의회 사무국 3. 「서산시 사무의 민간위탁 촉진 및 관리 조례」의 적용을 받는 수탁기관 ……(이하 생략)

지방자치단체에서 조례를 제정할 경우, 「헌법」 제117조 제1항에 따른 '법령의 범위 안'에서 자치에 관한 규정을 제정할 수 있도록 한 사항과 「지방자치법」 제9조 제1항과 제22조에서 정하고 있는 자치사무와 법령에 따라 지방자치단체에 속하는 사무 및 제2항에서 예시되어 있는 사무 등의 범위에서 제정할 수 있다. 그 밖에도 법령의 위임 없이 해당 지자체의 특성을 반영한 기본조례가 있는데, 예를 들어 '주민참여 기본조례' '사회적 경제 기본조례' '물순환 및 저영향개발 기본조례' '청년일자리 기본조례' 등이 있다. 이는 특정 지방자치단체가 중점적으로 추진 중인 정책방향을 제시하고 있는 조례다. 이러한 자치법규는 지역사회의 특징과 주민 욕구를 적극적으로 반영할 수 있는 장점이 있다.

지방자치단체의 자치법규는 지역사회와 그 주민들의 욕구를 고스란히 반영하고 있다. 사회복지전문직들은 지역주민의 삶의 질을 향상시키는 데 이바지할 수 있는 중요한 도구로서 활용해야 할 것이다.

5) 조약

조약이란 국제법상 완전한 주체가 될 자격이 있는 국가 사이에서 문서에 의해 맺은 합의를 의미한다. 조약은 국회의 동의와 대통령의 비준 및 공포로서 이루어진다.[3] 우리나라는 조약의 국내법상 효력에 대해 「헌법」 제6조에 의해 동일하다고 인정하고 있다(최종고, 2010: 67). 주의할 것은 공포란 이미 성립된 조약을 국민에게 단순히 주지시키는 선언적, 절차적 행위인 '공표(publication)'와 구별되며, 공포되지 아니한 조약은 국내법적 효력을 가질 수 없을 뿐 아니라 법원(法院)이나 국민을 구속하지 못한다.

정부수립 이후 2013년까지 우리나라가 체결 · 발효한 조약은 총 2,964건

---

3) 주의할 것은 '조약'으로 지칭되는 것뿐만 아니라 협정, 협약, 의정서, 헌장 등의 표현 역시 조약에 해당한다.

(양자 2,320건, 다자 644건)인데 1960년 이전 13년간 발효된 조약은 104건(양자 68건, 다자 36건)에 불과한 반면 2011년부터 2013년 사이 발효된 조약은 219건(양자 189건, 다자 30건)으로서, 2000년대 들어 조약체결건수가 급격히 증가하는 추세를 보이고 있다. 주목할 점은 일반국민의 생활과 관련된 조약의 체결건수가 증가추세에 있다는 점인데 가령, 자유무역협정(FTA), 이중과세방지협정, 사회보장협정, 투자보장협정, 형사사법공조 및 범죄인 인도조약 등이 이에 속한다.[4] 우리나라는 2014년을 기준으로 27개국과 사회보장협정을 체결, 운영하고 있다.

〈표 2-3〉 사회보장협정의 예

대한민국과 덴마크왕국 간의 사회보장에 관한 협정 (AGREEMENT ON SOCIAL SECURITY BETWEEN THE REPUBLIC OF KOREA AND THE KINGDOM OF DENMARK) / 발효일 2011년 09월 01일 (조약 제 2056호) ……(중략)…… 제2조 물적 범위 1. 이 협정의 목적상 적용 법령은 다음과 같다. 가. 한국에 있어서는, 국민연금법 나. 덴마크에 있어서는 1) 사회연금법과 그 부속법령 2) 최고 · 중위 · 가산보통 · 보통 장애연금법과 그 부속법령 3) 노동시장보충연금법(ATP)과 그 부속법령 2. 이 협정에서 달리 규정하지 아니하는 한, 이 조 제1항에 언급된 법령은 한쪽 체약당사국과 제3국 간에 체결될 수 있는 사회보장에 관한 조약이나 다

4) 외교부 공식 사이트(2018. 1. 출력).
http://mcms.mofa.go.kr/trade/treatylaw/treatykorea/activities/index.jsp?menu=m_30_50_20&tabmenu=t_1

른 국제협정, 사회보장에 관한 초국가적인 법령 또는 이들의 구체적인 이행을 위해 공포된 법률 또는 규정을 포함하지 아니한다.

……(중략)……

제3조 인적 범위

1. 이 협정은 제2조에 명시된 한국 및 덴마크의 법령이 적용되거나 적용되었고 한국이나 덴마크의 영역 내에 거주하고 있는 양 체약당사국 국민, 난민, 및 무국적자 그리고 이들의 가족 구성원과 그 유족에게 적용된다.
2. 한국의 경우, 이 협정은 한국의 법령이 적용되거나 적용되었고 한국 및 덴마크의 영역 밖에 거주하고 있는 양 체약당사국의 국민, 난민 및 무국적자에게도 적용된다.

……(이하 생략)

2 불문법으로서의 사회복지법

불문법(Unwritten Law)이란 광의의 의미에서 문자 혹은 문장의 형식으로 표현되지 않은 법인데, 보다 구체적으로 입법기관에 의해 제정, 공포되는 것이 아닌 비제정법을 뜻한다. 사회생활에 관한 관습으로서 행해지는 것이 당연히 법으로 인정되는 게 불문법에 속한다. 그 종류로는 관습법, 판례법, 조리가 있다.

1) 관습법

관습법이란 사회인의 사실상의 관행이 계속적이고 일반적으로 행해짐에 따라 법으로서의 효력을 가지는 불문법을 말한다. 국가의 입법기관이 제정한 법이 아니라 국가사회 안에 관행(慣行)의 형태로 존재하는 것이 그

대로 법이 된 것을 말한다(최종고, 2010: 67). 단 모든 관행이 관습법으로서의 지위를 갖는 것은 아니다. 관행이 규범적 효력(effet normatif)을 발휘하기 위해서는, 그것이 개별적인 하나의 행위를 넘어 일정한 두께를 가져야 한다. 이러한 관행은 그 반복과 일반화를 통하여 '행해지는 것(cequi se fait)'이다(박수곤, 2013). 자연적으로 발생한 관행이 오랜 기간 지속되고 그러한 관행이 법적 확신에 의해 법규범화되는 것이다. 다만, 관행에 대한 확인이 있다고 하더라도 현행 법질서를 감안한 판결을 통해 관습법으로 선언되어야만 비로소 법이 되는 점을 유의하여야 한다(황태윤, 2012).

우리나라 대법원은 관습법을 인정하고 있다. 이미 설명된 것처럼 사회복지가 갖는 추상적인 속성과 욕구와 문제의 다양성으로 인해 사회복지법의 규정이 미비한 것이 많다. 따라서 사회복지 분야의 법해석에서 규정을 보완하기 위한 보충수단으로 관습법은 적극적으로 활용될 가능성이 높은 만큼 그 역할과 기능이 더 중요해질 것으로 보인다.

〈표 2-4〉 관습법에 의한 판단이 적용된 판례의 예

대법원 1999. 1. 29. 선고 98다33512 판결

(전략)……

판결요지

[1] 법인 아닌 사단이나 재단도 대표자 또는 관리인이 있으면 민사소송의 당사자가 될 수 있으므로, 자연부락이 그 부락 주민을 구성원으로 하여 고유목적을 가지고 의사결정기관과 집행기관인 대표자를 두어 독자적인 활동을 하는 사회조직체라면 비법인사단으로서의 권리능력 내지 당사자능력을 가진다.

[2] 지방자치법이 1949. 7. 4. 법률 제32호로 제정되어 시행되기 이전의 동·리(洞·里)는 그 동·리 자체가 관습법상 인정되는 법인으로서 독자적으로 재산권의 주체가 되었고, 동·리의 소유재산이 바로 그 주민의 공유 혹은 총유재산이 되었던 것은 아니나, 동·리의 주민들이 특별히 주민의 공동편익과 공동복지를 위하여 주민 전부를 구성원으로 하는 공동체를 구성하고 일정한

재산을 공부상 동 · 리의 명칭으로 소유하여 온 경우에는 그와 같은 주민공동체가 그 재산의 소유주체라고 할 수 있다.

참조조문
[1] 민법 제31조, 민사소송법 제48조 / [2] 민법 제31조, 제275조
……(이하 생략)

2) 판례법

판례법이란 일정한 법률문제에 대해 동일한 취지의 판결이 반복됨으로써 법적 판단의 방향이 확정됨에 따라 성문법화되지 않고 법적 규범이 되는 것을 말한다. 관습법과의 차이는 법원(法院)에 의해 만들어진다는 점이다. 우리나라는 대륙법적 체계에 의해 법전주의를 따르고 있지만 영미법적 요인 역시 일부 적용되고 있는 만큼 판례법의 역할이 점차 확대되고 있다(최종고, 2010: 71).

〈표 2-5〉 사회복지판례 사례

심화학습 사회복지판례 사례
〈판례1: 대법원 2013. 6. 13. 선고 2012두2436 판결
【보육시설운영정지처분취소등】 [공2013하, 1234]〉

판시사항
보육교사가 소속 보육시설의 통상적인 운영시간 중에 다른 업무에 종사하여 보건복지부장관의 '보육사업안내'지침에서 정한 전임규정을 위반하였으나 나머지근무시간이 8시간 이상인 경우 구 영유아보육법상 보조금 지급요건을 갖추었다고 볼 수 있는지 여부

재판요지

구 영유아보육법(2011. 6. 7. 법률 제10789호로 개정되기 전의 것) 제36조, 구 영유아보육법 시행령(2011. 12. 8. 대통령령 제23356호로 개정되기 전의 것) 제24조 제2항 및 그에 따라 보건복지부장관이 마련한 '보육사업안내'지침 규정의 내용과 보육교사인건비에 대한 보조금 지급취지 등을 종합하여 보면, 보육교사 인건비에 대한 보조금은 해당 보육교사가 기준 운영시간 범위에 따른 당해 보육시설의 통상적인 운영시간 중에 담당 업무에 전임하고, 그 전임 근무시간이 8시간 이상임을 전제로 지급되는 것이고, 따라서 해당 보육교사가 소속 보육시설의 통상적인 운영시간 중에 다른 업무에 종사하여 전임규정을 위반한 이상 비록 나머지 근무시간이 8시간 이상이라 하더라도 이는 보조금 지급요건을 갖춘 경우로 보기 어렵다.

원심판결

서울고등법원 2012. 1. 4. 선고 (춘천)2011누780판결

참조법령

구 영유아보육법(2011. 6. 7. 법률 제10789호로 개정되기 전의 것)제36조, 구 영유아보육법 시행령(2011. 12. 8. 대통령령 제23356호로 개정되기 전의 것) 제24조 제2항

전 문

[원고, 상고인] 원고(소송대리인 변호사 임대영)

[피고, 피상고인] 동해시장(소송대리인 변호사 김규수)

[원심판결] 서울고법 2012. 1. 4. 선고 (춘천)2011누780판결

[주 문] 상고를 기각한다. 상고비용은 원고가 부담한다.

[이 유] 상고이유를 판단한다.

1. 상고이유 제1점에 대하여

가. 구 영유아보육법(2011. 6. 7. 법률 제10789호로 개정되기 전의 것)제36조는 국가나 지방자치단체는 대통령령으로 정하는 바에 따라 보육교사의 인건비 등 보육사업에 드는 비용의 전부 또는 일부를 보조한다고 규정하

고 있고, 구 영유아보육법 시행령(2011. 12. 8. 대통령령 제23356호로 개정되기 전의 것) 제24조 제2항은 이러한 비용의 지원방법 등에 관하여 필요한 사항은 보건복지부장관 또는 해당 지방자치단체의 장이 정한다고 규정하고 있다.

이러한 관련 규정의 내용과 보육교사 인건비에 대한 보조금 지급취지 등을 종합하여 보면, 보육교사 인건비에 대한 보조금은 해당 보육교사가 기준 운영시간 범위에 따른 당해 보육시설의 통상적인 운영시간 중에 담당 업무에 전임하고, 그 전임 근무시간이 8시간 이상임을 전제로 지급되는 것이고, 따라서 해당 보육교사가 소속 보육시설의 통상적인 운영시간 중에 다른 업무에 종사하여 전임규정을 위반한 이상 비록 나머지 근무시간이 8시간 이상이라 하더라도 이는 보조금 지급요건을 갖춘 경우로 보기 어렵다고 할 것이다.

나. 원심이 인용한 제1심판결 이유와 기록에 의하면 다음과 같은 사실을 알 수 있다.

① 원고가 운영하는 이 사건 어린이집은 2000년경 영아전담보육시설로 지정되어 영유아보육법령 등에 따라 국가로부터 보육교사 인건비 중 일부를 지원받게 되었다.

② 원고는 2000. 12.경 피고에게 소외 1(원고의 오빠인 소외 2의 처다.)을 이 사건 어린이집 보육교사로 채용하였다고 보고하였고, 피고는 이에 따라 원고에게 소외 1의 인건비중 일부를 보조금 명목으로 지급하여 왔다.

③ 이 사건 어린이집에 다니는 영아들은 보통 08:00경 등원하여 15:00경부터 18:00경 사이에 귀가하고 있는데, 소외 1은 2006. 8.부터 2009. 2.까지 사이에 08:00경 출근하여 영아들을 돌보다 10:00경부터 14:00경까지 4시간씩 소외 2가 이 사건 어린이집 건물 1층에서 운영하던 ○○미술학원에서 근무하였다.

④ 피고는 2010. 11. 30. 원고에 대하여, 이 사건 어린이집의 보육교사로 전임하지 아니한 소외 1을 전임한 것처럼 속여 보조금을 부정수급하였다는 이유로 보육시설 운영정지 6개월, 보육시설장 자격정지 3개월 및 보조금 합계 48,693,840원의 환수를 명하는 이 사건 처분을 하였다.

다. 이러한 사정을 앞서 본 법리에 비추어 살펴보면, 소외 1이 이 사건 어린이집의 통상적인 운영시간(08:00~18:00경) 중에 4시간씩 이 사건 어린이집이 아닌 ○○미술학원에서 근무함으로써 관련 규정에서 요구하는 전임의무를 위반한 이상 비록 원고 주장과 같이 소외 1이 나머지 통상적인 운영시간 또는 그 이후에 이 사건 어린이집에서 영아들을 보육함으로써 결과적으로 8시간 이상을 근무하였다 하더라도 이는 정상적인 방법에 의하여는 보조금을 지급받을 수 없는 경우에 해당함이 명백하다고 할 것이다.

라. 원심이 같은 취지에서 원고가 거짓이나 부정한 방법으로 보조금을 교부받은 경우에 해당한다고 판단한 것은 정당하고, 거기에 상고이유 주장과 같이 어린이집 보육교사의 전임의무에 관한 법리를 오해한 위법이 없다.

2. 상고 이유 제2점에 대하여

원심판결 이유를 기록에 비추어 살펴보면, 원심판결은 그 이유 설시에 다소 부적절한 점이 있으나 결국은 원고가 소외 1의 인건비 등 합계 48,693,840원을 부정수급하여 유죄의 확정판결을 받았다고 인정한 것으로 봄이 타당하므로, 이와 다른 전제에서 원심의 사실인정을 다투는 취지의 상고이유 주장은 이유 없다.

3. 상고 이유 제3점에 대하여

원심은 제1심판결 이유를 인용하여, 그 판시와 같은 사정들을 종합하여 보면 이 사건 처분이 지나치게 가혹하여 재량권의 범위를 일탈하거나 남용하였다고 할 수 없다고 판단하였다.

관련 법리 및 기록에 비추어 살펴보면 원심의 위와 같은 판단은 정당하고, 거기에 상고 이유 주장과 같이 재량권의 일탈 · 남용에 관한 법리를 오해한 위법이 없다.

4. 결론

그러므로 상고를 기각하고 상고비용은 패소자가 부담하도록 하여, 관여 대법관의 일치된 의견으로 주문과 같이 판결한다.

– 대법관 박병대(재판장), 양창수, 고영한, 김창석(주심)

3) 조리(條理)

조리란 사물의 도리, 합리성, 본질적 법칙으로서 건전한 사회적 상식으로 판단되는 원리와 이치를 뜻한다. 조리가 법원의 역할을 하는 이유는 재판은 법에 의존해야 하지만, 이를 위해 적용할 법률, 관습법, 판례법도 없는 경우에도 재판은 해야 하기 때문이다.

조리는 법률과 같은 형태도 아니고 외형적으로 용이하게 인식할 수 있지도 못하다. 즉, 사회관계 속에 내재되어 있는 것이어서 조리가 법원의 기능을 하기 위해서는 법관에 의해 명제되어야 할 필요가 있다. 조리의 법관에 의한 명제화는 사실(존재형식)에서 규범(당위)로의 추론이며, 추론의 결과들은 유형화 과정을 거치면서 확고한 규범력을 획득하게 된다. 따라서 법관은 사건의 해결을 위해 성문법적 법률을 찾아 적용해야 하지만, 그것이 존재하지 않는다면 조리를 통해 법명제를 형성하여 이를 근거로 판결해야 한다. 이러한 법명제 형성과정 속에서 조리와 관습법 그리고 판례는 상호연쇄 관계를 맺고 있는 것이다(황태윤, 2012: 155-156).

이런 점에서 조리는 사회복지법의 중요한 법원이다. 그것은 사회복지제도의 특성상 법률이 아닌 조리에 의해 판단 내지 해석할 수밖에 없는 규정 및 용어가 많기 때문이다. 가령, 최저한도, 유효, 적절 등의 용어는 불확실한 개념이기 때문에 그 판단은 상당 부분 조리에 의하게 된다.

〈표 2-6〉 조리에 의한 판단이 적용된 판례

주민등록번호변경신청거부처분취소
(주민등록번호가 의사와 무관하게 유출된 경우 조리상 주민등록번호의 변경을 요구할 신청권이 인정되는지가 문제된 사건)
[대법원 2017. 6. 15., 선고, 2013두2945, 판결]

[판시사항]

[1] 국민의 적극적 신청행위에 대하여 행정청이 그 신청에 따른 행위를 하지 않겠다고 거부한 행위가 항고소송의 대상이 되는 행정처분에 해당하기 위한 요건

[2] 甲 등이 인터넷 포털사이트 등의 개인정보 유출사고로 자신들의 주민등록번호 등 개인정보가 불법 유출되자 이를 이유로 관할 구청장에게 주민등록번호를 변경해 줄 것을 신청하였으나 구청장이 "주민등록번호가 불법 유출된 경우 주민등록법상 변경이 허용되지 않는다."라는 이유로 주민등록번호 변경을 거부하는 취지의 통지를 한 사안에서, 피해자의 의사와 무관하게 주민등록번호가 유출된 경우에는 조리상 주민등록번호의 변경을 요구할 신청권을 인정함이 타당하고, 구청장의 주민등록번호 변경신청 거부행위는 항고소송의 대상이 되는 행정처분에 해당한다고 한 사례

[판결요지]

[1] 국민의 적극적 신청행위에 대하여 행정청이 그 신청에 따른 행위를 하지 않겠다고 거부한 행위가 항고소송의 대상이 되는 행정처분에 해당하기 위해서는, 신청한 행위가 공권력의 행사 또는 이에 준하는 행정작용이어야 하고, 거부행위가 신청인의 법률관계에 어떤 변동을 일으키는 것이어야 하며, 국민에게 행위발동을 요구할 법규상 또는 조리상의 신청권이 있어야 한다.

[2] 甲 등이 인터넷 포털사이트 등의 개인정보 유출사고로 자신들의 주민등록번호 등 개인정보가 불법 유출되자 이를 이유로 관할 구청장에게 주민등록번호를 변경해 줄 것을 신청하였으나 구청장이 "주민등록번호가 불법 유출된 경우 주민등록법상 변경이 허용되지 않는다."라는 이유로 주민등록번호 변경을 거부하는 취지의 통지를 한 사안에서, 피해자의 의사와 무관하게 주민등

록번호가 불법 유출된 경우 개인의 사생활뿐만 아니라 생명 · 신체에 대한 위해나 재산에 대한 피해를 입을 우려가 있고, 실제 유출된 주민등록번호가 다른 개인정보와 연계되어 각종 광고 마케팅에 이용되거나 사기, 보이스피싱 등의 범죄에 악용되는 등 사회적으로 많은 피해가 발생하고 있는 것이 현실인 점, 반면 주민등록번호가 유출된 경우 그로 인하여 이미 발생하였거나 발생할 수 있는 피해 등을 최소화할 수 있는 충분한 권리구제방법을 찾기 어려운데도 구 주민등록법(2016. 5. 29. 법률 제14191호로 개정되기 전의 것)에서는 주민등록번호 변경에 관한 아무런 규정을 두고 있지 않은 점, 주민등록법령상 주민등록번호 변경에 관한 규정이 없다거나 주민등록번호 변경에 따른 사회적 혼란 등을 이유로 위와 같은 불이익을 피해자가 부득이한 것으로 받아들여야 한다고 보는 것은 피해자의 개인정보자기결정권 등 국민의 기본권 보장의 측면에서 타당하지 않은 점, 주민등록번호를 관리하는 국가로서는 주민등록번호가 유출된 경우 그로 인한 피해가 최소화되도록 제도를 정비하고 보완해야 할 의무가 있으며, 일률적으로 주민등록번호를 변경할 수 없도록 할 것이 아니라 만약 주민등록번호 변경이 필요한 경우가 있다면 그 변경에 관한 규정을 두어서 이를 허용해야 하는 점 등을 종합하면, 피해자의 의사와 무관하게 주민등록번호가 유출된 경우에는 조리상 주민등록번호의 변경을 요구할 신청권을 인정함이 타당하고, 구청장의 주민등록번호 변경신청 거부행위는 항고소송의 대상이 되는 행정처분에 해당한다고 한 사례

[참조조문]

[1] 행정소송법 제2조 제1항 제1호

[2] 구 주민등록법(2016. 5. 29. 법률 제14191호로 개정되기 전의 것) 제7조, 행정소송법 제2조 제1항 제1호

[참조판례]

[1] 대법원 2009. 9. 10. 선고 2007두20638 판결(공2009하, 1658)

[전문]

[원고, 상고인]

[피고, 피상고인]
서울특별시 성북구청장 외 2인

[원심판결]
서울고법 2013. 1. 17. 선고 2012누16727 판결

[주 문]
원심판결을 파기하고, 사건을 서울고등법원에 환송한다.

[이 유]
상고이유를 판단한다.

1. 원심은 제1심판결 이유를 인용하여, 별도의 입법 전까지 현행 주민등록법령에서 허용한 주민등록번호 정정 외에 해석상 주민등록번호 변경신청권을 인정할 수 없고, 또 조리상 신청권이 있다고 볼 수 없다는 이유로, 이 사건 각 처분의 취소를 구하는 이 사건 소를 모두 부적법하다고 판단하여 이를 모두 각하한 제1심판결을 그대로 유지하였다.
2. 그러나 원심의 판단은 아래와 같은 이유에서 받아들이기 어렵다.
   (1) 국민의 적극적 신청행위에 대하여 행정청이 그 신청에 따른 행위를 하지 않겠다고 거부한 행위가 항고소송의 대상이 되는 행정처분에 해당하기 위해서는, 그 신청한 행위가 공권력의 행사 또는 이에 준하는 행정작용이어야 하고, 그 거부행위가 신청인의 법률관계에 어떤 변동을 일으키는 것이어야 하며, 그 국민에게 그 행위발동을 요구할 법규상 또는 조리상의 신청권이 있어야 한다(대법원 2009. 9. 10. 선고 2007두20638 판결 참조).
   (2) 원심판결 이유와 원심이 인용한 제1심판결 이유 및 기록에 의하면 다음의 각 사실을 알 수 있다.
      ① 원고 1, 원고 2는 에스케이커뮤니케이션즈 주식회사가 운영하는 네이트와 싸이월드의, 원고 3은 인터넷 사이트 옥션의 각 개인정보 유출 사고로 인하여 자신들의 주민등록번호 등 개인정보가 불법 유출되었다.

② 원고들은 위 주민등록번호 불법 유출을 이유로 2011. 11.경 각 관할 지방자치단체장인 피고들에게 주민등록번호를 변경해 줄 것을 신청하였는데, 피고들은 그 무렵 "주민등록번호가 불법 유출된 경우 주민등록법령상 변경이 허용되지 않는다."라는 이유로 각 주민등록번호 변경을 거부하는 취지의 통지를 하였다.

③ 원고들은 원심 계속 중인 2012. 12. 3. 주민등록법 제7조 제3항, 제4항 등이 헌법에 위반된다고 주장하며 서울고등법원 2012아506호로 위헌법률심판제청을 신청하였는데 2013. 1. 17. 각하 결정이 내려지자, 2013. 2. 27. 위 법률조항들에 대하여 헌법재판소 2013헌바68호로 헌법소원심판을 청구하였다.

④ 헌법재판소는 2015. 12. 23. 주민등록번호 변경에 관한 규정을 두고 있지 않은 주민등록법 제7조는 과잉금지원칙을 위반하여 원고들의 개인정보자기결정권을 침해한다는 이유로 "주민등록법(2007. 5. 11. 법률 제8422호로 전부 개정된 것) 제7조는 헌법에 합치되지 아니한다. 위 조항은 2017. 12. 31.을 시한으로 입법자가 개정할 때까지 계속 적용된다."라고 선고하였다.

⑤ 2016. 5. 29. 법률 제14191호로 개정된 주민등록법(시행일자 2017. 5. 30.)은 제7조의4(주민등록번호의 변경), 제7조의5(주민등록번호변경위원회) 등 규정들을 신설하여 유출된 주민등록번호로 인하여 생명·신체 또는 재산에 위해를 입거나 입을 우려가 있다고 인정되는 사람 등의 일정한 경우에 주민등록번호의 변경을 신청할 수 있도록 허용하고 있다.

(3) 피해자의 의사와는 무관하게 주민등록번호가 불법 유출된 경우 개인의 사생활뿐만 아니라 생명·신체에 대한 위해나 재산에 대한 피해를 입을 우려가 있고, 실제 유출된 주민등록번호가 다른 개인정보와 연계되어 각종 광고 마케팅에 이용되거나 사기, 보이스피싱 등의 범죄에 악용되는 등 사회적으로 많은 피해가 발생하고 있는 것이 현실이다.

반면 주민등록번호가 유출된 경우 그로 인하여 이미 발생하였거나 발생할 수 있는 피해 등을 최소화할 수 있는 충분한 권리구제방법을 찾기 어려운데도 구 주민등록법(2016. 5. 29. 법률 제14191호로 개정되기 전의 것)에서는 주민등록번호 변경에 관한 아무런 규정을 두고 있지 않다.

그런데 주민등록법령상 주민등록번호 변경에 관한 규정이 없다거나 주민등록번호 변경에 따른 사회적 혼란 등을 이유로 위와 같은 불이익을 피해자가 부득이한 것으로 받아들여야 한다고 보는 것은 피해자의 개인정보자기결정권 등 국민의 기본권 보장의 측면에서 타당하지 않다. 주민등록번호를 관리하는 국가로서는 주민등록번호가 유출된 경우 그로 인한 피해가 최소화되도록 제도를 정비하고 보완하여야 할 의무가 있으며, 일률적으로 주민등록번호를 변경할 수 없도록 할 것이 아니라 만약 주민등록번호 변경이 필요한 경우가 있다면 그 변경에 관한 규정을 두어서 이를 허용하여야 한다.

이러한 사정들을 앞서 본 법리에 따라 살펴보면, 피해자의 의사와는 무관하게 주민등록번호가 유출된 경우에는 조리상 주민등록번호의 변경을 요구할 신청권을 인정함이 타당하고, 피고들의 이 사건 주민등록번호 변경신청 거부행위는 항고소송의 대상이 되는 행정처분에 해당한다.

(4) 그런데도 원심은 그 판시와 같은 이유로 원고들에게 주민등록번호의 변경을 요구할 조리상 신청권이 있다고 볼 수 없다고 판단하여 이 사건 소를 모두 각하하였다. 이러한 원심판결에는 주민등록번호 변경신청 거부행위의 처분성에 관한 법리를 오해하여 판결에 영향을 미친 잘못이 있다.

3. 그러므로 원심판결을 파기하고, 사건을 다시 심리 · 판단하도록 원심법원에 환송하기로 하여, 관여 대법관의 일치된 의견으로 주문과 같이 판결한다.

– 대법관 박상옥(재판장), 김창석, 조희대(주심)

요약

법의 근원인 법원(法原)은 성문법과 불문법으로 나누어진다. 성문법은 법령으로도 볼 수 있으며, 법령이란 헌법을 최상위로 하는 법규체계다. 민법, 형법 등의 개별 법률과 더불어, 대통령 및 국무총리, 장관의 명령 및 규칙과 지방자치단체의 자치법규 등을 통틀어 일컫는다. 성문법 이외의 모든 법을 불문법이라고 하는데, 불문법의 법원으로는 관습법과 판례법, 조리가 있다.

핵심어

- 법원(法源)
- 성문법
- 불문법

제3장

우리나라 사회복지법의 역사

역사를 기억하지 못한 자, 그 역사를 다시 살게 될 것이다.
The one who does not remember history is bound to live through it again.
- 조지 산타야나(George Santayana, 1863~1952) -

사회복지법의 역사는 복지국가가 어떻게 변화되었는지 알 수 있는 척도가 된다. 사회복지법은 제정 당시의 사회문화적 배경과 문제 그리고 그 시대의 가치관과 국민의 욕구가 반영되어 있기 때문에 법제의 역사를 살펴보는 것은 복지제도의 변화를 이해하는 데 도움이 될 수 있다.

그런데 영국 혹은 유럽국가들과 달리 우리나라의 경우 사회복지법의 발달과정을 뚜렷한 잣대(시기, 제도변화, 단계 등)로 구분하기가 쉽지 않다. 그간 이 분야에서 연구된 논문들 역시 비교적 소수이며, 이는 비단 사회복지법제의 역사에 대해서 뿐만 아니라 한국의 사회복지 역사 전체에서 나타나는 양상이기도 하다.

이러한 현실을 고려하여 이 장에서는 내재적 혹은 외재적 방법론에 의해 사회복지법의 역사를 살펴보기보다는 근대화를 기점으로 시대별 사회복지법의 특징을 살펴보도록 한다.

1 일제 강점기

고대로부터 조선에 이르기까지 이어 오던 우리의 오랜 역사는 일본의 강제 침략으로 인해 왜곡과 단절을 겪게 되었다. 사회복지에서도 예외가 아니었다. 비록 오늘날 복지국가에서 시행되는 제도 혹은 서비스와 다소 거리가 있다고 하더라도 우리 민족 고유의 사회복지적 전통이었던 상부상조와 두레를 비롯하여 각 시대별로 만들어졌던 복지정책의 원형이 되는 국가정책 간의 연결고리는 일제 강점기 동안 끊어져 버렸다. 과거로부터 이어져 오던 다양한 사회제도와 관습들이 약화·소멸되면서 공공복지는 후퇴를 거듭하였다. 일본의 침략은 우리나라의 고유한 사회복지 전통과 흐름을 결정적으로 후퇴시켰다.

설령, 일련의 사회복지제도들이 이 시기에 등장하였다고 하더라도 제국주의에 의한 식민정책의 일환으로 사용된 것에 지나지 않았다(감정기 외, 2008: 362).

사실 우리나라를 침탈한 일본은 사회발전을 위한 그 어떤 정책도 시행하지 않았고, 단지 회유를 목적으로 하는 조치들만 일부 시도했을 뿐이다. 그런 만큼 이 시기의 사회복지법은 엄밀히 말해 온전한 우리의 것이라고 하기에는 거리가 있다. 오히려 한국 사회복지를 정체시켰던 원인이라고 해야 할 것이다. 그 시작은 1905년 강제로 체결된 을사늑약부터였다. 그 후 조선총독부를 중심으로 통제와 지배를 위한 각종 제도들이 본격적으로 도입되었다.

〈표 3-1〉 을사늑약 전문

[제1조] 일본국 정부는 금후(今後) 외무성(外務省)을 경유하여 한국의 외교를 감리(監理), 지휘(指揮)하며, 일본의 외교 대표자와 영사(領事)는 외국에 있는 한국인과 그 이익을 보호한다.

[제2조] 일본국 정부는 한국이 타국과 맺은 조약의 실행을 완수하며, 한국은 금후 일본의 중개 없이는 타국과 조약이나 약속을 맺어서는 안 된다.
[제3조] 일본국 정부는 한국 황제 아래에 통감(統監)을 두고, 통감은 외교를 관리하기 위해 경성(京城, 지금의 서울)에 주재하여 한국 황제와 친히 내알할 수 있도록 한다. 또한 일본은 한국의 개항장(開港場) 등에 이사관(理事官)을 둘 수 있다. 이사관은 통감의 지휘 아래 종래 한국에서 일본 영사가 지니고 있던 직권(職權)을 완전히 집행하고, 또한 본 협약을 완전히 실행하기 위한 모든 사무를 담당한다.
[제4조] 일본과 한국 사이에 체결된 조약이나 약속은 본 협약에 저촉하지 않는 한 계속 효력을 지닌다.
[제5조] 일본국 정부는 한국 황실의 안녕(安寧)과 존엄(尊嚴)의 유지를 보증한다.

출처: 국가보훈처 대표 블로그(http://mpva.tistory.com/2622).

사회복지 분야에서도 예외가 아니어서 고대로부터 전승된 좋은 제도와 풍습은 말살되고 일본이 내세웠던 식민지 지배의 원칙이 모든 분야에서 먼저 적용되었다. 일본의 침탈이 최고조에 달할 무렵이었던 1944년, 「조선구호령」이 만들어졌다. 「조선구호령」은 1932년부터 일본에서 실시하였던 구호법을 우리나라에 작위적으로 적용하여 만든 것으로서, 공공부조 혹은 구빈의 목적이 아닌 식민지 정책과 통치의 효율성을 꾀하기 위한 법이다. 다음 〈표 3-2〉에서 볼 수 있듯이 「조선구호령」은 적용대상이 엄격하게 제한되었고 급여의 종류 역시 지극히 한정되어 있었다. 오늘날과 마찬가지로 부양의무자 우선 부양의 원칙이 적용되었다는 것도 알 수 있다. 식민지 지배의 목적으로 만들어졌던 「조선구호령」은 광복 이후 「생활보호법」(1961년)이 제정되기 이전까지 적용되었다.

〈표 3-2〉「조선구호령」의 주요 규정 및 내용

구분	주요 규정
대상 및 원칙	[제1조] ① 다음 각호의 자가 빈곤으로 인하여 생활이 불가능한 때에는 이 영에 의하여 구호한다. 1. 65세 이상의 노약자 2. 13세 이하의 유자 3. 임산부 4. 불구, 폐질, 질병, 상이 기타 정신 또는 신체장애로 인하여 노무를 하기에 장애가 있는 자 ② 전항 제3호의 임산부의 구호 기간과 동항 제4호의 사유의 범위 및 정도는 조선총독이 정한다. [제2조] 전조의 규정에 의한 구호대상자의 부양의무자가 부양을 할 수 있는 때에는 구호하지 아니한다. 다만, 급박한 사정이 있는 때에는 그러하지 아니하다.
급여의 종류 및 제공장소	[제10조] ① 구호의 종류는 다음과 같다. 1. 생활부조 2. 의료 3. 조산 4. 생업부조 ② 전항 각호의 구호의 범위 · 정도 및 방법은 조선총독이 이를 정한다. [제11조] 구호는 구호를 받는 자의 거택에서 행한다.

출처: 조선구호령[시행 1944. 3. 1.] (조선총독부제령 제12호, 1944. 3. 1., 제정).

2 미군정기

미군정기 우리나라 사회복지제도의 특징은 '온정'과 '구호'라는 말로 요약해 볼 수 있다. 광복 이후 38선 이남에 들어선 미군정은 조기 안정을 목표로 삼았을 뿐, 한국 내의 자생적인 국가권력수립에는 적극적이지 않았다. 오히려 점령지 지배라는 의도 아래 미군정의 직접통치가 전개되었다. 현상유지만을 목적으로 실시되었던 미군정의 직접통치는 친일파 등 일제의 잔재 청산을 방해하였고, 심지어 진보 세력을 억압하는 양상으로도 이어졌다. 이는 사회복지에도 영향을 미쳐서 광복이 되었음에도 불구하고 국민의 복지욕구와 사회문제의 우선순위 등을 고려하여 새로운 제도를 만들기는커녕, 과거 일제침략기의 정책을 그대로 답습하고야 말았다(김영화 외, 2008: 43).

당시 미군정은 조선구호령을 계승하여 구호준칙을 제시하였다. 여기에는 후생국보3호(1946. 1. 12.)와 이재민과 피난민에 대한 구호를 포함한 후생국보3A호(1946. 1. 14.), 그리고 공공부조를 규정한 후생국보3C호(1946. 2. 7.)가 있었다. 구호준칙들은 조선구호령의 기존 틀과 크게 다르지 않았는데, 다만 후생국보3C호에서 6세 이하 영유아를 양육하는 어머니를 구호대상자로 포함했다는 점만 다소 차이가 있다.

이 밖에 미군정 시기에는 인도적 원칙에 의해 어린이의 노동을 보호하는 목적을 가졌던 「아동노동법규」가 1946년 제정 · 공포되었고, 뒤이어 1947년 미성년자를 유해, 위험한 일과 노동으로부터 보호하기 위한 「미성년자노동보호법」이 제정되었다.

특히 「미성년자노동보호법」은 우리나라에서 「근로기준법」이 제정되기 이전까지 아동복지와 인권보장에 지대한 영향을 미쳤다. 「미성년자노동보호법」의 목적은 "미성년자를 유해 위험한 직업 또는 과중한 노동으로부터 보호하여 생명 신체의 건전한 발육과 정당한 이익을 보장하며 사회의 안전을 도모하기 위하여 미성년자를 대상으로 하는 일체의 고용관계 및 노동조건에 관한 금지, 제한, 개선 조정을 규정"하는 것이었다(제1조). 주요내용은 다음 〈표 3-3〉과 같다.

〈표 3-3〉「미성년자노동보호법」 주요 내용

[남조선과도입법의원 법률 제4호, 1947. 5. 16. 제정,1947. 6. 15. 시행]
• 연령별 고용 또는 노동의 금지 또는 제한(제3조) – 12세 미만 아동에 대한 고용은 여하한 직업 또는 여하한 노동조건을 막론하고 일체 금하고, 14세 미만 아동은 법에서 열거한 상공업에 종사 또는 고용됨을 금하고, 16세 미만 미성년자는 생명 신체에 위험하거나 건강 또는 도덕상 유해한 상공업 기타 사업에 종사 또는 고용됨을 금하며, 18세 미만 미성년자의 고용 또는 직업에 관하여서도 16세 미만자와 동일하다. • 미성년자 고용 관련 – 어떠한 경우에도 과중한 노동의 부과를 금지하며, 고용자는 항상 피용자의 신체 발육에 유의하여 적당한 휴식을 허용하되 특히, 야간 노동 및 잔업 노동을 금한다(제4조). • 노동시간의 제한 – 16세 미만 미성년자(14세 미만 아동을 포함함)의 노동시간은 매주 6일 매일 7시간을, 18세 미만 미성년자의 노동시간은 매주 6일 매일 9시간을 초과하지 못한다(제5조). • 미성년자 대상 고용계약(단체협약을 포함함) – 미성년자를 대상으로 하는 일체의 고용계약(단체협약을 포함함)은 허가를 받아야 하고, 신분관계 또는 보수 전차를 목적 또는 조건으로 하는 고용계약은 금지하며, 고용계약 기한은 1년 이내로 하되 계약을 갱신할 때는 재허가를 받아야 한다(제6조). 고용계약 허가신청서에는 법정 사항을 기재하여야 한다(제7조 참고). 이 신청에 기해 감독기관은 고용 허가신청서를 교부한다(제8조 참고). • 고용자의 의무 – 고용자는 일반적 관리 의무(제10조), 신체검사와 의료(제11조), 병고휴일과 임신 분만 및 수유에 관한 권리(제12조), 피용자의 교육 보건 오락의 실시(제13조) 등에 관한 의무를 부담한다.

앞의 내용에서 짐작해 볼 수 있듯이 이 법은 「근로기준법」이 본격적으로 제정되기 전까지 아동복지와 미성년자 노동권 보호의 근거로서 시행되었다.

노동환경에 대한 기준들이 법제화된 것 역시 이 시기였다. 1947년 제정된 「최고노동시간법」은 근대 사회복지 및 노동법사에서 최초로, 최장 노동시간의 제한을 둔 법으로서 노동자 권익보호를 위한 법의 원형이라고 할 수 있다.

〈표 3-4〉 「최고노동시간법」의 주요 내용

[시행 1947. 12. 24.] [군정법령 제10호, 1947. 12. 24., 타법개정]

제1조 (목적) 본 영은 노동자의 건강, 능률 급 일반 복리를 유지, 보호하기 위하야 상공업 급 공무의 최고 노동 시간을 규정 제한함을 목적함.

제2조 (최고 작업 시간) 고용주는 본 영에 예외로 규정한 이외에 피용인을 매 작업주간 48시간 이상, 상공업 우는 공무에 종사시키지 못함. 피용인은 매 작업주간 60시간을 한도로 작업에 종사할 수 있음. 단, 매 작업주간의 작업이 48시간을 초과하는 경우에는 그 초과된 작업시간에 대하야 기본 급료의 15할 이상의 비율로 계산한 수당금을 지불함을 요함.

가. 48시간을 초과하야 피용인을 작업에 취케 함에는 고용주와 노동 조합 우는 그 노무자를 대표할 정당한 권한이 유한 단체와의 간에 체결된 협약에 의함.

나. 전호 협약이 무한 시는 고용주와 피고용인 간에 체결한 개별 계약에 의함. 일요일 기타 정휴일을 제한 법정 공휴일은 작업시간에 대하야 8시간의 노동한 것으로 계산함. 본 영의 규정이 적용되는 피고용인은 매 작업주간 중 24시간 이상을 연속 휴식할 권리가 유함.

제3조 (예외) 전 조의 규정은 좌열 각 호에 해당한 자에게는 적용치 않음.

가. 성질상 계절적인 공업에 종사하는 피고용인. 단, 제외 범위는 전부 우는 일부로 제한할 수 있음. 제외될 업무와 범위는 노동부장이 차를 정함.

나. 어부, 선원 우는 가복 등으로 농업, 수산업에 종사하는 피고용인 우는 자가에서 하는 유급 수공업에 종사하는 피용인.

다. 제4조에 규정한 성실한 집행적, 관리적 우는 전문적 직장에 종사하는 피용인.

라. 국유철도 업무에 종사하는 종업원. 단, 노동부장은 운수부장과 협의하야 본 영의 정신에 즉 응한 국유철도 종업원의 최고 노동 시문을 결정하야 매 작업주간 48시간을 초과하는 작업에 대하야는 기본 급료의 15할의 비율로 계산한 수당금 지불의 규칙을 제정 발포함.

마. 비상 긴급한 천재 사변에 제하야 생명, 재산을 보호하기 위하야 필요한 경우에 매 작업주간 60시간을 초과 작업하는 피용인. 단, 고용주는 그 경우에 미리 노동부장 우는 그 대리자의 동의를 득함을 요함. 화재, 기근, 홍수 기타 일반의 생명, 재산에 위험이 유할 비상 사태에 처하야서는 노동부장은 명령으로써 비상 사태가 계속되는 기간에 한하야 최고 노동 시간에 관한 본 영의 규정을 전국적 우는 지역적으로 정지할 권한이 유함. 본 항에 의하야 매 작업주간 60시간을 초과하야 작업하는 자에 대하야는 기본 급료의 15할의 비율로 계산한 수당금의 지불을 요함.

……(이하 생략)

출처: 국가법령정보센터.

한편, 여성가족부의 원형으로 볼 수 있는 부인국(夫人局)의 설치와 부녀복지를 다루었던 「부인국설치령」 역시 미군정기에 만들어진 사회복지 분야 법률이다. 「부인국설치령」은 오늘날과 같은 성인지적 관점에서 만들어진 것은 아니다. 전문 3개조로만 이뤄진 이 법은, 사실 본격적인 의미에서 법이라고 부를 만한 성격도 되지 못했다. 다만, 부녀자의 권리와 노동조건 개선 등을 명문화하고 있다는 점에서 의미가 있다.

〈표 3-5〉 「부인국설치령」의 주요내용

[시행 1946. 9. 24.] [군정법률 제107호, 1946. 9. 14., 제정]

제1조 (부인국의 설치) 조선정부 보건후생부 내에 부인국을 설치함. 부인국장은 부인으로써 차에 임하며 군정장관이 임의 임면할 수 있음. 국장은 필요한 직원을 임명하며 국에 필요한 장소와 용도품을 조달할 권한이 유함.

제2조 (직능 급 임무) 부인국은 좌기 직능 급 임무를 유함.

(가) 조선 부인의 사회, 경제, 정치 급 문화적 개선에 관하야 군정장관에게 진언함.

(나) 조선 부인의 지위 급 복지에 관한 자료를 수집하야 그 조사 연구에 결과를 발표함.

(다) 조선 부인의 복리 증진을 위하야 좌기 사항에 관한 의견을 정부 기관에 구신하며 그 표준과 방책을 제정함. 단, 좌기 각 항은 예시에 불과함.

(1) 부녀의 노동 조건 개선

(2) 부녀의 직장 확대

(3) 공업, 농업, 교육, 예술 등 직업 급 가정에 처한 부녀의 복지

(4) 관청 사무에 대한 부인의 활동 범위

(5) 보건, 특히 임부의 보호 급 분만

(6) 부인의 참정권

(7) 매소부의 취체와 그 제도의 폐지

(8) 불량 부녀와 그 교정 방법

(9) 부녀자의 여행에 대한 일반의 보호

……(이하 생략)

출처: 국가법령정보센터.

요컨대 미군정기 사회복지법제는 일제 강점기와 별반 차이가 없었다. 공공부조 중심의 사회복지법제에서 주요 대상은 노동능력을 상실한 빈곤자로 제한되었고 최저생활보장의 개념조차 규정되지 않았다. 미군정하의 구호정책은 '자선과 시혜의 맥락'에서 이루어지고 있었기 때문에, 당시 구호제도 역시 '욕구의 측면'과 '국가 책임의 측면'을 제도화하고 있지 못했던 것이다(박보영, 2004). 단지 미성년자 노동보호, 최고근로시간 제한 등 일련의 노동복지 관련 조항들이 마련되었다는 면에서는 어느 정도 의미가 있다.

3 1950년대~1980년대

1) 1950년대

광복 이후 하나 된 단일국가를 만들고자 하였음에도 불구하고 미국과 소련의 남·북 분할 점령 구도는 이를 불가능하게 하였고 한국전쟁이 발발하면서 분단은 현실로 나타났다. 분단은 국가와 민족의 분열이라는 문제뿐만 아니라 일본의 강제 침략과 지배에 따른 폐해를 제대로 청산하지 못하게 만들었다.

한국전쟁 이후 이승만 정부는 결국 이러한 문제를 해결하지 못했고, 오히려 독재와 부정부패가 만연하였다. 4·19 민주 혁명과 같은 국민의 노력에 의해 민주주의가 정착되는 듯했지만 정치의 난맥과 혼란은 그대로 이어졌다. 한국전쟁기와 뒤이은 휴전 그리고 분단국가로의 출발과정에서, 본격적인 사회복지제도는 시작될 수 없었다. 「근로기준법」(1953년)과 '어린이 헌장(1956년)' 등 근로자, 아동보호와 관련된 법령 혹은 조치만이 만들어졌을 뿐이다. 이에 비해 사회보험의 경우, 전쟁 이후라는 특수성으로 인하여 1950년 「군사원호법」, 1951년 「경찰원호법」, 1952년 「전몰군경과 상이군경연금법」 등이 먼저 제정되면서, 군인·경찰 등 특수집단을 위한 제도가 마련되기 시작하였다(박태정, 2014: 149-150).

사회서비스 분야는 한국전쟁에 따른 피해를 입은 취약계층과 고아, 빈민 등이 급증하여 시설보호 중심의 구호활동이 주류를 이루었다. 이는 외국의 민간구호기관이 한국에 진출하는 계기가 되었는데 당시 대부분의 시설들이 해외 원조 기관에 의해 직접 운영되거나 재정을 지원받았다. 이 시기 민간 복지사업은 전쟁고아를 위한 외국원조와 현물형 시설구호를 중심으로 이루어졌기 때문에 매우 선별적인 모습을 보였다. 인권보장이라는 법적 권리 개념과는 거리가 멀었고, 오히려 자선의 수준에서 실시되었다(김영화 외, 2008). 사회복지사업이라는 용어 역시 제대로 사용되지 못하다가, 1952년 한국사회사업연합회가 창립된 후, 1961년에 '사단법인 한국사회복지사업 연합회'로 개칭되면서부터 사회복지사업이라는 표현이 사용되기 시작하였다.

1950년대를 전후로 한 한국의 사회복지와 서비스들은 국민 전체를 위해 서라기보다는 국가의 통치를 지원, 대변해 주는 집단을 위해 제정된 성격이 두드러진다. 사회복지 개입을 뒷받침하는 체계적인 사회복지제도를 정비하지 못했고 외국원조단체의 시설보호와 물자구호, 민간차원에서의 자선적 활동에 그친 시기였다.

2) 1960년대~1980년대

사회복지법이 그나마 형식을 갖추게 된 것은 제3공화국 박정희 정부 초·중반(1961~1971년) 이후부터다. 군사쿠데타를 통해 정권을 창출한 정부는 정권의 비정당성과 비민주성이라는 문제점을 은폐하는 한편, 지속적인 지배구조를 유지하기 위해 국민으로부터의 지지, 즉 민심을 어떻게 확보할 것인가에 골몰하였다. 그 방법으로 채택된 것은 다름 아닌 "잘살아 보세"로 표현되었던 개발론이었다. 쿠데타에 따른 정권창출 이후, 국가재건과 경제개발을 내세운 경제개발 5개년계획에는 복지제도 혹은 복지입법이 들어설 자리가 없었다. 이 시기부터 사회복지는 정책의 우선순위에서 밀렸을 뿐만 아니라 형식적인 틀만 갖추는 데 그쳐야 했다. 「노동조합법」(1963)에 따른 노동조합 정치활동 금지로 인해 노동자들은 그들의 소리를 낼 수조차 없었고 자신들을 대변하는 정당을 지지할 수조차 없었다.[1)] 분배보다 성장

---

1) 이는 구(舊)「노동조합법」(1963)
제12조 (정치활동의 금지) ① 노동조합은 공직선거에 있어서 특정정당을 지지하거나 특정인을 당선시키기 위한 행위를 할 수 없다.
② 노동조합은 조합원으로부터 정치자금을 징수할 수 없다.
③ 노동조합기금을 정치자금에 유용할 수 없다에 따라 적용된 것이다. 이 조항은 1997년

을 위주로 하는 정책을 시작한 것은 부의 편중과 불이익 집단의 사회적 배제를 야기했고, 국가복지가 낙후되는 원인을 제공하였다.

당시 만들어졌던 법들을 살펴보면 우선 1961년 「생활보호법」을 시작으로 같은 해, 「아동복리법」[2]이 만들어졌고, 1963년 「군인연금법」 「산업재해보상보험법」 「의료보험법」 「사회보장에 관한 법률」이 제정되었다. 몇몇 법률들이 제정되었지만, 법적 효력이나 권리성 면에서는 부족했다. 예를 들어, 「의료보험법」(1963)은 강제적용 규정이 누락되었고, 「생활보호법」(1961)은 시행령이 만들어지지 않았으므로 실행력을 갖추지 못했다라는 문제점이 고스란히 드러났다. 앞서 설명한 것처럼 공무원, 군인, 경찰, 국가유공자 등 일부 집단만을 대상으로 하는 복지제도가 실시되었을 뿐, 전체 국민을 대상으로 하는 제도는 고려되지 않았다. 복지에 대한 국가 책임 인식이 있었다기보다 그 최종 책임을 개인과 가족에게 떠넘기는 모습이었다(박태정, 2014: 150−151).

1970년대 말에 들어서 제4공화국으로 독재를 이어 갔던 박정희 정부는 국내 물가상승과 국제수지 악화에 따른 경기침체를 겪게 되면서 정치적인 지지율도 하락세에 들어서게 된다. 권위주의적 군사정권을 유지하고자 했던 당시 정부는 결국 '유신(維新)체제'[3]를 단행하여 긴급조치(제1~9호)를 발표하기에 이르렀다. 이를 계기로 범국민적인 반(反)유신체제운동이 확산되었고, 1979년의 10 · 26 사건으로 인해 18년간 계속되었던 박정희 정부는 막을 내렸다(김영화 외, 2008).

「노동조합법」이 폐지되고, 이를 대신하여 「노동조합 및 노동관계조정법」이 새롭게 제정된 이후에서야 비로소 삭제되었다.

2) 법률 제912호, 1961. 12. 30. 제정, 시행 1962. 1. 1.

3) 유신체제란 박정희 대통령이 남북 분단의 현실과 국제 사회의 변화에 능동적으로 대처한다는 명분 아래, 대통령의 권한만을 강화하고 국민의 기본권을 심각하게 제한했던 체제를 의미한다. 유신(維新)의 사전적인 의미는 "낡은 제도를 고쳐 새롭게 한다."라는 뜻이다.

〈표 3-6〉 긴급조치 주요 조항

긴급조치 제1호 ① 대한민국 「헌법」을 부정, 반대, 왜곡 또는 비방하는 일체의 행위를 금한다. ② 대한민국 「헌법」의 개정 또는 폐지를 주장, 발의, 청원하는 일체의 행위를 금한다. ③ 유언비어를 날조, 유포하는 일체의 행위를 금한다. ④ 전 1, 2, 3호에서 금한 행위를 권유, 선동, 선전하거나 방송, 보도, 출판, 기타 방법으로 이를 타인에게 알리는 일체의 언동을 금한다. ⑤ 이 조치에 위반한 자와 이 조치를 비방한 자는 법관의 영장 없이 체포, 구속, 압수, 수색하며 15년 이하의 징역에 처한다. 이 경우에는 15년 이하의 자격정지를 병과할 수 있다. ⑥ 이 조치에 위반한 자와 이 조치를 비방한 자는 비상군법회의에서 심판, 처단한다. ⑦ 이 조치는 1974년 1월 8일 17시부터 시행한다. 긴급조치 제9호 ① 다음 각 호의 행위를 금한다. 가. 유언비어를 날조, 유포하거나 사실을 왜곡하여 전파하는 행위 나. 집회·시위 또는 신문, 방송, 통신 등 공중전파 수단이나 문서, 도화, 음반 등 표현물에 의하여 대한민국 헌법을 부정·반대·왜곡 또는 비방하거나 그 개정 또는 폐지를 주장·청원·선동 또는 선전하는 행위 다. 학교 당국의 지도, 감독하에 행하는 수업, 연구 또는 학교장의 사전 허가를 받았거나 기타 예외적 비정치적 활동을 제외한 학생의 집회·시위 또는 정치 관여 행위라. 이 조치를 공연히 비방하는 행위 ② 제1에 위반한 내용을 방송·보도 기타의 방법으로 공연히 전파하거나, 그 내용의 표현물을 제작·배포·판매·소지 또는 전시하는 행위를 금한다. ③ 재산을 도피시킬 목적으로 대한민국 또는 대한민국 국민의 재산을 국외에 이동하거나 국내에 반입될 재산을 국외에 은닉 또는 처분하는 행위를 금한다. ④ 관계 서류의 허위 기재 기타 부정한 방법으로 해외 이주의 허가를 받거나 국외에 도피하는 행위를 금한다.

⑤ 주무부장관은 이 조치 위반자 · 범행 당시의 그 소속 학교 · 단체나 사업체 또는 그 대표자나 장에 대하여 다음 각 호의 명령이나 조치를 할 수 있다.
가. 대표자나 장에 대한, 소속 임직원 · 교직원 또는 학생의 해임이나 제적의 명령
나. 대표자나 장 · 소속 임직원 · 교직원이나 학생의 해임 또는 제적의 조치
다. 방송 · 보도 · 제작 · 판매 또는 배포의 금지 조치
라. 휴업 · 휴교 · 정간 · 폐간 · 해산 또는 폐쇄의 조치
마. 승인 · 등록 · 인가 · 허가 또는 면허의 취소 조치
⑥ 국회의원이 국회에서 직무상 행한 발언은 이 조치에 저촉되더라도 처벌되지 아니한다. 다만 그 발언을 방송 · 보도 · 기타의 방법으로 공연히 전파한 자는 그러하지 아니한다.
⑦ 이 조치 또는 이에 의한 주무부장관의 조치에 위반한 자는 1년 이상의 유기징역에 처한다. 이 경우에는 10년 이하의 자격정지를 병과한다. 미수에 그치거나 예비 또는 음모한 자도 또한 같다.
⑧ 이 조치 또는 이에 의한 주무부장관의 조치에 위반한 자는 법관의 영장 없이 체포 · 구속 · 압수 또는 수색할 수 있다.
⑨ 이 조치 시행 후, 특정범죄 가중처벌 등에 관한 법률 제2조(뇌물죄의 가중처벌)의 죄를 범한 공무원이나 정부관리 · 기업체의 간부직원 또는 동법 제5조(국고손실)의 죄를 범한 회계관계직원 등에 대하여는, 동법 각조에 정한 형에, 수뢰액 또는 국고손실액의 10배에 해당하는 벌금을 병과한다.
⑩ 이 조치 위반의 죄는 일반법원에서 심판한다.
⑪ 이 조치의 시행을 위하여 필요한 사항은 주무부장관이 정한다.
⑫ 국방부 장관은 서울특별시장, 부산시장 또는 도지사로부터 치안질서유지를 위한 병력출동의 요청을 받은 때에는 이에 응하여 지원할 수 있다.
⑬ 이 조치에 의한 주무부장관의 명령이나 조치는 사법적 심사의 대상이 되지 아니한다.
⑭ 이 조치는 1975년 5월 13일 15시부터 시행한다.

유신과 독재를 은폐하기 위한 일종의 당근과 채찍으로서 1970년대 사회복지 분야는 외형적으로나마 변화가 있었다. 「사립학교교원연금법」(1973)

「국민복지연금법」(1973)이 도입되었고 공공부조제도가 보강되어 「의료보호법」(1977)이 만들어졌으며 사회복지서비스 분야를 다루는 「사회복지사업법」(1970)이 제정되었다. 그리고 1978년 '심신장애자 종합복지대책'이 발표되면서 장애인에 대한 시설보호에서 벗어나 재활을 위한 치료가 시작되었고 관련법이 제정되어 시설의 현대화, 직업재활 영역으로 관심의 폭이 확장되는 등 1960년대에 비해 사회복지제도와 서비스 도입이 좀 더 활발하게 이뤄졌다.

한편, 1979년 박정희 대통령 사망 이후 등장한 제5공화국의 전두환 정부 그리고 뒤이은 제6공화국의 노태우 정부 역시 군사정권의 연장선이었던 만큼, 노동운동 등 각종 개혁적 움직임을 탄압하였다. 이는 학생운동, 시민운동 등 모든 영역에 걸쳐 적용되었고 민주주의에 기반을 둔 복지국가로의 성장을 더디게 만들었다. 전두환 대통령이 중심이 된 제5공화국은 '전쟁의 위협으로부터의 해방, 빈곤으로부터의 해방. 정치적 탄압과 권력남용으로부터 해방'이라는 이른바 3대 해방론을 주장하였다. 이 시기 사회보험제도는 건강보험, 즉 「의료보험법」이 개정되면서 변화가 나타났다. 1981년 제1차 지역의료보험이 시범사업으로 실시되었고 의료보험이 적용범위가 상시 500인 이상의 근로자를 사용하는 사업장에서 100인 이상의 사업장으로 확대되었다. 뿐만 아니라 연금보험이나 공적 부조를 통하여 제한적으로 실시되던 노인 관련 서비스가 1981년 「노인복지법」의 제정을 통하여 법적기반을 갖게 되었다. 「사회복지사업법」을 개정(1983년)하여 사회복지종사자로 불리던 사회사업가의 법적 명칭이 '사회복지사'로 변경되었고 사회복지사 자격제도가 구체적으로 마련되었다. 한편 1982년 철도, 지하철, 고궁, 목욕, 이발 등 8개 업종에 대하여 '경로우대제'가 도입되었으며 '무료노인건강진단제도'(1983년)가 시행되었다.

그러나 인간다운 생활 보장에 대한 국가 책무에 대한 뚜렷한 인식 없이 단발적으로 만들어진 일련의 사회서비스와 제도들은 당시 사회운동과 시민탄압을 무마하기 위한 '당근과 채찍'일 뿐이었다.

제6공화국에 들어서면서 전국민연금제도(1989년)가 실시되었고, 최저임금제가 시행(1988년)되었으며 「영유아보육법」이 제정(1991년)되는 등 사회복지서비스가 확충되었다. 예를 들어, 영구임대아파트단지를 중심으로 종합사회복지관을 의무적으로 설립하는 규정이 만들어져 사회복지관의 전국적인 설치 · 운영이 시작되었고 이를 바탕으로 재가복지사업이 주목을 받게 되었다. 한편, 1980년대 말 올림픽이나 아시안게임과 같은 국제행사를 실시하게 되면서 주요 대중이용시설을 중심으로 장애인편의시설 정비가 진행되었다. 「심신장애자복지법」(1981년)을 대신하여 「장애인복지법」이 새롭게 제정(1989년)되었고 장애인들의 직업안정을 원활히 하고 사회적 참여를 신장시킬 목적으로 하는 「장애인고용촉진 등에 관한 법률」(1990년)이 만들어지는 등 과거에 비해 진일보한 법률이 등장하였다.

〈표 3-7〉 1950년대~1980년대 사회복지입법 동향

구분	1950년대	1960년대	1970년대	1980년대
사회적 이슈	국제 원조, 전쟁고아 수용	도시화, 산업화, 빈곤층, 가출, 미망인, 미혼모, 주택문제 등	도시화, 산업화, 유신체제 반대, 의료문제, 빈곤, 가출, 여성, 청소년, 주택문제 등	도시화, 산업화, 민주주의, 복지사회 건설, 올림픽 개최, 도시빈민, 가족복지, 장애인복지, 아동복지
주요 법령	• 후생시설 설치기준령(1950) • 후생시설 운영요령(1952) • 근로기준법(1953)	• 갱생보호법(1961) • 군사원호보상법(1961) • 윤락행위 등 방지법(1961) • 생활보호법(1961) • 아동복리법(1961) • 선원보험법(1962) • 재해구호법(1962) • 국가유공자 특별원호법(1962)	• 사회복지사업법(1970) • 사립학교 교원연금법(1973) • 개정 의료보험법(1977) • 의료보호법(1977) • 공무원 및 사립학교 교직원보호법(1977)	• 사회복지사업기금법(1980) • 아동복지법(1981) • 심신장애복지법(1981) • 노인복지법(1981) • 국민연금법(1988) • 최저임금법(1988) • 개정 의료보험법(1988) • 개정 사회복지사업법(1983)

		• 군인연금법(1963) • 산재법(1963) • 자활지도사업에 관한 임시조치법(1968)		• 개정 생활보호법 (1983) • 모자복지법(1989) • 개정 의료보험법 (1989) • 장애인 고용 촉진 등에 관한 법률(1989) • 장애인복지법(1989)
미실시 법령		• 사회보장에 관한 법률(1963) • 의료보험법(1963)	• 국민복지연금법 (1973)	

4 1990년대[4)]

문민정부라는 슬로건을 내세웠던 김영삼 정부는 과거로부터 이어져 오던 ‘제7차 경제사회발전 5개년계획’을 폐기하고 1993년부터 1997년을 대상기간으로 하는 ‘신경제 5개년계획’을 새로 수립하였다. 이를 통해 국민들의 자발적 참여와 능동적 창의를 경제발전의 원동력으로 하는 ‘신경제’ 정책을 주창하였다.

국민생활과 기업활동에 대한 규제를 완화하여 작은 정부를 지향하였고, 재정이 공공부문의 생산성을 끌어올리는 수단으로 기능해야 함을 강조하였다(대한민국정부, 1993). 이러한 방침만 보더라도 당시 정부는 사회안전망을 강화하여 복지국가로 성장하는 데 주안점을 둔 게 아니라 경제정책에 무게중심을 두고 있었음을 알 수 있다. 김영삼 정부의 주요 정책은 그가

4) 1990년대 주요 내용은 박태정(2014: 154-158)을 부분 발췌한 후 재정리함.

폐기한 '제7차 경제사회발전 5개년계획'의 성격과 차이점이 별로 없었던 만큼 경제성장과 사회복지의 조화를 이루는 데 실패한 것으로 보인다. 다만, 과거 군사정권에 비해 폐쇄적인 지배구조에서 상대적으로 조금 더 민주화된 구조로 변화되었다는 점은 의미가 있다. 나아가 1995년 지방자치제도를 실시하면서 지방화 시대로의 기점을 마련한 것은 사회복지뿐만 아니라 사회구조 전체의 큰 변화를 가져온 것으로 평가된다.

사회복지제도 면에서 두드러진 변화는 경제 · 사회발전수준과 국민의 복지욕구에 부합하는 사회보장제도를 확립하려는 취지에서 「사회보장기본법」(1995)이 제정되었다는 점이다. 주된 내용을 보면 사회보장에 관한 국민의 권리와 국가 및 지방자치단체의 책임을 정하고, 모든 국민이 인간다운 생활을 할 수 있는 제도와 여건을 실현하는 것을 그 기본 이념으로 하고 있었다. 그리고 국가 또는 지방자치단체는 국가 발전의 수준에 부응하는 사회보장제도를 확립하고 매년 이에 필요한 재원을 조달하도록 명시했다.

함께 「사회복지사업법」 역시 변화가 있었는데 읍 · 면 · 동에서 저소득층 · 노인 · 장애인 등 요보호대상자의 선정과 상담 · 지원업무를 담당하고 있는 '사회복지전담공무원'에 관한 법적 근거가 새롭게 규정되었다. 이 밖에 1997년 「장애인 · 노인 · 임산부등의 편의증진 보장에 관한 법률」이 제정되었고, 같은 해 「사회복지사업법」 개정에서 사회복지사의 전문성을 향상시키기 위해 사회복지사 1급에 대한 국가시험제도가 규정되었으며 사회복지시설평가가 정식으로 법제화되었다.

1990년대로 접어들면서 사회복지 분야 전반에 걸친 법령이 정비되고 보완된 특징을 알 수 있다. 하지만 당시 사회안전망 확충, 고용보험 실시 요구, 최저생활의 적극적 보장 등의 사회적 욕구가 강력했던 현실을 감안한다면 사회복지법이 충분히 개선되었다고 보기는 어렵다.

1997년 외환위기 직후 집권한 김대중 정부는 1998년, '작지만 효율적으로 봉사하는 정부'를 기치로 공공부문에 시장기능을 도입하는 경영혁신과 구조조정을 실시하였다. 외환위기는 우리나라 거의 모든 정책의 근간을 흔들고 국민 개인의 인간다운 삶을 위협하였다. 이는 오랜 경기 침체와 불황으로 연결되었지만, 한편으로는 사회안전망과 적극적인 사회복지제도의 필요성에 대한 공감대를 형성하는 데 영향을 주었다. 김대중 정부에서 가장 주목할 만한 변화는 바로 공공부조제도의 개혁, 즉 「국민기초생활보장법」(1998)의 제정이다. 이 제도는 1961년 제정된 「생활보호법」을 대체하고 생산적 복지의 개념을 도입함으로서 사회안전망(social safety net)으로서의 공공부조기능을 최대화하고자 꾀한 것이었다. 무엇보다 「국민기초생활 보장법」은 기존의 국가주도적 정책결정과정과 달리, 여러 시민사회단체가 입법의 청원에서부터 제정에 이르기까지 적극적으로 참여했다. 그런 만큼 상의하달식 정책에서 벗어나, 범 시민사회 구성원들의 정책 참여가 이뤄졌다는 점에서 의미가 있다. 아울러 내용 면에서도 기초생활에 대한 시민의 권리와 국가의 의무를 최초로 명시하였다는 점에서 함의를 갖는다.

사회보험 분야 역시 많은 변화가 있었는데 4대 보험의 적용범위가 대폭 확대되고 통합운영을 위한 기본방향이 설정된 것이 대표적이다. 고용보험의 경우 1998년 1인 이상의 근로자를 고용하는 사업장까지 전 국민으로 확대되었으며, 산재보험은 2000년 7월부터 근로자 1인 이상 전 사업장으로 확대되었다. 의료보험은 2000년부터 직장과 지역의료보험이 통합되었다.

1998년부터 2002년까지는 경제위기와 회복의 시기였다. 당시 최초의 여·야간 정권교체라는 정치적 환경 변화가 있었고, 경제적 위기상황은 복지 수요를 폭발적으로 증가시켰다. 나아가 지역과 시민을 중심으로 한 복지운동이 일어나기 시작하면서 사회복지법과 제도의 개선을 요구하는 시민사회의 목소리도 확대되기 시작하였다.

5 2000년대 이후

2003년부터 출범한 노무현 정부에서는 참여복지의 이념을 주창하였다.

참여복지의 핵심은 '선(先)성장 후(後)분배'의 기조를 유지해 왔던 역대 정부들과는 달리, 경제성장과 분배정의 간의 균형발전을 모색하는 것이다. 이를 실현하기 위해 기초보장측면에서는 사각지대를 축소하고 탈빈곤을 유인하기 위해 부양의무자기준 완화 및 재산의 소득환산제를 도입하였다. 비수급빈곤층에 대한 욕구별 · 범주별 부분 급여의 확대와 함께 근로소득세제(EITC, Earned Income Tax Credt) 역시 실시되었다. 한편, 2003년 이후 이동권, 교육권, 차별철폐, 자립생활운동 등 장애인들의 권리확보를 위한 법과 제도가 재편되었다. 이는 2003년 '제2차 장애인복지발전 5개년계획', 2005년 「교통약자의 이동편의증진법」 제정, 2007년 「장애인차별금지 및 권리구제에 관한 법률」 제정, 2008년 '장애인복지발전 5개년계획' 수립 등으로 나타났다.

이 가운데 주목할 만한 변화는 바로 「장애인차별금지 및 권리구제 등에 관한 법률」(이하 '장차법'이라고 한다.)이다. 장차법은 2005년과 2006년에 각 발의된 3건의 장애인차별금지법안의 내용을 종합한 보건복지위원회의 대안이 국회에서 의결되어 2007년 4월 10일에 공포되었고, 2008년 4월 11일자로 시행이 예고되었으나, 시행 직전인 2008년 3월 21일 다시 개정된 후 실시되었다.

장차법은 많은 준비와 논의와 진통을 겪은 후에 태어난 법률이다. 이 법의 제정배경에는 2000년 145만명(전 국민의 3.09%)에서 2005년 215만 명(전국민의 4.59%)까지 늘어난 장애인구의 가파른 증가추세, 여성장애인 및 노령장애인 비중 증가, 중증장애인 인구 증가 등 장애인구 구조변화가 자리 잡고 있다. 이와 더불어 장애인들의 사회참여욕구의 증가, 교육권 및 이동권의 보장 요구와 자립생활운동의 확산 역시 법 제정에 영향을 미친 요인이다.

이 법에서는 금지대상 차별행위를 직접차별, 간접차별, 정당한 편의제공 거부, 광고를 통한 차별로 규정하였다. 그리고 장애아동의 보호자 또는 후견인 기타 장애인을 돕기 위한 장애인 관련자와 장애인이 사용하는 보조견 및 장애인보조기구 등에 대한 부당한 처우도 차별에 해당하는 것으로 규정하였다. 장애인의 실질적 평등권을 실현하기 위해 차별을 시정하기 위한 적극적 조치는 차별로 간주하지 않도록 규정하고, 차별의 영역을 고용, 교육, 재화와 용역의 제공 및 이용, 사법 · 행정절차 및 서비스와 참정권, 모 · 부성권 · 성 등, 가족 · 가정 · 복지시설 및 건강권 등의 여섯 가지 영역으로 규정하여 생활상의 다양한 영역에 걸친 차별을 금지토록 하였다. 장애여성 및 장애아동 등에 대한 차별금지와 권리구제에 관한 장을 별도로 설정하고, 국가인권위원회 내에 장애인차별시정소위원회를 두도록 했다. 차별행위로 인한 피해의 회복을 위한 손해배상 규정을 두고, 차별행위가 악의적인 경우에는 법원으로 하여금 3년 이하의 징역 또는 3천만 원 이하의 벌금에 처할 수 있도록 규정하고 있다. 입법과정에서 제정취지가 퇴색될 정도로 주요 내용이 삭제되었다는 비판도 있지만, 이 법의 제정 자체 및 법이 규정하는 차별금지와 권리구제제도는 장애인보호입법의 진일보를 의미한다고 평가될 수 있을 것이다(홍완식, 2008: 32).

이 밖에도 인구고령화에 대한 대응하기 위한 법적보완이 추진되어, 2005년 5월 「저출산고령사회기본법」이 제정되고 2007년 「노인장기요양보험법」 「기초노령연금법」 등이 제정되었다. 이 가운데 「노인장기요양보험법」은 입법논의가 이뤄지던 2005년 당시 인구의 약 9% 이상을 차지하는 노인들을 위한 돌봄과 간병의 문제를 가정이나 개인의 문제가 아닌 사회문제로 인식하게 되면서 도입된 제도다. 제도 시행과 관련하여 노인장기요양보험의 가입자는 국민건강보험의 가입자로 하고 장기요양보험료는 국민건강보험료액에 장기요양보험료율을 곱하여 산정하고, 국민건강보험공단은 장기요양보험료를 국민건강보험료와 구분하여 통합 징수하되 장기요양보험료와 국민건강보험료를 각각의 독립회계로 관리하도록 하고 있다. 이 법의 제정을 통하여 우리나라는 4대 사회보험체제에서 일본이나 독일과 같이 연금, 의료, 고용, 산재, 노인요양보험이라고 하는 5대 사회보험체제를 갖추게 되었다.

1990년대 이후부터 최근에 이르는 사회복지법 변화 동향을 정리하면 다음과 같다.

〈표 3-8〉 1990~2010년대 사회복지법제 변화과정

구분	1990년대	2000년대	2010년대이후
사회복지 이슈	• 민주화, 후기산업화 • 산업구조 조정, IMF 실업	• 복지 확대, 개선, 다원화 • 한국형 복지모형	• 재정 지속가능성 • 보편, 선별 논쟁
주요법령	• 영유아보육법(1991) • 청소년 기본법(1991) • 고령자고용촉진법(1991) • 일제하 일본군위안부에 대한 생활안정지원법(1993) • 고용보험법(1995) • 성폭력범죄의 처벌 및 피해자보호 등에 대한 법률(1994) • 보호관찰 등에 관한 법률(1995) • 사회보장기본법(1995) • 정신보건법(1995) • 사회복지공동모금회법(1997) • 청소년보호법(1997) • 장애인 노인 임산부 등의 편의증진 보장에 관한 법률(1997) • 가정폭력방지 및 피해자보호 등에 관한 법률(1997) • 국민의료보험법(1997) • 국민기초생활 보장법(1999)	• 장애인고용촉진 및 직업재활법(2000) • 의료급여법(2001) • 국민건강보험 재정 건전화 특별법(2002) • 영유아보육법 개정(2004) • 농어촌 주민의 보건복지 증진을 위한 특별법(2004) • 건강가정기본법(2004) • 성매매방지 및 피해자보호 등에 관한 법률(2004) • 교통약자의 이동편의증진법(2005) • 저출산고령사회기본법(2005) • 자원봉사활동 기본법(2005) • 긴급복지지원법(2005) • 국민건강보험법(2006) • 장애인차별금지 및 권리구제 등에 관한 법률(2007) • 기초노령연금법(2007) • 노인장기요양보험법(2008) • 한부모가족지원법(2007) • 다문화가족지원법(2008) • 중증장애인 생산품 우선구매 특별법(2008) • 고용상 연령차별 금지 및 고령자 고용 촉진에 관한 법률(2008) • 국민연금과 직역연금의 연계에 관한 법률(2009)	• 아동 청소년의 성보호에 관한 법률(2009) • 장애인연금법(2010) • 장애인활동 지원에 관한 법 (2011) • 성폭력방지 및 피해자보호 등에 관한 법률(2010) • 장애아동복지지원법(2011 • 사회복지사 등의 처우 및 ㅈ 위 향상을 위한 법률(2011 • 노숙인 등의 복지 및 자립 지원에 관한 법률(2011) • 사회보장기본법 전부 개정 (2012)

출처: 국가기록원(2016: 21) 재구

지금까지 살펴본 우리나라 사회복지법제 변화 과정에서 나타난 특징을 정리하면 다음과 같다.

첫째, 우리나라 사회복지법의 제정은 정치적 동기와 관련이 높다. 주요 정치적 격변기에 국민에 대한 신뢰 회복이나 정쟁을 무마하기 위한 수단으로 도입되었다. 군사정권 아래 시작된 박정희 정부에서 사회복지 관련 법률이 대거 제정되었으나 경제력 부족으로 시행이 되지 못한 것은 이를 보여 주는 대표적인 예다.

둘째, 행정적 편의성에 따라 법령과 제도가 도입되었다. 의료보험의 경우 저소득층이나 빈곤층을 위해 먼저 도입되었다기보다는, 500인 이상 대규모 사업장을 중심으로 제도의 적용이 수월한 집단부터 시작하였고, 정부 재정 지출 역시 최소한의 비용만을 부담할 수 있는 방법인 사회보험 방식으로 도입하였다는 점에서 이러한 특징을 찾아볼 수 있다.

셋째, 보건복지제도의 법적 적용대상을 선별주의에서 보편주의 방식으로 확대하는 전략을 사용하였다. 의료보험, 국민연금, 산재보험, 고용보험 모두 이러한 전략을 사용하였다. 적용대상이 수월한 근로자에서 시작하여 도시 자영자와 농어촌주민까지 점차 확대하는 전략을 사용했다(국가기록원, 2016).

넷째, 1990년대 외환위기를 계기로 시민의식이 높아지고 시민단체 활동이 활발해지면서, 시민단체의 적극적인 정치활동들이 사회복지 관련법의 제·개정을 가져온 사례들이 늘어나고 있다. 대표적인 예로는 「국민기초생활 보장법」을 들 수 있다. 뿐만 아니라 각종 선거 공약을 통해 입법화되거나 도입되는 제도가 늘어나는 점도 특징으로 정리된다.

요약

한국전쟁 이후 우리나라의 사회복지법은 과거에 비해 빠른 속도로 변화하였다. 사회문제에 대응하기 위한 사회복지제도의 종류와 제도의 적용범위 역시 단계적으로 확대되어 왔다. 1950년대 이후 근 백 년이 채 되지 않은 지금까지, 공공부조 · 사회보험 · 사회서비스 각 분야에서 비교적 고른 법체계를 구축하였다는 점은 의미 있게 평가될 수 있다.

그럼에도 불구하고 사회복지 분야 법률 간의 비체계성, 사회변화 및 각종 사회문제에 대응하거나 예방하기 위한 입법 노력의 부족, 기존 법체계의 흠결요인에 대한 개정 부진 등과 같은 문제는 여전히 해결을 바라는 과제로 남아 있다.

핵심어

- 조선구호령
- 이승만 정부
- 긴급조치
- 경제개발 5개년계획
- 문민정부
- 생산적 복지
- 국민기초생활 보장법
- 참여복지

제4장
사회복지법의 체계

뼈에 저리도록 생활은 슬퍼도 좋다.
저문 들길에 서서 푸른 별을 바라보자
푸른 별을 바라보는 것은 하늘 아래 사는 거룩한 나의 일과이어니……
– 신석정, '들길에 서서' –

체계란 일정한 원리에 따라서 낱낱의 부분이 짜임새 있게 조직되어 통일된 전체를 의미한다. 체계를 구성할 때는 그 체계에 속하는 개별 요소에는 공통점이 있어야 하고 체계외부의 요소들과는 구분되어야 할 차별성이 필요하다. 즉, 체계는 포괄성과 배타성을 가진다. 법체계화는 개별 법규범이나 법규를 이러한 원리에 따라 조직한 것이다.

법체계(法體系)는 일정한 법이념 내지 법원리에 의하여 통일된 법질서(예: 국제법 또는 국내법체계)를 의미한다. 법이 사회질서를 유지하기 위한 규범으로서 통일된 국가의사를 표현하고 보편타당한 것이 되기 위해서는 다수의 법령이 하나의 국법체계 안에서 상호 간에 통일된 체계로서의 질서가 있어야 하며 서로 상충(相衝)되지 말아야 한다. 다양한 법령 상호 간에는 규범의 구조나 내용면에서 모순되어서는 안 된다는 '체계 정당성의 원리'가 적용된다. 이는 동일한 법령 내에서는 물론 다른 법령 간에도 수직적으로나 수평적으로 반드시 존중되어야 한다(한상우, 2013).

1 사회복지법 체계화

사회복지법의 체계란 사회복지 관련 개별 법률이 타 법률과 구분되도록 한 것을 뜻한다. 전술한 법체계성의 구성요건을 바탕으로 사회복지법률에 적용될 수 있는 구분원리에 의해 분류하는 것이라고도 볼 수 있다. 만약 국내법에서 사회복지에 대한 법적 정의가 존재한다면 이를 사회복지법체계의 기준으로 적용할 수 있겠지만, 안타깝게도 이러한 정의는 현행법 어디에도 존재하지 않는다.

그렇다고 하여 우리나라가 일본의 사회복지6법 혹은 독일의 사회복지법전처럼 계통이 잡혀진 사회복지법전(法典)체계를 가진 것도 아니기 때문에 결국 우리나라 사회복지법체계를 구성하는 데는 사회복지법이 무엇인가에 대한 근원적인 논의가 필요하다. 그럼에도 불구하고 사회복지법, 나아가 사회복지에 대해서는 학계에서조차 합의된 정의가 없다. 이는 사회복지법 체계를 만드는 데도 걸림돌이겠으나, 그 정체성을 인식하는 데 더욱 심각한 장애물로 남아 있다.

이 책에서는 사회복지법의 체계를 조직화하기 위한 시도로서 「사회보장기본법」이 복지권의 최상위 규범인 헌법가치를 전승한 것으로 간주한다. 「사회보장기본법」이 헌법가치를 계승하고 있는 기본법임에도 불구하고 '사회보장'이라는 용어로서 법률명이 만들어진 것에 대한 논란의 여지는 존재한다. 그러나 동법이 제정될 당시 제안이유서를 살펴보면, 다음 〈표 4-1〉과 같이 모든 국민이 인간다운 생활을 보장하는 헌법상의 권리를 구체적으로 실현하기 위한 법으로 기능할 것을 목적으로 두고 있음을 알 수 있다. 뿐만 아니라 「헌법」에 의한 생존권, 환경권, 근로권 등을 보장하기 위함을 전제로 하고 있다. 비록 법명에 대한 논란은 있겠으나, 형식과 내용면에서 헌법정신을 계승한 사회복지법의 기본법으로 볼 수 있는 만큼, 이 책에서는 이 법의 정의를 바탕으로 사회복지법체계를 구성하고자 한다.

〈표 4-1〉「사회보장기본법」 제안이유 및 주요내용(1995년 제정 당시)

사회보장기본법 [시행 1996. 7. 1.] [법률 제5134호, 1995. 12. 30., 제정] 제안이유 1963년 제정된 「사회보장에 관한 법률」을 폐지하고 우리나라의 경제사회발전 수준과 국민의 복지욕구에 부합하는 사회보장제도를 확립하여 국민복지의 증진을 도모하기 위함. 주요골자 1. 모든 국민이 인간다운 생활을 할 수 있도록 최저생활을 보장하고 사회공동체의 참여가 가능하도록 개개인의 생활의 수준을 향상시킴으로써 복지사회를 실현하는 것을 사회보장제도의 기본이념으로 함(안 제2조). 2. 사회보장의 범위에 사회보험 · 공공부조 · 사회복지서비스 및 관련복지제도를 포함하여 국민복지증진의 토대를 마련함(안 제3조). 3. 사회보장에 대한 국가 및 지방자치단체의 책임역할 및 비용부담을 명시하고, 민간부문이 적극적으로 참여할 수 있는 여건을 조성하도록 하여 사회복지의 증진을 도모함(안 제5조 · 제25조 · 제26조 · 제27조). 4. 국가는 국민이 건강하고 문화적인 생활을 보장받도록 노력하여야 하며, 최저생계비와 최저임금을 참작하여 사회보장급여수준을 결정함(안 제10조 · 제11조). 5. 사회보장의 급여를 받을 권리의 양도 담보 압류를 금하며, 동권리의 제한 또는 정지는 관계 법령이 정하는 바에 의하여 그 제한 또는 정지의 목적에 필요한 최소한의 범위에 그치도록 함으로써 동권리를 보호함(안 제12조 · 제13조).

6. 사회보장에 관한 주요시책을 심의하기 위하여 국무총리를 위원장으로 하는 사회보장심의위원회를 설치 운용토록 하며, 보건복지부장관은 사회보장의 증진을 위해 사회보장심의위원회의 심의를 거쳐 5년마다 장기 발전방향을 수립하며, 관계 중앙행정기관의 장 및 시 · 도지사는 동 계획에 따른 년도별 시행계획을 수립토록 함(안 제16조 · 제17조 · 제18조 · 제19조 · 제20조 · 제21조 · 제22조 · 제23조).
7. 보편성, 형평성, 민주성, 제도간 연계성, 전문성을 사회보장제도의 기본적인 운영원칙으로 하며, 사회보장에 관련된 분야에는 전문인을 우선적으로 배치토록 함(안 제24조 · 제29조).
8. 국가 또는 지방자치단체는 사회보장 전달체계를 지역적 균등분포, 원활한 업무조정, 국민의 이용상 용이성을 갖도록 마련하여야 함(안 제28조).
9. 국가와 지방자치단체에 사회보장에 관하여 국민이 필요로 하는 정보의 공개를 의무화하고, 비밀보호, 설명, 상담 통지에 관한 사항을 규정함(안 제30조 · 제31조 · 제32조 · 제33조 · 제34조).

현행「사회보장기본법」 제3조에 의하면 "사회보장이란 출산, 양육, 실업, 노령, 장애, 질병, 빈곤 및 사망 등의 사회적 위험으로부터 모든 국민을 보호하고 국민 삶의 질을 향상시키는 데 필요한 소득 · 서비스를 보장하는 사회보험, 공공부소, 사회서비스"를 말한다. 그리고 "사회보험이란 국민에게 발생하는 사회적 위험을 보험의 방식으로 대처함으로써 국민의 건강과 소득을 보장하는 제도"이고 "공공부조란 국가와 지방자치단체의 책임 하에 생활 유지 능력이 없거나 생활이 어려운 국민의 최저생활을 보장하고 자립을 지원하는 제도"이며, "사회서비스란 국가 · 지방자치단체 및 민간부문의 도움이 필요한 모든 국민에게 복지, 보건의료, 교육, 고용, 주거, 문화, 환경 등의 분야에서 인간다운 생활을 보장하고 상담, 재활, 돌봄, 정보의 제공, 관련 시설의 이용, 역량 개발, 사회참여 지원 등을 통하여 국민의 삶의 질이 향상되도록 지원하는 제도"로 각각 정의되어 있다.

이 정의를 바탕으로 사회복지법체계를 도식화하면 다음과 같다.

〈표 4-2〉 사회복지법체계

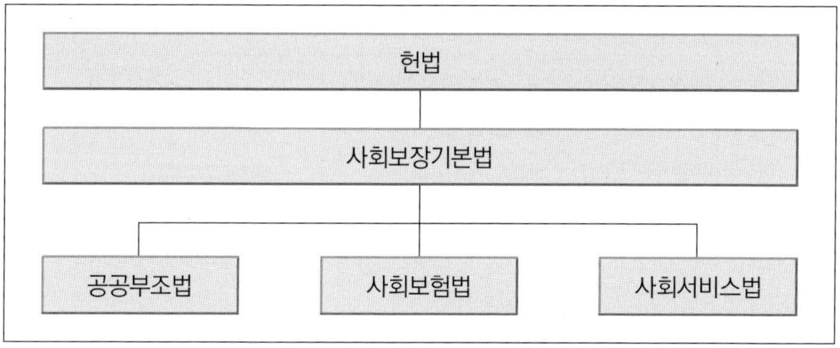

1) 공공부조법체계

「사회보장기본법」 정의에 의하면 공공부조는 국가와 지방자치단체의 책임하에 생활 유지 능력이 없거나 생활이 어려운 국민의 최저생활을 보장하고 자립을 지원하는 제도다. 본 정의는 「헌법」 제34조 제1항의 "모든 국민은 인간다운 생활을 할 권리를 가진다."와 같은 조 제2항 "국가는 사회보장·사회복지의 증진에 노력할 의무를 진다."에서 비롯되는 이념을 계승하고 있음을 알 수 있다.

공공부조의 법적 정의와 맥락을 같이 하는 법률에는 「국민기초생활보장법」 「긴급복지지원법」 「의료급여법」 등이 속한다. 이 가운데 「국민기초생활 보장법」은 공공부조법체계 내에서 일반법적 성격을 지닌다.

〈표 4-3〉 공공부조법체계 개관

공공부조법체계		
국민기초생활 보장법	긴급복지지원법	의료급여법
제1장(총칙) 제2장(급여의 종류와 방법) 제2장의2(자활지원) 제3장(보장기관) 제4장(급여의 실시) 제5장(보장시설) 제6장(수급자의 권리와 의무) 제7장(이의신청) 제8장(보장비용) 제9장(벌칙)	제1조(목적) 제2조(정의) 제3조(기본원칙) 제4조(국가 및 지방자치단체의 책무) 제5조(긴급지원대상자) 제5조의2(외국인에 대한 특례) 제6조(긴급지원기관) 제7조(지원요청 및 신고) 제7조의2(위기상황의 발굴) 제8조(현장 확인 및 지원) 제8조의2(금융정보 등의 제공동의서 제출) 제9조(긴급지원의 종류 및 내용) 제9조의2(긴급지원수급계좌) 제10조(긴급지원의 기간 등) 제11조(담당기구 설치 등) 제12조(긴급지원심의위원회) 제13조(사후조사) 제14조(긴급지원의 적정성 심사) 제15조(지원중단 또는 비용환수) 제16조(이의신청) 제17조(예산분담) 제18조(압류 등의 금지) 제19조(벌칙)	제1조(목적) 제2조(정의) 제3조(수급권자) 제3조의2(난민에 대한 특례) 제3조의3(수급권자의 인정절차 등) 제4조(적용 배제) 제5조(보장기관) 제5조의2(사례관리) 제6조(의료급여심의위원회) 제7조(의료급여의 내용 등) 제8조(의료급여증) 제9조(의료급여기관) 제10조(급여비용의 부담) 제11조(급여비용의 청구와 지급) 제11조의2(서류의 보존) 제11조의3(급여 대상 여부의 확인 등) 제11조의4(의료급여기관의 비용 청구에 관한 금지행위) 제11조의5(급여비용의 지급 보류) 제12조(요양비) 제13조(장애인 및 임산부에 대한 특례) 제14조(건강검진) 제15조(의료급여의 제한) 제16조(의료급여의 변경)

		제17조(의료급여의 중지 등) 제18조(수급권의 보호) 제19조(구상권) 제20조(급여비용의 대지급) 제22조(대지급금의 독촉 등) 제23조(부당이득의 징수) 제24조(결손처분) 제25조(의료급여기금의 설치 및 조성) 제26조(기금의 관리 및 운용) 제27조(급여비용의 예탁) 제28조(의료급여기관의 업무정지 등) 제29조(과징금 등) 제29조의2(제조업자등의 금지행위 등) 제30조(이의신청 등) 제30조의2(심판청구) 제31조(소멸시효) 제32조(보고 및 검사) 제32조의2(자료의 제공) 제32조의3(포상금 및 장려금의 지급) 제33조(권한의 위임 및 위탁) 제34조(끝수 및 소액의 처리) 제35조(벌칙) 제36조(양벌규정) 제37조(과태료)

2) 사회보험법체계

사회보험은 중세 유럽의 길드에서 그 연원을 찾을 수 있다. 오늘날과 같은 제도로 등장한 것은 1883년 독일의 질병보험에서부터다. 이를 시작으로 거의 대부분의 국가들이 보험의 방법을 활용하여 빈곤, 질병과 같은 위험에서 국민을 보호하기 위한 장치로서 사회보험을 운영하고 있다.

「사회보장기본법」에 의하면 우리나라 사회보험은 국민에게 발생하는 사회적 위험을 보험의 방식으로 대처함으로써 국민의 건강과 소득을 보장하는 제도다. 건강보장은 질병치료 등 의료관련 사회보험과 산업재해 등에 따른 장애와 질병에 대한 보장이 해당된다. 소득보장은 노령연금과 실업에 따른 한시 급여(수당) 및 훈련지원 등의 형태로 이뤄진다. 이에 대응하는 국내법으로는 「국민건강보험법」 「국민연금법」 「산업재해보상보험법」 「고용보험법」이 있다.

〈표 4-4〉 사회보험법체계 개관

국민건강보험법	국민연금법	산업재해보상보험법	고용보험법
제1장(총칙) 제2장(가입자) 제3장(국민건강보험공단) 제4장(보험급여) 제6장(보험료) 제7장(이의신청 및 심판청구 등) 제8장(보칙) 제9장(벌칙)	제1장 총칙 제2장 국민연금가입자 제3장 국민연금공단 제4장 급여 제5장 비용부담 및 연금보험료의 징수 등 제6장 국민연금기금 제7장 심사청구와 재심사청구 제8장 보칙 제9장 벌칙	제1장 총칙 제2장 근로복지공단 제3장 보험급여 제4장 근로복지 사업 제5장 산업재해보상보험및예방기금 제6장 심사청구 및 재심사청구 제7장 보칙 제8장 벌칙	제1장 총칙 제2장 피보험자의 관리 제3장 고용안정 · 직업능력개발 사업 제4장 실업급여 제5장 육아휴직 급여 등 제6장 고용보험기금 제7장 심사 및 재심사청구 제8장 보칙 제9장 벌칙

앞의 〈표 4-4〉에서 나타나듯 사회보험법체계에 속하는 사회보험 관련 개별법들은 유사한 조문구조를 갖고 있다. 공통요인으로서 4가지 법률 모두 권리구제 및 벌칙 관련 조항을 체계적으로 마련하고 있으며, 각각의 보험에 의한 급여 관련 사항을 명문화하여 정하고 있다. 차이점을 보면 고용보험을 제외한 3개 법에서는 각각의 보험업무를 관장하는 별도의 기구를 두고 있는바, 국민건강보험공단, 국민연금공단, 근로복지공단이 그 운영을 맡고 있다. 기금의 경우, 소득보장 기능과 밀접한 관련이 있는 3가지 법에서는 기금에 대한 사항을 별도의 장으로 마련하여 규정하고 있다. 소득보장보다는 건강보장 기능이 강화되어 있는 건강보험의 경우, 준비금으로서 규정되어 있을 뿐, 기금 관련 사항은 포함되어 있지 않다.

3) 사회서비스법체계

우리나라에서 사회서비스란 용어가 법적으로 사용된 것은 그리 오랜 일이 아니다. 구(舊)「사회보장기본법」에서는 '사회복지서비스'라는 용어로 사용되었으나, 이 법의 개정을 통해 사회서비스가 법적 용어로 자리 잡게 되었다. 사회서비스로의 용어 변경이 이뤄지게 된 배경에는 경제, 사회적인 요인이 함께 자리해 있다. 1995년 「사회보장기본법」이 제정된 이래 2010년까지, 「사회보장기본법」에서는 '사회복지서비스'라는 용어를 사용하였다. 구(舊)법에 따르면 '사회복지서비스'란 국가 · 지방자치단체 및 민간부문의 도움이 필요한 모든 국민에게 상담, 재활, 직업의 소개 및 지도, 사회복지시설의 이용 등을 제공하여 정상적인 사회생활이 가능하도록 지원하는 제도를 의미하였다. 이때 사회복지서비스는 이른바 '정상적인 사회생활'이 어려운 사람들을 정상화하는 데 목적을 둔 것으로 해석된다.

법적 용어의 정의는 단순히 단어의미만을 뜻하지 않는다. 그 의미에 의해 정책의 대상과 영역, 범위, 한계가 정해지기 때문에 법률에 의한 용어 정의는 정책의 방향성을 가리킨다고 볼 수 있다. 이 점에서 기존의 사회복지서비스는 사회복지제도 자체를 선별 · 협의적 관점에서 접근했다고 볼 수 있다.

그러나 저출산 · 고령화로 인한 인구구조 변화, 산업구조 변화, 세계경제 위기 등으로 인한 사회 · 문화 및 경제적 환경의 변화는 기존 복지제도에 대한 관점이 바뀌어야 함을 방증해 주었다. 국민 개인의 생애주기별로 노출되는 다양한 위험에 대한 대응으로서 사회복지제도가 필요하며, 저소득층뿐만 아니라 나머지 모든 국민도 평생 동안 생애주기별로 겪게 되는 다양한 위험에서 벗어나도록 소득 및 사회서비스를 함께 보장하여 평생사회안전망을 구축하는 맞춤식 생활보장형 복지국가로의 전환이 요구되고 있었던 것이다. 사회변화에 따른 인식의 전환은 「사회보장기본법」의 전면개정으로 연결되어, 법률 제11238호(2012. 1. 26.) 제5차 개정에서 사회복지서비스 용어는 폐지되고 '사회서비스'로 변경되었다. 개정을 통해 사회서비스는 "국가 · 지방자치단체 및 민간부문의 도움이 필요한 모든 국민에게 복지, 보건의료, 교육, 고용, 주거, 문화, 환경 등의 분야에서 인간다운 생활을 보장하고 상담, 재활, 돌봄, 정보의 제공, 관련 시설의 이용, 역량 개발, 사회참여 지원 등을 통하여 국민의 삶의 질이 향상되도록 지원하는 제도"로서 정의, 적용되고 있다.

사회서비스의 영역이 복지뿐만 아니라 보건의료부터 환경에 이르는 광의의 영역으로 정의되었고, 사회서비스 방법이 상담부터 사회참여 지원까지 확대된 것은 분명 긍정적인 변화다. 그러나 사회복지법체계의 관점에서는 사회서비스의 이 같은 정의는 기존 개별 법률과 무질서하게 충돌될 수 있는 한계가 있다. 가령, 현행법상 사회서비스는 고용에서의 인간다운 생활을 보장하는 것도 그 목적으로 하고 있다면, 과연 고용 분야 관련법(대표적으로서 근로기준법)을 사회서비스법체계로 속한다고 볼 수 있을까? 부연할 바 없이, 무리한 분류일 것이다. 사회서비스의 법적 정의는 사회보장기본법에서만 존재하는 것일 뿐, 공공부조, 사회보험 등의 용어와 달리 사회복지법체계 구분에 적용될 수 있는 가늠자로 기능할 수는 없는 셈이다.

우리나라 사회복지법이 체계화되지 못한 데다, 사회문제에 대한 사후 대응책으로서 개별법이 들쑥날쑥 제정되어 왔기 때문에 이러한 현상이 나타난다. 사회복지 분야 기본법적 지위에 해당하는 「사회보장기본법」이 개정되었음에도 불구하고 그 내용이 기존 개별법에 반영되지 못했던 것도 중요한 요인이다.

그럼에도 불구하고 학술적인 시도로서 사회서비스법체계를 구분한다면 법적 정의를 바탕으로 접근할 수밖에 없는바, 다음과 같이 도식화해 볼 수 있다.

〈표 4-5〉 사회서비스법체계 개관

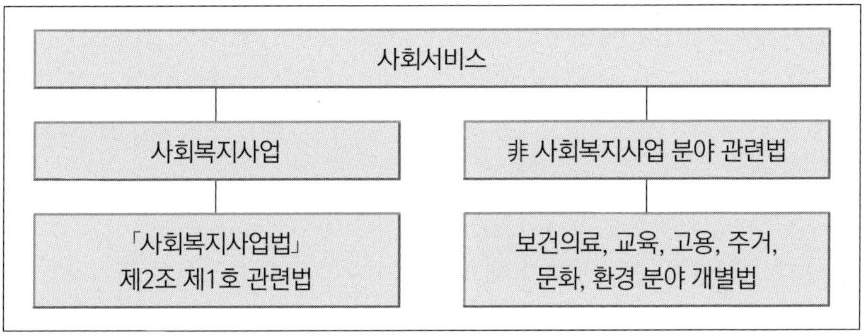

2 주요 국가별 사회복지법체계

사회복지법의 체계화에 대하여 고찰하기 위해서는 먼저 선진국의 사회복지법 분류체계를 살펴볼 필요가 있다. 국가별 사회복지법의 분류체계를 살펴보면 다음과 같다.

1) 독일 사회복지법체계론[1)]

사회복지법전을 가지고 있는 독일은 사회복지법을 사회급여의 기능, 사회적 위험, 사회복지법의 기본 원리라는 3가지 기준에 의해 체계화하였다.

(1) 사회급여의 기능에 따른 분류체계

사회급여의 기능에 따른 분류는 2분설과 3분설로 다시 나누어진다. 3분설이란 사회급여의 기능을 예방, 보상, 원호 및 장려 등으로 구분하여 사회복지법을 예방급여체계, 보상급여체계 및 원호 및 장려급여체계로 분류한 것이다. 2분설은 사회급여가 발생한 손실에 대한 급여인가 또는 특별한 급여인가에 따라 각각 손실에 대한 급여체계와 불이익에 대한 급여체계로 분류하고 있다.

(2) 사회적 위험에 따른 분류

사회적 위험의 종류에 따라 체계화하는 방법은 사회급여의 근거를 고찰하여 분류하는 것이다. 다만 위험에 대한 시·공간적 인식 변화 가능성 등을 고려해 보면 현실적으로 통일적인 체계화가 어렵다. 같은 사회적 위험에 대한 사회급여라 하더라도 그 원인에 따라 지급근거가 다르며 그 상이한 지급근거는 각각 독자적 체계하에서 고찰하는 것이 법 이론상 적당하기 때문이다. 사회적 위험에 따른 분류체계는 사회적 위험에 대한 사회급여의 근거를 단일화하기 어렵다는 단점이 있다.

---

1) 독일식 분류체계의 경우, 이중호(2015: 453-465)의 문헌 가운데 일부 발췌하여, 재정리함.

(3) 사회복지법의 기본 원리에 따른 분류

사회복지법의 기본 원리에 따른 분류방법이란 보험의 원리, 보상의 원리 및 원호의 원리 등에 따른 분류체계를 의미한다. 이에 따라 사회복지법은 「사회보험법」「사회보상법」 및 「사회원호법」으로 나뉜다.

보험원리란 장래 발생할 생활상의 특정 위험으로부터 자기를 보호하고자 하는 사람들이 상호부조의 정신으로 각각 일정한 기여금을 지불하고, 자기에게 생활상의 그 위험이 발생하면 소정의 급여를 받게 되는 것인데, 이를 바탕으로 하는 「사회보험법」에는 「의료보험법」「연금보험법」「산업재해보상보험법」「실업보험법」 등이 포함된다.

「사회보상법」은 국가와 민족을 수호하기 위하여 활동한 사람(예컨대 군경, 기타 국가유공자 등)이 상해를 입거나 사망하거나 근로능력을 상실하고 또는 본인이나 유족의 생활이 빈곤하게 될 때, 그와 같이 공익을 위한 헌신에 대하여 국가가 그들 본인과 가족 또는 유족의 생활을 보상하는 제반 사회적 급여에 관한 법률을 말한다. 「사회보상법」의 근본 원리는 인과성의 원리에 바탕을 둔 인과적 사회급여인 데 반하여 후술하는 원호의 원리에 근거를 둔 사회급여는 반대급부를 전제로 하지 않은, 즉 합목적성의 원리를 근거로 한 합목적적 사회급여인 점이 다르다. 사회보상법이 근거로 하고 있는 인과성의 원리는 사회보험법의 원리와 동일하지만, 전자의 경우는 보상의 근거가 민족, 국가, 사회공동체를 위한 초개인적인 원인에 있음에 대하여, 사회보험법에 있어서는 근거가 개인적인 원인에 있다는 점이 다르다(이상광, 2002: 263). 「사회보상법」에는 그 수급권자의 범주에 따라 「국가유공자보상법」「공익행위자보상법」 등이 포함된다.

「사회원호법」은 개인의 일정한 가중된 경제적 부담을 경감시켜 주거나 기타 사회적 보호를 필요로 하는 개인의 복지를 증진시켜 줌으로써 그에게 인간다운 생활을 보장시켜 줄 목적으로 국가가 일반적으로 지급하는 사회급여에 관한 법이다. 「사회원호법」은 기여금 지불을 전제로 하지 않고 그 재정은 국고에서 부담한다는 점에서 「사회보상법」과 같으나 특정한 법정적 원인에 의하여 사회급여 지급 사유가 발생할 것을 필요로 하지 않는다는 점에서 그것과 상이하다. 「사회원호법」에 속하는 법에는 「자녀급여법」 「주택급여법」 「혼인급여법」 「노인복지급여법」 「장애자복지급여법」 「윤락여성재활급여법」 「마약중독자재활급여법」 「생활부조급여법」 「의료부조급여법」 등이 있다(이상광, 2002: 303-306).

2) 일본 사회복지법체계

일본의 경우 사회복지6법으로 불리는 '사회복지사업법'을 행정대상에 따른 분류, 편제에 따른 분류, 사회보장급여의 성격과 기능에 따른 분류 및 욕구의 충족에 대응한 분류의 방식으로 체계화하고 있다.

행정대상에 따른 분류는 사회복지행정의 대상에 따라 사회복지일반과 서비스급부 전체에 관련된 것으로 구분한다. 편제에 관한 분류는 사회복지서비스에 연관되는 제반 법률을 그 편제를 중심으로 분류한 후 다시 급여를 중심으로 행정기능에 따라 분류하는 방식이다. 사회보상급여의 성격과 기능에 따른 분류는 소득보장급여체계와 장해보장급여체계로 구분한다. 욕구의 충족에 대응한 분류는 급여의 형태에 따라 현금급여체계와 비현금급여체계로 분류하여 체계화하는 방식이다(김남식, 최건식, 2010: 10-11).

3 우리나라 사회복지법 체계화 관련 이론

앞서 설명한 것처럼 우리나라 사회복지법에 대한 단일한 체계 분류기준은 없다. 사회복지법의 난맥, 우리나라 전체 법률 속 자리매김의 실패, 사회복지법에 대한 당리당략적 태도 등의 이유로 인해 사회복지법체계를 정비하는 일은 여전히 숙제로 남아 있다. 그럼에도 불구하고 1990년대 이후 사회복지학자를 중심으로 사회복지법체계 분류기준에 대한 이론화가 시도되고 있다는 점을 의미 있는 노력이다. 1990년대를 기점으로 법체계의 논의가 시작된 것은 1995년 「사회보장기본법」 제정의 영향이 컸던 것으로 여겨진다. 이에 사회복지법체계 분류기준에 대한 이론화 시도에 대해 「사회보장기본법」 제정 전과 제정 이후로 나누어 주요 학자별로 개관해 보고자 한다.

1) 「사회보장기본법」 제정 이전의 주요 사회복지법 체계화 이론

「사회보장기본법」이 제정되기 이전의 논의를 살펴보면, 먼저 이상광은 독일식 법체계 분류에 기초하여, 사회복지법을 사회보험법, 사회보상법, 사회원호법으로 구분하여 제시하였다(이상광, 1988). 김만두는 일본식 체계론을 따르면서 사회복지 조직에 관한 법, 사회복지급부내용에 관한 법, 사회복지 재정에 관한 법, 사회복지의 권리구제에 관한 법으로 분류, 제시하였다(김만두, 1991). 한편 김유성은 독일식 분류와 일본식 분류를 접목하여 사회복지법을 협의로 간주하고, 사회보장법을 그 상위개념으로 보았다. 이에 사회보장법을 보장제도와 보장급여의 기준으로 분류하여, 보장제도기준체계에는 사회보험법, 공공부조법 사회복지법이 속하고, 보장급여기준체계에는 소득보장급여관련법, 의료보장급여관련법이 속한다고 하였다(김유성, 1992).[2)]

기존 논의들이 독일 및 일본의 분류방식을 응용했던 것이라면 김근조, 박석돈 등은 이와 다른 분류방법을 시도하였다. 먼저 김근조는 생존법, 생활보장 및 생활향상 관련법, 사회적응원조법으로 구분하였고(김근조,

---

2) 사회복지법을 사회복지서비스법에 국한시킨 것은 상당히 협의적 관점이라는 평가도 존재한다(윤찬영, 2017: 153).

1994), 박석돈의 경우, 국내에서 출판되는 법전의 분류를 원용하여 사회복지일반에 관한 법률, 사회복지서비스에 관한 법률로 분류하였다(박석돈, 1994).[3]

〈표 4-6〉 「사회보장기본법」 제정 이전 분류체계

학자	분류기준	사회복지법체계
이상광	독일식 법체계	• 사회보험법 • 사회보상법 • 사회원호법
김만두	일본식 법체계	• 사회복지 조직에 관한 법 • 사회복지급부내용에 관한 법 • 사회복지 재정에 관한 법 • 사회복지의 권리구제에 관한 법
김유성	독일+일본	• 보장제도기준체계 – 사회보험법 – 공공부조법 – 사회복지법 • 보장급여기준체계 – 소득보장급여법 – 의료보장급여법
김근조	자체 분류	• 생존법 • 생활보장법 • 사회적응원조법
박석돈	법전	• 사회복지일반 관련법 • 사회복지서비스 관련법 • 기타관련법(2000년대 이후 후속제시)

3) 박석돈은 후속 연구에서 기존 2대 분류에 광의의 사회복지 관련 법령을 포함하는 '기타 관련법' 기준을 추가하여 3가지 분류방식으로 재구성하였다(박석돈, 2013).

2)「사회보장기본법」 제정 이후 주요 사회복지법 체계화 이론

1995년 이후 사회복지법체계 관련 연구들은 좀 더 활발하게 진행되었다. 먼저 장동일은 사회복지법의 원리로서 '보상의 원리, 원호(원조)의 원리, 부조의 원리, 보험의 원리'를 제시하면서, 사회복지법 역시 이 기본 원리를 따라 구분했다. 이에 사회복지법은 사회복지법 원리를 따르는 사회보장법과 고용, 보건, 교육 등을 포함한 사회복지 관련법으로 분류될 수 있음을 제시했다(장동일, 1998).

김훈은 「사회보장기본법」을 근거로 분류기준을 수립하였는데, 사회보험에 관한 법, 공공부조법, 사회복지사업법, 사회복지 관련법으로 체계화하였다(김훈, 2006).

마지막으로, 윤찬영은 기존 분류체계와 구분되는 방식을 취하여 체계화를 시도하였다. 이른바 체계는 포괄성과 배타성을 가져야 한다는 점에 착안하여, 사회복지법의 포괄성과 배타성, 일관성과 특수성, 상하관계 등을 반영하는 체계와 내용을 중심으로 구분하는 체계다. 전자를 일컬어 수직적 체계화로 명명하였고, 후자를 일컬어 수평적 체계화로 구분하였다. 수직적 체계화는 성문법적 질서를 따르는 것으로 헌법, 법률, 명령, 조례, 규칙 등의 순으로 이루어져 있으며 사회복지법 또한 이 체계로서 구성된다고 보았다. 수평적 체계화의 경우, 대상자의 욕구와 법률관계를 중심으로 6가지 분류기준을 제시하였다(윤찬영, 2017).

〈표 4-7〉 장동일의 분류체계

사회복지법	사회보장법	사회보장 일반에 관한 법	사회보장법, 사회복지사업기금법
		사회보험법	국민연금법, 공무원연금법, 군인연금법 사립학교교원연금법, 선원보험법(미실시) 의료보험법, 산업재해보상보험법, 고용보험법
		사회보상법	국가유공자예우등에관한법률, 의사상자보호법, 일본군위안부에대한생활안정지원법, 귀순북한동포보호법
		사회부조법	생활보호법, 의료보호법, 재해구호법 자활지도사업에 관한 임시조치법
		사회원조법	사회복지사업법, 아동복지법, 장애인복지법. 노인복지법, 모자복지법
	사회복지관련법	보건위생관련법	공해대책법, 전염병 · 결핵등에관한예방대책법 청소 · 상하수도사업법
		고용관련법	최저임금법, 장애인고용촉진법, 고령자고용촉진법 여성고용촉진법, 남녀평등고용법, 직업훈련법
		교육관련법	특수교육진흥법, 사회교육등에관한법률
		재활관련법	보호관찰 등에 관한 법률
		주택관련법	임대차보호법, 임대주택법
		소비자보호관련법	소비자보호법

출처: 장동일(1998: 67-69); 김남식, 최건식(2010: 12)에서 재인용.

〈표 4-8〉 수직적 체계 및 수평적 체계의 개념도

수직적 체계

1. 헌법 기준
2. 사회보장기본법
3. 시행령 및 시행규칙
4. 조례 및 규칙
5. 법인의 정관

수평적 체계

<table>
<tr><th>구분</th><th>귀속적 욕구</th><th>보상적 욕구</th><th>평가적 욕구</th></tr>
<tr><td>인과적 법률관계</td><td colspan="2">사회보험법</td><td>신빈민법
(조건부수급)</td></tr>
<tr><td>합목적적 법률관계</td><td>사회
수당법</td><td>사회보상법
사회원호법</td><td>공공부조법
(선별적
서비스</td></tr>
</table>

출처: 윤찬영(2017: 161−268) 재구성.

이 분류기준을 사회복지법에 적용한 결과는 다음 [그림 4−1]과 같다.

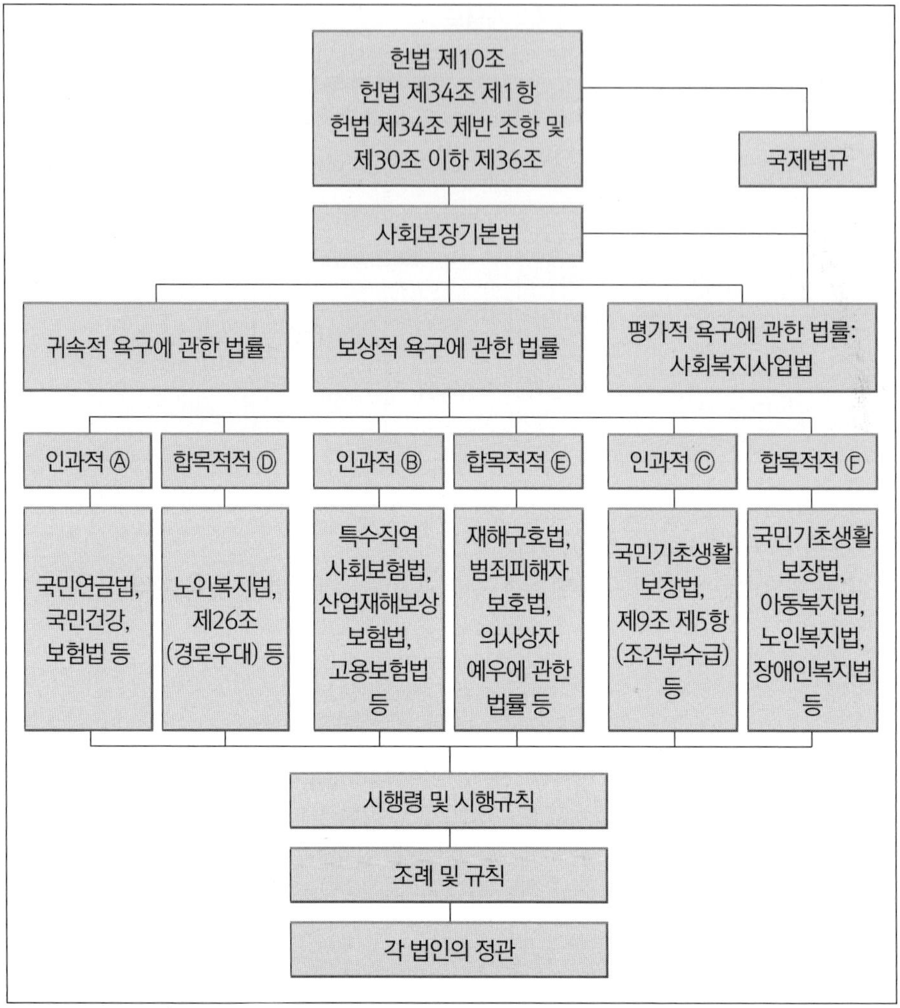

[그림 4-1] 윤찬영의 사회복지법 체계

출처: 윤찬영(2017: 273).

4 시사점

여러 번 언급한 것처럼 사회복지법 체계화는 쉽지 않다. 다른 법과 마찬가지로 사회복지법은 이 법에 의한 급여와 서비스를 제공하는 제도를 갖고 있다. 사회복지 개별법은 제도와 연결되는데, '단일 법-단일 제도'의 형태를 취하는 것도 있지만, 특정제도의 이름하에 여러 가지 사회복지법이 묶일 수 있다는 점은 사회복지법의 특징이자, 체계분류를 어렵게 만드는 걸림돌이기도 하다. 가령, '장애인복지제도'라고 하면, 그 속에는 「장애인복지법」부터 「장애인연금법」 「장애인차별금지 및 권리구제 등에 관한 법률」 등에 이르기까지 대상자인 장애인을 중심으로 한 여러 개별법이 묶일 수 있다. 하지만 각각의 법을 지배하는 원리, 법 목적 등은 달리 구분되므로 제도를 중심으로 분류했더라도 얼마든지 이견이 존재할 수 있다.

비록 이 장에서는 「헌법」에 의한 생존권적 기본권을 근거로 하여, 이를 「사회보장기본법」에서 이어받아 구체화하였고, 그에 따라 사회보험, 공공부조, 사회서비스체계로 구분해 보았으나, 상당히 피상적이라는 한계는 분명하다. 여타의 학자별 분류 역시 구분의 불분명성, 체계 간 중첩성 등의 문제로 인해 각각의 보완이 필요해 보인다. 체계는 틀이다. 사회복지법의 체계가 견고해야만, 그 해석과 실행 간의 격차는 해소될 수 있다. 사회복지법체계에 대한 다양한 논의와 연구가 이어져야 할 이유다.

요약

우리나라 사회복지법의 법체계의 분류방법은 단일화되어 있지 않다. 오히려 입장에 따라 다양한 관점에서 분류가 시도되고 있다. 사회복지법체계를 아우를 수 있는 통일된 분류기준이 없다는 점은 현행 사회복지법의 난맥이라는 문제와 연결되어 있다. 1995년을 전후로 법체계 연구가 이어져 오고 있지만, 아직 학계에서도 단일화되어 있지 못한 상황이다. 이 책에는 헌법가치를 이어받았다는 점을 전제로, 기술(記述)적으로 「사회보장기본법」에 기초하여 공공부조체계, 사회보험체계, 사회서비스체계로 분류하였다.

핵심어

- 공공부조체계
- 사회보험체계
- 사회서비스체계
- 수평적 체계화
- 수직적 체계화
- 내용적 체계화
- 사회법원

제5장
사회복지법과 기본권

힘에는 두 가지 형태가 있다.
하나는 긍정적 힘으로서 무언가를 할 수 있는 힘이고
다른 하나는 부정적 힘으로서 하지 않을 수 있는 힘이다.
- 한병철, 『피로사회』 -

1 인권과 기본권

인권(Human Rights)이란 인간의 존엄과 가치를 지켜 주는 기본적 권리이다. 인종, 피부색, 성(性), 언어, 종교, 재산, 신분, 출생지 등에 상관없이 인간이라면 누구나 누려야 할 권리다. 인권은 인간의 존엄과 가치에 대한 존중(Respect for the dignity and worth)에 기초하고 있으며, 보편성(Universal), 비양도성(Inalienable), 불가분성, 상호연관성, 상호의존성과 같은 특성을 갖는다(UN, 1948).

인권이 침해되거나 인권이 달성되지 않는 이유는 인간의 정당한 권리 요구를 공식적으로 인정하는 법과 제도가 결여되었기 때문이다. 물론 법과 제도가 존재하더라도 그것이 작동하지 않거나, 그것을 무시 · 위반하는 가해자—국가, 공공기관 및 국제기구와 기업 등의 비국가행위자—가 존재할 때도 인권이 침해된다고 본다(조효제, 2015: 229). 이러한 침해 상황을 해결하기 위해 인권문제 해결방법들이 개발되어 왔다. 국제 인권기준 설정, 국내법 · 제도 수립, 침해 및 이행 감시, 인권 정보 확산, 외교 협상, 대중 압력, 경제 제재, 군사 개입 등이 있다(Haas, 2014: 12-13).

이 가운데 인권보장과 실현과 인권침해의 해결책으로서 법과 제도는 불가결하다. 법과 제도로 접근하는 방법에 대한 비판은 존재하고 있지만, 구체적인 도구로서 중요성은 가볍게 넘길 수 없는 것이다. 현대 인권에 관한 전 세계적 수준의 인식-제도 실행체계를 구축하는 데 주된 역할을 수행해 온 유엔 역시 마찬가지다. 인권규범을 국제조약의 형태로 체계화하고 그것을 각국이 자국 내 입법체계와 정책으로 내면화하는 것을 목표로 두고 있다. 이것이 오늘날 널리 받아들여지고 있는 방법론이다(조효제, 2015: 230-232).

〈표 5-1〉 우리나라의 주요 국제인권협약 발효 현황

협약명	발효일
시민적 · 정치적 권리규약(B규약)	1990. 7. 10.
경제적 · 사회적 · 문화적 권리규약(A규약)	1990. 7. 10.
인종차별철폐협약	1979. 1. 4.
여성차별철폐협약	1985. 1. 26.
고문방지협약	1995. 2. 8.
아동권리협약	1991. 12. 20.
장애인권리협약	2009. 1. 10

인권은 기본권의 근거로서 중요한 의미가 있다. 모든 인간이 누릴 수 있는 권리로서의 인권은 기본권의 근본이 되는 권리인바, 우리나라 역시 「헌법」 제10조(행복추구권)를 시작으로, 같은 법 제31조에서 제36조 등을

통해 인권보장을 위한 기본권들이 구체적으로 규정되어 있다.

〈표 5-2〉 인권과 기본권

인권: 인간의 존엄과 가치를 지키는 권리	
자유권적 기본권	생존권적 기본권
신체	인간다운 생활권리
사회 · 경제	교육 · 근로
정신 · 표현	환경 · 보건

우리나라에서 인간다운 생활을 할 권리는 「헌법」에 의한 기본권에 터 잡고 있고, 이러한 기본권은 모든 인간이 누릴 수 있는 인권으로부터 비롯된다. 따라서 사회복지법에 의한 권리는 인권보장이라는 목적 달성과도 연결되어 있다.

2 기본권의 이해

기본권이란 국민이 누릴 수 있는 기본적 권리로서 「헌법」에 의해 보장되는 권리를 뜻한다. 인간다운 삶, 자유, 권리와 같은 주제에서 인권과 기본권은 종종 구분 없이 쓰이기도 하지만 이는 구분되어야 하는 개념이다. 인권은 인간으로서 당연히 갖는 생래(生來)적 자연권이지만, 기본권은 자연권 사상을 바탕으로 「헌법」에서 보장하는 자유와 권리에 대한 규범적 체계다.

기본권과 인권을 비교할 때 중요하게 여겨야 할 것은, 인권은 그 자체로서 법적 효력을 지닌다기보다 「헌법」에 규정됨으로써 법적 권리를 갖게 된다는 점이다. 인권이 생래적 자연권으로서 기본권 개념을 포괄하고 있음에도 불구하고, 실정 헌법상 권리인 기본권으로 규정되어야 하는 이유는 인권이 갖는 불명확성과 비강제성에 있다. 추상적이고 도덕적인 권리로서 인권의 보호범위를 명확히 확정하고 강제적 이행성을 담보하기 위해서라도, 기본권으로서 헌법적 권리로 전환될 필요가 있다는 점에서 인권과 기본권을 구분하여 이해할 수 있을 것이다(이준일, 2015: 8).

기본권이 법적으로 처음 규정된 것은 1919년 독일 「바이마르헌법」이다. 「바이마르헌법」이 제정되는 과정을 살펴보면 기본권의 규정이 그리 녹록하지 않았음을 알 수 있다. 당시 독일은 근대 입헌주의헌법의 기본 틀이 마련된 이후 산업혁명기를 거치면서 사회구조에 커다란 변화를 맞게 되었다. 19세기말 이래 자본의 독과점화가 나타났고, 제1차 세계대전을 경험하면서 신분과 계층을 초월하는 강력한 국민공동체가 형성되었다. 18세기말까지도 중상주의적인 경제정책을 따르던 독일은 19세기에 본격적인 경제개혁을 실시하게 된다. 19세기 중반까지 독일의 경제헌법은 경제생활을 보이지 않는 손에 의한 시장의 자율적인 조정이라는 '자연법칙'에 맡기고 국가는 의식적으로 뒤로 물러서는 기조를 유지하였다. 자유로운 경제활동의 확산의 이면에 깔린 사회문제에 대한 책임은 여전히 교회나 지역사회에 맡겨져 있었다. 오히려 독일에서 산업혁명 시대를 지배하던 사고방식은, 자신을 부양할 노동력이 결여된 자만이 빈곤할 수 있으며 그 밖의 경우에는 노동의욕이 없는 것이므로 노동을 강제해야 한다는 것이었다. 독일의 자유주의적 개혁은 심각한 사회문제를 초래하였고, 19세기 산업혁명 이후 나타난 빈부갈등이 심화되자, 국민의 자유와 권리를 구현하기 위하여 국가가 개입해야 했다. 이러한 배경 아래 우여곡절 끝에 바이마르헌법이 만들어졌다.

「바이마르헌법」에서 기본권은 '제2장 독일인의 기본권과 기본의무'편에서 다섯 개의 절로 이루어져 있다. '제1절 개인'(제109조 이하)에서는 평등권, 거주 및 이전의 자유, 소수언어의 보호, 인격의 자유, 주거의 불가침, 형벌불소급, 통신의 비밀, 의사표현의 자유 등을 보장하고 있다. '제2절 공동체생활'(제119조 이하)은 혼인과 가족생활에 관한 사항, 집회 및 결사의 자유, 청원권, 선거권, 공무담임권, 병역의무 등을 규정하고 있다. '제3절 종교와 종교단체'(제135조 이하)와 '제4절 교육과 학교'(제142조 이하)는 각각 신앙의 자유와 종교제도에 대한 조항 및 예술, 학문 및 교수의 자유와 교육제도에 대한 조항을 두고 있다. 이어서 '제5절 경제생활'(제151조 이하)에서는 경제질서, 노동 및 사회질서에 대해 규정한 후 제165조에 이른바 평의회조항을 두고 있다(송석윤, 2013: 31-47). 정리하자면, 1919년 「바이마르헌법」은 기본권을 최초로 규정했다는 것과 함께 복지국가원리를 천명했다는 점에서 중요한 의미를 갖는다.

3 기본권의 법적 성격

1) 주관적 공권성

기본권은 개개인을 위한 공권의 성격을 가진다. 즉, 개인이 국가에 대하여 가지는 권리다.

2) 자연권성

기본권은 인간으로서 당연히 향유하는 자연법상의 권리이며 「헌법」은 자연권성을 단순히 확인한 것에 불과하다는 것이 우리나라의 다수설이다. 소수견해로서 「헌법」에 규정되어야 권리로 성립된다는 실정권설과 기본권은 국민적인 공감대의 통합을 의미한다는 통합주의설이 있다.

〈표 5-3〉「헌법」의 자연권 관련 규정

①「헌법」 제10조 모든 국민은 인간으로서의 존엄과 가치를 가지며, 행복을 추구할 권리를 가진다. 국가는 개인이 가지는 불가침의 기본적 인권을 확인하고 이를 보장할 의무를 진다. ②「헌법」 제37조 제1항 국민의 자유와 권리는 헌법에 열거되지 아니한 이유로 경시되지 아니 한다.

3) 헌법재판소의 기본권의 성격에 대한 견해

헌법재판소에서는 국민 기본권 보장의 사상적 배경을 자연권이라고 규정하여, 최대보장의 원칙과 최소제한의 원칙은 기본권 보장의 2대 원칙으로 존중해야 한다는 견해를 사립학교법 제55조에 관한 위헌사건에서 1991년 7월 22일에 제시한 바 있다(89헌가106).

4 생존권적 기본권의 개념과 성격

1) 생존권적 기본권의 의미

인간다운 삶과 국민의 권리를 논할 때 반드시 언급되는 중요한 개념은 생존권적 기본권이다. 우리 「헌법」에는 평등권(제11조), 신체 및 행동의 자유권(제12조 및 제13조), 선거권 등의 참정권 조항(제24조, 제25조)과 같은 자유권 및 정치권을 비롯하여, 인간다운 생활을 할 권리(제34조)를 중심으로 생존권적 기본권 조항(제31~36조)이 규정되어 있는데, 특히 교육, 건강, 근로, 최저생활의 보장 등이 핵심을 이루고 있다. 기본권의 규정에 앞서, 그 근본적 기틀로서 '인간의 존엄과 가치 및 행복추구의 권리'를 제10조에서 명시함으로서, 뒤로 전개되는 구체적 기본권의 연원을 밝히고 있는 구조를 취하고 있다. 따라서 우리나라의 생존권적 기본권은 「헌법」 제10조를 근본으로 하여, 국가에 의해 보장되고 국민에 의해 행사되는 기본권으로서 자리매김해 있다.

〈표 5-4〉 「헌법」의 생존권적 기본권 관련 조문

제31조 ① 모든 국민은 능력에 따라 균등하게 교육을 받을 권리를 가진다.
② 모든 국민은 그 보호하는 자녀에게 적어도 초등교육과 법률이 정하는 교육을 받게 할 의무를 진다.
③ 의무교육은 무상으로 한다.
④ 교육의 자주성 · 전문성 · 정치적 중립성 및 대학의 자율성은 법률이 정하는 바에 의하여 보장된다.
⑤ 국가는 평생교육을 진흥하여야 한다.
⑥ 학교교육 및 평생교육을 포함한 교육제도와 그 운영, 교육재정 및 교원의 지위에 관한 기본적인 사항은 법률로 정한다.

제32조 ① 모든 국민은 근로의 권리를 가진다. 국가는 사회적 · 경제적 방법으로 근로자의 고용의 증진과 적정임금의 보장에 노력하여야 하며, 법률이 정하는 바에 의하여 최저임금제를 시행하여야 한다.
② 모든 국민은 근로의 의무를 진다. 국가는 근로의 의무의 내용과 조건을 민주주의원칙에 따라 법률로 정한다.
③ 근로조건의 기준은 인간의 존엄성을 보장하도록 법률로 정한다.
④ 여자의 근로는 특별한 보호를 받으며, 고용 · 임금 및 근로조건에 있어서 부당한 차별을 받지 아니한다.
⑤ 연소자의 근로는 특별한 보호를 받는다.
⑥ 국가유공자 · 상이군경 및 전몰군경의 유가족은 법률이 정하는 바에 의하여 우선적으로 근로의 기회를 부여받는다.

제33조 ① 근로자는 근로조건의 향상을 위하여 자주적인 단결권·단체교섭권 및 단체행동권을 가진다.
② 공무원인 근로자는 법률이 정하는 자에 한하여 단결권·단체교섭권 및 단체행동권을 가진다.
③ 법률이 정하는 주요방위산업체에 종사하는 근로자의 단체행동권은 법률이 정하는 바에 의하여 이를 제한하거나 인정하지 아니할 수 있다.
제34조 ① 모든 국민은 인간다운 생활을 할 권리를 가진다.
② 국가는 사회보장·사회복지의 증진에 노력할 의무를 진다.
③ 국가는 여자의 복지와 권익의 향상을 위하여 노력하여야 한다.
④ 국가는 노인과 청소년의 복지향상을 위한 정책을 실시할 의무를 진다.
⑤ 신체장애자 및 질병·노령 기타의 사유로 생활능력이 없는 국민은 법률이 정하는 바에 의하여 국가의 보호를 받는다.
⑥ 국가는 재해를 예방하고 그 위험으로부터 국민을 보호하기 위하여 노력하여야 한다.
제35조 ① 모든 국민은 건강하고 쾌적한 환경에서 생활할 권리를 가지며, 국가와 국민은 환경보전을 위하여 노력하여야 한다.
② 환경권의 내용과 행사에 관하여는 법률로 정한다.
③ 국가는 주택개발정책 등을 통하여 모든 국민이 쾌적한 주거생활을 할 수 있도록 노력하여야 한다.
제36조 ① 혼인과 가족생활은 개인의 존엄과 양성의 평등을 기초로 성립되고 유지되어야 하며, 국가는 이를 보장한다.
② 국가는 모성의 보호를 위하여 노력하여야 한다.
③ 모든 국민은 보건에 관하여 국가의 보호를 받는다.

2) 생존권적 기본권의 성격

생존권적 기본권을 바라보는 관점은 프로그램규정설로 대표되는 객관설과 법적 권리설로 일컬어지는 주관설로 나누어져 있다. 오늘날 거의 대부분의 국가에서는 법적 권리설을 지지하고 있으며 이는 우리나라도 마찬

가지다. 각 관점의 특징은 다음과 같다.

(1) 객관설

1 프로그램규정설

생존권적 기본권은 입법자에게 입법의 방침을 지시하는 방침규정일 뿐 직접적이고 현실적인 효력을 갖지 못한다. 따라서 구체적 내용을 가진 청구권이 아니고, 국가의 의무 역시 법적 의무가 아닌 정치적 · 도의적 의무에 지나지 않으며, 재판규범이 되지 못한다고 보는 견해다.

2 국가목표규정설

생존권적 기본권은 모든 국가활동에 원칙과 지침을 제시하고 명령과 지시를 통하여 특정의 방향으로 국가활동을 정향시키고 실질적 과제를 부여하는 국가목표규정이며, 이러한 국가목표규정은 입법만이 아니라 사법과 행정의 모든 국가작용에 대해 구속력을 갖는다는 견해다.

3 입법위임규정설

생존권적 기본권은 입법자에게 생존권적 기본권의 내용에 대해 입법활동을 하도록 의무를 부과하는 헌법적 지시인 입법위임규정이라고 보는 견해다. 생존권적 기본권이 국가에 대하여 의무를 부과한다는 점에 국가목표규정설과 공통점이 있지만 입법자만을 구속한다는 점에서 차이가 있다.

4 헌법위임규정설

생존권적 기본권은 국가권력에게 일정한 방향으로 활동을 하여야 할 의무를 부과하는 헌법위임규정으로 보는 견해다. 입법만이 아니라 행정과 사법도 구속한다는 점에서 입법위임과 구별된다.

(2) 법적 권리설(주관설)

1 추상적 권리설

「헌법」이 생존권적 기본권을 권리로 규정하고 있는 만큼, 생존권적 기본권은 법적 권리로서의 성격을 갖는다는 견해로, 국민은 국가에게 생존권적 기본권에 행사에 필요한 입법 또는 기타의 조치를 요구할 수 있는 권리를 가지며, 국가는 그러한 조치를 취할 법적 의무가 있다는 입장이다. 추상적 권리설에서는 생존권적 기본권에 대해 입법을 통해 구체화되어 현실적인 권리가 되기 전까지는 추상적 권리일 뿐이라고 본다.

2 구체적 권리설

생존권적 기본권은 헌법상 권리의 형태로 규정되어 있기 때문에 이미 직접효력을 갖는 주관적 권리로서 국민은 국가에 대하여 생존에 관한 조치 등을 해 줄 것을 적극적으로 요구할 수 있고 국가는 이에 응할 의무가 있다고 보는 견해다. 따라서 입법을 하지 않거나 불충분한 경우 그것은 「헌법」에 위반되며 그러한 국가의 부작위는 사법적 구제의 대상이 된다는 입장이다.

3 불완전한 구체적 권리설

생존권적 기본권은 자유권적 기본권처럼 직접 효력을 가지는 완전한 의미의 구체적 권리일 수는 없지만 적어도 청원권, 국가배상 청구권, 선거권, 공무담임권과 동일한 수준의 불완전한 의미의 구체적 권리로서의 성격은 지니고 있다는 견해다.

(3) 시사점

생존권적 기본권을 어떻게 이해하는지에 따라 권리행사의 방법과 형태가 달라진다는 것은 국민 개인의 인간다운 삶의 보장 수준과 범위가 차이가 날 수 있다는 점에서 중요한 의미가 있다. 물론 「헌법」상 분명히 권리라고 명시되어 있음에도 불구하고 이에 대한 성격을 재논의 한다는 것은 일견 불필요해 보일 수 있겠지만, 실제 권리 · 의무 주체 사이의 관계를 생각해 볼 때, 권리에 대한 해석과 이해는 반드시 요구되는 것이다.

판례에서는 생존권적 기본권으로서 인간다운 생활을 할 권리를 대체로 추상적 권리로 간주한다. 헌법재판소는 인간다운 생활을 할 권리에 대해, "최소한의 생활 유지에 필요한 급여 이상을 요구할 수 있는 구체적인 권리를 직접적으로 발생시킨다고 볼 수 없으며, 구체적 권리는 법률을 통해 구체화될 때에 인정되는 법률적 차원의 권리로서 입법자에게 광범위한 입법재량권이 인정된다."라고 판시하였다(헌재결 1998. 2. 27.: [97 헌가 10, 97 헌바 42, 97 헌마 354-병합]). 헌법재판소 또한 인간다운 생활을 할 권리를 헌법규정에 따라 발생하는 직접적이고 구체적인 권리로는 보고 있지 않음을 알 수 있다.

추상적 권리설이 다수설이자 판례규범으로서도 적용된다는 것은 생존권과 관련된 하위 입법의 중요성을 보여 준다. 나아가 입법된 법규의 내용과 효력이 실제 생존권적 기본권을 실현하는 데 있어서 본질임을 알 수 있게 한다.

5 사회복지법과 개인적 공권

1) 개인적 공권의 개념

사회복지법은 개인의 권리를 행사하는 것에 기반을 둔다. 기본권은 법적 권리로서 간주되기 때문에 권리행사에 필요한 요건을 국회가 법률로서 정해야만 이를 근거로 급여청구 등 국가에 대한 요구가 가능해진다. 이때 개인이 국가 등 행정주체를 대상으로 특정한 행위 내지 조치를 요구할 수 있는 것을 개인적 공권(公權)이라고 한다.[1]

생존권적 기본권은 법적 권리이므로 이에 따른 개인적 공권 또한 법률에 의해 권리행사 가능 여부가 가려지게 된다. 사회복지 개별법의 주된 내용은 복지급여청구 등으로 이뤄져 있기 때문에, 사회복지법에 의한 개인적 공권은 급여 · 서비스 청구권으로도 말할 수 있을 것이다.[2]

2) 사회복지법과 권리보호

사회복지법에 의한 급여 · 서비스 청구권(이하 수급권)이 권리로서 자리매김한 것은 그리 오랜 일이 아니다. 수급권은 긴 역사 속에서 프로그램규정설로 간주되어 왔던 터라 사회복지급여는 급여청구의 권리라기보다는 반사적 이익으로 여겨진 것도 사실이다. 특히 빈곤에 대한 낙인적 관점은 "복지는 개인책임"이라는 인식과 연결되면서 생존권적 기본권을 적극적으로 행사하지 못하도록 하는 걸림돌이 되어 왔다. 뿐만 아니라, 사회복지법이 담고 있는 인간다운 생활 보장과 같은 목적은 규정과 절차로 표현되거나 표준화되기 어렵다는 점에서도 수급권은 위축될 가능성을 늘 품고 있었다.

이런 점에서 사회복지법들은 수급권 행사를 방해하는 요인을 최소화하고 권리실현을 위한 보호조치를 규정하고 있다.

---

1) 행정주체인 국가 및 지방자치단체가 개인에 대해 갖는 공권은 국가적 공권이다. 예를 들어, 법률에 정한 바에 따라 행정주체는 과세처분을 할 수 있는데, 이처럼 행정법관계에서 국가 등 행정주체가 갖는 권리를 국가적 공권이라고 한다.

2) 현외성, 윤찬영은 사회복지 수급권의 규범적 구조에 대해 실체적 권리(사회보험 청구권, 공공부조 청구권, 사회복지조치 청구권), 수속적 권리(정보제공 요구권, 상담 및 조언제공 요구권, 권리실현진행 요구권), 절차적 권리(사회복지급여 쟁송권, 사회복지행정 참여권, 사회복지입법 청구권)로 구분하여 제시한 바 있다(현외성, 2011: 90-94; 윤찬영, 2010: 336-337).

(1) 수급권의 처분 · 압류의 금지

사회복지급여 수급권자는 자기가 가지고 있는 사회복지급여 수급권을 타인에게 양도하거나 또는 담보로 제공할 수 있을까? 사회복지급여 수급권자의 채권자는 자기 채무자의 사회복지급여 수급권을 압류할 수 있으며 또는 수급권자에 대한 자기의 채무와 상계할 수 있을까? 우리나라의 경우 사회복지급여 수급권은 대체로 수급권의 처분 및 압류가 금지되고 있다. 다음 〈표 5-5〉에서처럼 사회복지법에 의해 특정 급여를 청구할 수 있는 경우, 수급권 행사 결과로 지급받는 금품은 압류되지 않도록 규정되어 있다.

〈표 5-5〉 주요 사회복지법률의 압류금지 관련 조문

「국민기초생활 보장법」

第35조(압류금지) ① 수급자에게 지급된 수급품과 이를 받을 권리는 압류할 수 없다.

② 제27조의2 제1항에 따라 지정된 급여수급계좌의 예금에 관한 채권은 압류할 수 없다.

「긴급복지지원법」

第18조(압류 등의 금지) ① 이 법에 따라 긴급지원대상자에게 지급되는 금전 또는 현물은 압류할 수 없다.

② 긴급지원수급계좌의 긴급지원금과 이에 관한 채권은 압류할 수 없다.

③ 긴급지원대상자는 이 법에 따라 지급되는 금전 또는 현물을 생계유지 등의 목적 외의 다른 용도로 사용하기 위하여 양도하거나 담보로 제공할 수 없다.

「아동복지법」

第64조(압류 금지) 이 법에 따라 지급된 금품과 이를 받을 권리는 압류하지 못한다.

「장애인복지법」
제82조(압류 금지) 이 법에 따라 장애인에게 지급되는 금품은 압류하지 못한다.

「국민연금법」
제58조(수급권 보호) ① 수급권은 양도·압류하거나 담보로 제공할 수 없다.
② 수급권자에게 지급된 급여로서 대통령령으로 정하는 금액 이하의 급여는 압류할 수 없다.
③ 급여수급전용계좌에 입금된 급여와 이에 관한 채권은 압류할 수 없다.

(2) 조세 기타 공과의 감면 및 금지

각종 사회복지급여에 대하여 각국의 사회복지 입법례에서는 거의 공통적으로 조세나 기타의 공과금을 금지하고 있다. 사회복지급여를 통하여 최소한의 삶을 영위하게 하는 데 목적이 있으므로 조세나 기타 공과금을 부과하는 것은 바람직하지 않기 때문이다. 사회복지시설의 목적사업에 쓰이는 비용에 대한 일부 조세감면 등의 조치 역시 광의의 차원에서 수급권 보호에 필요한 조치다.

〈표 5-6〉 조세 등 감면 및 금지 관련 소문 예시

「장애인복지법」
제83조(조세감면) ① 이 법에 따라 지급되는 금품, 제58조에 따른 장애인복지시설 및 제63조에 따른 장애인복지단체에서 장애인이 제작한 물품에는 「조세특례제한법」과 「지방세특례제한법」, 그 밖의 조세 관계법령이 정하는 바에 따라 조세를 감면한다.

「아동복지법」
제63조(면세) 아동복지시설에서 그 보호아동을 위하여 사용하는 건물 및 토지, 시설설치 및 운영에 소요되는 비용에 대하여는 「조세특례제한법」, 그 밖의 관계 법령에서 정하는 바에 따라 조세, 그 밖의 공과금을 면제할 수 있다.

「국민연금법」 第60조(조세와 그 밖의 공과금 면제) 이 법에 따른 급여로 지급된 금액에 대하여는 「조세특례제한법」이나 그 밖의 법률 또는 지방자치단체가 조례로 정하는 바에 따라 조세, 그 밖에 국가 또는 지방자치단체의 공과금을 감면한다.

(3) 불이익 변경의 금지

사회복지급여가 결정된 경우, 그것은 일종의 기득권적인 성격을 지니므로 정당한 이유 없이 불이익하게 변경될 수 없다.

〈표 5-7〉 불이익변경 금지 관련 조문 예시

「국민기초생활 보장법」 第34조(급여 변경의 금지) 수급자에 대한 급여는 정당한 사유 없이 수급자에게 불리하게 변경할 수 없다.

요약

인권은 현대 사회복지법의 토대를 이룬다. 모든 인간이 누릴 수 있는 권리로서의 인권은 기본권의 근본이 되는 권리인바, 우리나라 역시 「헌법」에서 기본권을 규정하여 이를 보장하고 있다. 생존권적 기본권은 사회복지법 및 제도와 긴밀하게 연결되어 있는 기본권인데, 추상적 권리로서 존재하는 만큼 사회복지법을 통해 구체화되어야 한다. 사회복지법에 의한 수급권에는 압류·처분의 금지 등, 수급권자의 기본권 보장을 위한 보호조치가 적용된다.

핵심어

- 개인적 공권
- 생존권적 기본권
- 인권
- 수급권 보호조치

제6장

사회복지법과 권리구제: 이해와 적용

인간 최고의 의무는 타인을 기억하는 데 있다.
- 빅토르 위고(Victor Marie-Hugo, 1802~1885) -

권리구제란 행정기관의 위법, 부당한 처분에 대해 이의를 제기하여 국민의 권익을 보장하는 것이다. 일반행정법에 의한 권리구제 수단은 행정심판과 행정소송 등의 행정쟁송과 헌법재판소를 통한 헌법소원[1] 등이 있다. 절차상 구제수단으로는 이의신청 및 심사, 재심사청구 등이 있다.[2] 각각의 수단 모두 의미가 있겠으나 가장 전형적인 방법으로 취해지는 것은 행정쟁송과 절차적 권리구제이므로 이에 대한 특징을 간략히 살펴보면 다음과 같다.

1) 행정쟁송과 헌법소원은 모두 국가의 공권력에 의한 침해로부터 개인의 기본권을 보호하고 법질서를 수호, 유지함을 목적으로 한다는 점에서 공통점을 가진다(정호경, 2008).

2) 그 외 보충적 권리구제제도로서 고충민원, 진정, 청원, 대안적 분쟁조절(ADR) 등이 있다. 이 가운데 우리나라에서는 고충민원처리제도가 「부패방지 및 국민권익위원회의 설치와 운영에 관한 법률」에 의해 운영되고 있지만, 위원회의 결정은 법적 강제구속력이 없는 시정권고인바 권리구제의 실효성이 부족한 특징이 있다.

1 행정쟁송

행정심판은 행정청의 위법, 부당한 처분과 작위 및 부작위 등에 의해 권리와 이익을 침해당한 자의 구제를 위해 심판하는 쟁송절차다. 행정심판법에 의한 행정심판의 대상은 행정청뿐만 아니라 행정기관으로부터 권한의 위임이나 위탁을 받은 공공단체 및 법인도 포함된다.[3]

이처럼 행정심판은 처분주체인 행정청이 스스로 내린 결정의 적법성 또는 타당성의 관점에서 자기통제를 하면서 권리구제를 실현하는 공(公)행정 작용이라고 할 수 있다. 행정심판을 통한 권리구제는 위법한 처분뿐만 아니라 재량행위와 관련한 부당한 처분에 대하여도 가능하므로 심리의 범위가 확대되어 권리구제가 확대되는 장점이 있다. 나아가 행정심판을 통해 처분의 적극적 변경이 허용되고, 행정소송에서는 인정되지 않는 적극적 이행의무를 명하는 의무이행심판도 제기할 수 있다. 행정심판은 근본적으로 행정청에 의한 내부통제로서 외부통제인 행정소송과는 구별되며, 전술한 것과 같이 그 심리범위가 위법 여부를 비롯한 부당성에 대하여도 판단한다는 점이 특징이다(김용섭, 2008: 201).

한편, 행정소송은 원칙적으로 행정심판을 거치지 않아도 바로 제기할 수 있다.[4] 과거 행정소송이 주로 위법한 공권력에 의한 침해로부터 국민의 자유・재산 등을 지키는 시민권방어를 목표로 하였다면, 현대의 행정소송은 시민권방어가 아니라 오히려 행정에 적정한 규제를 행함으로써, 국민생활을 옹호하려는 것으로 변화된 특징이 있다(김춘원, 2003: 498). 「행정소송법」에서는 행정소송을 다음의 4가지로 구분하고 있다.

---

3) 이에 해당하는 예로써, 국민건강보험공단, 근로복지공단, 국민연금공단 등을 들 수 있다.
4) 다만, 개별법이 임의적 전치주의를 규정하고 있다면 예외가 될 수 있다.

〈표 6-1〉 행정소송의 종류(「행정소송법」 제3조)

① 항고소송: 이미 행해진 행정행위의 위법, 부당을 주장하여 그 시정(취소, 변경)을 구하는 행정쟁송 • 취소소송: 행정청의 위법한 처분 등의 취소, 변경을 구하는 소송 • 무효 등 확인소송: 행정청의 처분 등의 효력 유무 또는 존재 여부를 확인하는 소송 • 부작위 위법확인소송: 행정청의 부작위가 위법하다는 확인을 구하는 소송 ② 당사자소송: 행정청의 처분 등을 원인으로 하는 법률관계에 관한 소송, 그밖에 공법상의 법률관계에 관한 소송으로서 그 법률관계의 한쪽 당사자를 피고로 하는 소송 ③ 민중소송: 국가 또는 공공단체의 기관이 법률에 위반되는 행위를 한 때에 국민이 직접 자기의 법률상 이익과 관계없이 그 시정을 구하기 위해 제기하는 소송 ④ 기관소송: 국가 또는 공공단체의 기관 상호 간에 권한의 存否 또는 그 행사에 관한 다툼이 있는 때에 그에 대해 제기하는 소송

행정소송을 통한 권리구제는 사법권의 본질에서 비롯되는 한계, 소송절차의 제약, 시간 및 비용적 측면에서 한계가 분명하다(김철용, 1994: 132). 또한 현행 「행정소송법」은 취소소송 중심주의를 취하고 있기 때문에 취소소송이 행정소송의 주요한 유형인바, 사회복지 분야에서는 급여청구 내지 의무이행 등을 요지로 하는 다툼이 더 많다는 점에서 그 효용성이 비교될 수 있을 것이다.

〈표 6-2〉 행정심판과 행정소송의 비교

구분		행정심판	행정소송
차이점	성격	행정기관에 의한 구제	법원에 의한 구제
	일반법	행정심판법	행정소송법
	종류	취소심판, 무효 등 확인심판, 의무이행심판	• 항고소송 – 취소소송 – 무효 등 확인소송 – 부작위 위법확인소송 • 당사자소송 • 민중소송 • 기관소송
	쟁송사항	위법, 부당한 처분	위법한 처분, 부작위
	심리절차	서면심리, 구술심리 비공개의 원칙	구두변론, 공개의 원칙
	심사기관	• 재결청은 피청구인인 행정청의 '상급 행정기관'으로서 해당 재결청의 행정심판위원회의 의결내용에 따라 결정 • 행정심판위원회는 각 재결청에 소속되어 행정심판을 심리, 의결하는 비상설 합의제 의결기관	피고(被告)인 행정청의 소재지 관할 행정(지방)법원 • 고등법원 • 대법원

2 절차적 구제[5)]

사회복지법률에서 규정된 절차적 권리구제는 대체로 이의신청 및 심사(재심사)청구다. 개별법을 살펴보면 각종 처분 및 결정 등에 이의가 있는 자가 일차적으로 이의신청을 제기하고 이 결정에 불복할 경우, 다시 재심사청구를 할 수 있도록 순차적으로 규정된 경우도 있으며,[6)] 이의신청을 거치지 아니하고 곧바로 심사청구를 하도록 규정된 것도 있다. 좀 더 자세한 형태를 보면 이의신청과 심사청구 혹은 두 번의 이의신청, 심사청구와 재심사청구 등으로 되어 있는바, 그 양태가 조금씩 상이함을 알 수 있다. 공공부조 관계 법규의 경우 「국민기초생활 보장법」과 「의료급여법」은 두 번의 이의신청으로 되어 있고,[7)] 「긴급복지지원법」은 각각 한 번의 이의신청만을 규정하고 있다.

사회복지 관계 법규에서 절차적 구제의 기능은 여러 가지로 정리되겠지만, 중요하게 짚어 볼 수 있는 것은 다음과 같이 두 가지로 축약될 수 있다.

먼저 절차적 구제는 쟁송을 통한 분쟁을 해결하는 데 소요되는 시간 등에 비해 상대적으로 신속하게 처리된다는 점이다. 이는 수급권자에게는 생존권 보장의 측면에서 중요한 기능으로 작용하며, 행정법원의 부담을 줄이는 동시에 행정당국의 자기통제력을 보완하게끔 한다(현외성, 2003).

두 번째, 행정소송의 경우 행정청의 위법한 처분과 그 밖에 공권력의 행

5) 이후의 내용은 박태정(2010)의 논문을 일부 요약, 재정리하되, 최신 법령을 적용하였다.

6) 「국민건강보험법」의 경우, 이의신청에 대한 결정에 불복하는 자에 대한 두 번째 구제는 심사청구가 아닌 '심판청구'로 칭하고 있다(「국민건강보험법」 제87조 및 제88조, 2017년 7월 26일자 시행 법률 제14839호).

7) 「의료급여법」은 원래 이의신청만 있었고, 심판청구권은 인정되지 않았다. 그러나 2014년 1월 28일자 개정을 통해 급여비용심사기관의 이의신청에 대한 결정에 불복하는 자에 대한 '제30조의2(심판청구)'가 포함되면서 부분적으로 두 번에 걸친 권리구제가 가능하게 되었다.

사 · 불행사 등과 관련된 문제만을 따지는 데 비해, 법규에 의한 절차적 구제에서는 부당성의 문제까지 포함하여 다뤄질 수 있다(윤찬영, 2007). 이렇게 본다면 사회복지법규에 규정된 절차적 구제는 「행정심판법」이 지향하는 목적을 어느 정도 승계하고 있다고 볼 수 있을 것인바 부당성을 판단받기 위해 굳이 법적 쟁송을 취하지 않아도 되게끔 한다는 점에서 수급권자에 대한 폭넓은 권리구제가 가능함을 알 수 있다.

3 국가별 권리구제제도 운영 사례

국가별 사회복지법제 운영체계가 상이한 점을 고려할 때, 권리구제제도 간 획일적인 비교는 쉽지 않다. 개별법을 대응시켜 비교하기보다는 특정 분야를 비교할 때 오히려 국가별 차이를 좀 더 선명히 볼 수 있을 것이다.

이에 이 장에서는 국가별 권리구제체제를 비교하기 위한 주제를 공공부조법제로 삼아, 우리나라와 비교적 유사한 법체계를 갖고 있을 뿐만 아니라 「국민기초생활 보장법」과 상당히 닮아 있는 일본 생활보호법의 권리구제제도 현황을 살펴본다. 또한 권리구제제도의 전문성 및 특수성을 반영하기 위한 모델로서 간주되는 독일의 사회법원 운영 사례까지 다루고자 한다.

1) 일본 「생활보호법」에서의 권리구제

일본의 공공부조제도는 1950년 제정된 생활보호법을 기반으로 실시되고 있는데, 중앙정부인 후생노동성, 광역자치단체인 도도부현(都道府県), 기초자치단체 중 시(市)의 사회복지사무소를 중심으로 운영되고 있으며, 정촌(町村)은 상담 등 일선 집행기관의 기능을 갖고 있다. 일본 「생활보호법」

에서의 권리구제는 동법 제64조에서 제66조를 근거로 하여 심사청구 및 재심사청구의 이원구조로 운영되고 있는바 다음 표와 같다.[8]

〈표 6-3〉 일본 생활보호법 권리구제 절차

	대상자	심사청구 (1차)	재심사청구 (2차)
일본 생활보호법	보호의 결정 및 처분에 관한 심사청구인	도도부현(都道府県) 지사	후생 노동대신 (厚生労働大臣)

이때 심사청구에 따른 재결은 50일 이내로 하고 있는데, 이 기간 내에 재결이 없을 때는 후생 노동대신 또는 도도부현 지사가 심사청구를 기각한 것으로 간주할 수 있도록 되어 있다. 한편, 심사청구와 소송 간의 관계에서는 심사청구에 따른 재결을 거치지 않았다면 제기할 수 없도록 규정되어 있다.

일본의 경우 우리와 달리 심사 및 재심사청구 제기기간이 별도로 규정되어 있지 않은 점, 미재결 건에 대한 기각의제가 규정된 점이 우리와의 차이를 볼 수 있는 부분이다.

2) 특별법원 운영: 독일 사회법원

공공부조 나아가 사회복지 수급권은 생존권적 기본권인바, 특별히 사회적 보호를 받아야 할 필요성이 감안되며, 사회복지 관련법 영역은 매우 다양할 뿐만 아니라 행정에서의 활동 영역 역시 일률적이지 않은바, 특수성의 보장이 요망된다. 이런 점에서 사회복지부문의 권리구제 및 보장을 위

8) 日本「生活保護法」: http://law.e-gov.go.jp/cgi-bin/strsearch.cgi

한 독립된 장치로서 특별법원인 '사회법원'을 운영하고 있는 독일은 공공부조뿐만 아니라 전반적인 사회복지 수급권의 권리구제에서 검토할 만한 의미가 있다.

독일은 「사회법원법(Sozialgerichtsgesetz)」에 의해 별도의 사회법원이 운영되고 있는데, 운영상에서 나타나고 있는 특징은 다음과 같다.

첫째, 소송제기절차의 간편화다. 소송의 제기는 소송인이 행정기관의 각종 조치 및 처분에 대해 이의가 있다는 의사와 그 요청을 법원이 심사해 줄 것을 인식시키는 정도로 충분하다. 둘째, 소송당사자, 즉 수요자 중심적인 운영구조를 갖고 있다. 특히 당사자의 주소지보다 더욱 간편한 거소 혹은 고용지를 장소적 요건으로 하고 있는 점을 볼 수 있다. 셋째, 변호사강제주의를 적용하지 않는다는 점이다. 연방사회법원의 심리를 제외하고는 변호사의 선임 없이 소를 제기할 수 있으며, 변호사 자격이 없는 사회복지 관련 단체 구성원의 변론도 허용하고 있다. 넷째, 변호 및 소송비용이 면제되거나 비교적 저렴한 범위 내에서 규정된바, 사회복지 수급자들의 비용부담을 최소화하고 있다. 다섯째, 제척기간으로서의 소 제기기간 기산점 적용이 매우 탄력적이다. 제기기간의 경우, 원칙적으로 전심절차를 거친 후 1개월 이내로 하고 있지만 이 제척기간의 기산점은 제소를 위해 관련된 사항이 당사자에게 문서로 통지되었을 때 개시하도록 하고 있다. 또한 당사자가 소송관련 문서를 1개월 이내 관할법원에 제출하지 못한 채, 관할 행정청에 제출했다고 할지라도 소를 제기한 것으로 의제되어 제소기간의 경과로 인해 권리를 구제받지 못하는 경우를 방지한다. 뿐만 아니라 제소기간이 경과하였다고 할지라도, 당사자의 과실이 없다면 제기가 가능하다. 그 밖에 사회법원의 구성에 있어서 직업법관뿐만 아니라 명예직법관을 활용하는 특징이 있다(한승훈, 2004: 203-204).

독일의 사회법원제도는 권리구제 장치의 법제적 운영이라는 측면뿐만 아니라 생존권적 기본권의 적극적 보장이라는 점에서 더 유의미하다. 우리 실정상 이와 같은 사회법원제도를 당장 실시하지 못한다고 할지라도,

전술한 운영특징으로부터 시사되는 점을 공공부조법규 등 현행 사회복지법제의 권리구제 규정을 보완하는 데 활용할 수 있을 것으로도 보인다.

4 우리나라 공공부조법제 권리구제

1) 공공부조에서 절차적 권리구제의 의의

공공부조 급여 수급권자의 경우 타 사회복지급여와는 달리 사회적 보호 내지 최저생활보장의 욕구가 시급한 대상이다. 그러므로 합목적적이고 공정한 권리구제의 절차가 규정되어 있지 않다면 해당자의 생존권의 보장과 실현이 불가능하게 될 문제가 발생할 수 있다.

또한 타 공법관계의 당사자와 달리 공공부조 급여 수급권자들이 온전한 권리주체로서 기능할 수 있다고 간주하기에는 여러 가지 한계가 있는 것도 사실이다(김정환, 2004: 74). 이러한 제반 상황을 고려할 때, 공공부조에서 권리구제의 의의를 살펴보면 다음과 같다.

첫째, 수급권의 보장과 국가 책임성의 강화에 이바지할 수 있다. 공공부조는 「헌법」에서 규정하고 있는 생존권 보장을 위한, 이른바 가장 기본적인 장치다. 그런데 사회보험법의 경우, 대부분 급여 수급권이 마치 채권과 같이 권리성이 비교적 잘 확보된 것에 반해 공공부조법은 수급권자의 권리성이 상대적으로 취약하다. 그 이유는 수급권 당사자의 기여가 전제되는 사회보험 등과 달리 조세를 통해 급여가 발생하는 공공부조의 특성 때문이다(현외성, 2003). 만약 합목적적이고 타당한 공공부조 권리구제 장치가 마련되어 있지 않다면, 권리행사의 제반과정에서 불합리 내지 침해와 같은 상황이 발생한다고 하더라도 수급권자의 능동적인 대처를 기대하기란 쉽지 않을 것이다. 즉, 취약한 수급권을 강화 · 보장하기 위한 측면에서 공공부조 권리구제는 요긴한 의미를 갖는다.

둘째, 공공부조와 관계된 많은 법규와 절차들은 관계 행정가, 심지어 법률전문가조차 파악하기가 쉽지 않다. 사회적 약자인 수급권자들은 서로 다른 법률에 의해 집행되는 급여에 대한 정보가 불충분할 뿐만 아니라, 권리행사와 관련된 기간, 절차, 급여자격 등을 제대로 알지 못한다. 게다가 대부분의 수급권자들은 수급권에 대한 철저한 권리의식에 터 잡아 급여청구를 한다기보다는, 여전히 "어려운 생활을 벗어나고자 국가에 도움을 청하는 것"과 같은 소극적 입장을 갖고 있으므로 스스로 누리고 행사할 수 있는 급여와 권리에 대한 인식은 앞서 있지 못하다.

공공부조 수급권자의 경우 저학력, 저소득과 같은 상황에 놓인 대상자들이 많은 만큼 법률에 대한 이해가 부족할 수 있는 것이 현실이므로, 설사 권리가 침해된 경우라고 할지라도, 적절한 대응방법을 몰라서 그대로 피해를 보는 경우도 빈번하게 일어나고 있다(한승훈, 2002: 252). 갈수록 복잡하고 다양해지는 공공부조 관계 법규를 고려한다면, 수급권자의 취약한 권리성과 정보력 등으로부터 비롯된 권리침해 내지 급여불수급과 같은 문제를 해결하기 위한 수단으로서 공공부조 권리구제는 상당한 의의가 있다.

셋째, 공공부조를 포함한 모든 사회복지법규는 궁극적으로 국민의 인간다운 생활을 목적으로 한다. 이러한 목적의 구체적인 실현을 위해서는 개인의 상황과 욕구의 우선순위 등에 대한 기준이 확보되어야 한다. 하지만 그 기준을 마련하는 일은 매우 어려울 뿐만 아니라, 욕구의 차등, 특수성까지도 함께 고려되어야 하는 난제가 존재한다.

이러한 점을 감안하여 사회복지법규에서는 일괄적이거나 대량급여보다는 개별적, 구체적 급여를 행하게 되는바 행정행위의 재량 내지 탄력성이 상당히 허용될 수밖에 없게 된다(이헌석, 1998; 채우석, 2001). 이와 같은 재량성은 다양한 상황과 욕구의 고려와 맞물려 순기능을 할 수 있지만, 동시에 이에 따른 역기능적 측면, 즉 행정당국의 잘못된 판단과 해석에 따른 권리침해가 발생할 수 있는 점에서 동전의 양면과도 같다.

급여 수급권이 사회적 기본권으로서의 성격임에 비춰볼 때, 공공부조 급여결정에 관련된 행정기관의 재량성은 수급권자의 권리의 구체성을 확보하는 데 어려움으로 작용할 수 있으며 나아가 재량행위를 어떻게 통제할 것인가에 대한 문제가 제기될 수 있다. 이런 측면에서 권리구제는 공공부조 급여 행정에서 재량적 판단이 갖는 순기능적 장점을 살려내는 동시에, 무분별하거나 흠결 있는 재량행정에 대한 통제수단으로서 기여하는 바가 크다.

넷째, 공공부조법규에 의해 내려진 행정기관의 단일 처분은 수급권자 개인의 삶의 질과 인간다운 생활에 장기적 영향을 미친다. 수급권자 개인에 대한 한 번의 행정행위는 그 당사자에게 중장기적 법률효과를 미치게 되는 것이다. 환언하면 급여청구가 인정되지 않았다면, 수급권자의 상황이 뚜렷하게 변화되지 않는 이상, 해당 권리는 더 이상 행사되기 어려우며 이와 관련된 결정은 계속된 법적 효력을 갖는다는 의미다. 따라서 공공부조에서 행정기관의 처분은 단순히 행정행위 자체로 간주되어야 한다기보다, 생존권을 유지하는 데 요구되는 급여의 지속적인 보장이라는 면에서 다른 공법관계에 비해 좀 더 중요하게 인식되어야 한다. 나아가 그 위법 부당성 내지 흠결 여부를 철저히 구별해 내야 할 것이다. 그러므로 공공부조의 권리구제는 급여청구와 관련된 지속적인 법률관계를 재형성시킬 수 있도록 하며, 이를 바탕으로 수급권자의 청구권을 보다 강화시키는 데 의의가 있다.

다섯째, 널리 알고 있는 바와 같이 우리 「헌법」은 국민의 기본권으로서 재판을 받을 권리를 규정하고 있고, 이에 따라 위법, 부당한 행정행위에 의해 권리를 침해당한 자를 위한 구제수단으로서 행정쟁송인 행정소송과 행정심판제도를 두고 있다. 이는 가장 대표적이면서 적극적인 구제수단임은 분명하지만 사회복지급여, 특히 공공부조 수급권자의 경우 관련 지식과 경제력의 부족 등과 이유로 이러한 행정쟁송제도를 적극적으로 행사할 가능성이 낮다(한승훈, 2002). 이런 점에서 공공부조 수급권자들은 권리구제를 위해 쟁송을 취하기보다 개별법에서 규정된 이의신청 등의 절차적 권리구제 방식에 좀 더 의존하게 될 것이다. 다시 말해, 공공부조에서 절차적 권리구제가 어떻게 규정되었는지 여부에 따라 궁극적인 생존권 보장의 범위와 내용이 달라질 수 있다는 점에서 권리구제의 의의가 있음을 알 수 있다.

2) 공공부조의 절차적 권리구제 내용 및 문제점

「국민기초생활 보장법」「긴급복지지원법」「의료급여법」에 의한 권리구제 절차의 개요를 정리하면 다음 표와 같다.

〈표 6-4〉 공공부조 권리구제 절차

	대상자 (신청인)	원처분 (피신청인)	이의신청 (1차)	이의신청 (2차)
국민기초 생활 보장법	- 수급자 - 급여변경 신청을 한 자	시장, 군수, 구청장	시·도지사	보건복지부 장관
긴급복지 지원법	- 지원결정 대상자 - 반환명령 대상자	시장, 군수, 구청장	시·도지사 (경유: 시장, 군수, 구청장)	(없음)
의료 급여법	- 수급권자 - 보장기관, 의료급여기관 또는 수급권자	- 시장, 군수, 구청장 - 급여비용심사 기관	- 시장, 군수, 구청장 - 급여비용 심사기관	- (없음) - 급여비용의 심사·조정, 의료급여의 적정성 평가 및 급여대상 여부의 확인 관련 건에 한해 건강보험분쟁조정위원회

(1) 「국민기초생활 보장법」에 의한 절차적 권리구제

「국민기초생활 보장법」에 의해 수급자나 급여 또는 급여변경의 신청을 한 자가 당해 처분에 대해 이의가 있을 경우 그 구제를 행할 수 있다. 「국민기초생활 보장법」에 의한 권리구제는 시·도지사에 대한 이의신청과 이에 불복하는 자를 대상으로 보건복지부장관에 대한 이의신청의 2단계 구조로 되어 있다. 1차 이의신청의 경우 반드시 당해 보장기관을 경유하여 시·도지사에게 서면 내지 구두로 실시하도록 되어 있는데, 현행 「국민기초생활 보장법」에서는 시·도에 대해 이와 같은 이의신청을 담당하도록 하는 별도의 기관을 규정하지 않고 있다. 따라서 보장기관을 경유하여 시·도지사에게 신청될 경우, 대체로 해당 기관의 국민기초생활보장관련 업무 담당국(과)에서 재검토, 조사의 형태로 실시되고 있다. 한편, 시·도지사의 처분에 대해 이의가 있는 경우, 2단계로서 당해 시·도를 거쳐 보건복지부장관에게 이의신청을 접수할 수 있다. 그러나 이 경우에도 이를 전담하는 별도 조직이 규정되어 있지 않다. 1차 및 2차 이의신청은 모두 결정통지를 받은 날로부터 60일 이내에 행사되어야 한다.

(2) 「긴급복지지원법」에 의한 절차적 권리구제

긴급상황에 대한 위기개입을 목적으로 실시되는 「긴급복지지원법」은 당 해 법에 의해 지급되는 급여의 한시성 등의 특성상 권리구제의 절차가 1차에 한정되어 있다. 권리구제 대상자는 지원결정 대상 등에 이의가 있거나 반환명령에 대해 불복하는 자이며, 이 경우 처분을 고지 받은 날부터 30일 이내 시장, 군수, 구청장을 경유하여 시·도지사에게 신청하여야 한다. 또한 「국민기초생활 보장법」과 달리 반드시 서면으로 이의신청을 하게끔 규정되어 있다.

(3) 「의료급여법」[9]에 의한 절차적 권리구제

국민기초생활보장 수급자를 비롯하여 「의료급여법」 제3조에 의해 의료급여를 받을 수 있는 자격을 갖춘 당사자가 그 자격 및 의료급여, 급여비용에 대한 처분에 이의가 있는 경우 「의료급여법」에 의한 이의신청은 1차에 한해 제기할 수 있다. 이때 심사기관은 당해 처분을 결정한 시장, 군수, 구청장이며, 해당 처분이 있은 날로부터 90일 이내 문서로 제기하여야 한다. 따라서 해당 이의신청에 대한 결정에 불복할 경우 법에 따른 2차적 구제는 가능하지 않으며 행정심판 등의 법적 쟁송절차를 진행하여야 한다.

(4) 문제점

1 심사단계 및 기관

공공부조와 관련된 각종 급여행정은 그 내용과 범위가 매우 복잡하고 다양하며, 권리구제 역시 수급권자의 생존권과 연관되어 있다는 특징이 있다. 따라서 관련 행정행위의 위법, 부당성을 판단하기 위하여 보다 전문성을 갖춘 심사절차 및 기관을 운영하는 것이 중요하다고 볼 수 있다.

이런 측면에서 현행 공공부조법규에 의한 권리구제 심사단계를 살펴보면 「국민기초생활 보장법」 이외에는 1차에 한한 이의신청만 규정되어 있다. 특히 「의료급여법」에서는 이의신청의 심사기관조차 원처분인에 해당하는 시장, 군수, 구청장이다. 주지되는 것처럼, 일반적으로 권리구제 절차가 2단계로 된 이유로는 최초 심사는 이의신청의 성격을 갖고, 이에 대한 재심사는 행정심판적 기능을 하게 하기 위함이다. 그럼에도 불구하고 현행 「의

---

9) 「의료급여법」에 의한 권리구제의 경우, 크게 의료급여 수급권 당사자와 의료급여기관으로 그 대상자가 구분된다. 전술한 것과 같이 급여비용심사기관의 이의신청에 대한 결정에 불복이 있는 경우에 한해 법적으로 심판청구가 가능하도록 개정되었다. 다만, 이 장에서는 공공부조 수급권자 개인의 권리구제라는 범위에 준하여, 의료급여 수급권자만을 살펴보고 있다.

료급여법」에서 이 같은 2단계적 권리구제 장치가 제대로 적용되지 않고 있는 점은 권리구제 기회의 확보와 제공이라는 점에서 문제로 판단된다.[10)]

정확한 권리구제를 위해서는 이의신청을 관장하는 심사기관의 객관성 및 전문성이 중요하다(한견우, 1995: 735).[11)] 그런데 현행 「의료급여법」이 규정하고 있는 심사기관은 시장, 군수, 구청장으로서 원처분행정청이다. 해당 기관 내 별도의 권리구제 심사기구가 설치되어 있지 않으므로, 이는 결국 원처분을 결정한 행정기관이 한 번 더 검토하는 것에 지나지 않는다. 그러므로 실질적으로 권리구제에 따른 심사기관으로서의 기능을 제대로 수행할 수 있다고 보는 데 무리가 있고, 나아가 처분행위의 위법, 부당성을 호소하고자 하는 신청인의 권리구제의 취지 역시 제대로 살려냈다고도 보여지지 않는 문제가 있다.

「국민기초생활 보장법」 및 「긴급복지지원법」의 경우, 원처분청을 경유하여 상급감독청 격인 시 · 도지사로 하여금 심사하도록 규정되어 있다. 물론 「의료급여법」에 비교해 볼 때 상급기관을 통한 심사가 이뤄질 수 있다는 점에서 어느 정도 재심사 효과를 기대할 수 있겠으나, 이 경우에도 별도의

10) 다만 「긴급복지지원법」의 경우, 급여의 한시성을 고려할 때 1차에 한하여 이의신청이 규정된 점은 법 취지를 반영할 것으로 이해해 볼 수 있다.

11) 「국민건강보험법」에서는 공익대표, 시민단체 혹은 가입자까지도 참여한 별도의 심사기구를 운영하고 있다.

「국민건강보험법」 시행령 제48조(이의신청위원회의 구성 등) ① 제47조의 규정에 의한 이의신청위원회(이하 '이의신청위원회'라 한다.)는 각각 위원장 1명을 포함한 25명의 위원으로 구성한다.

② 공단에 설치하는 이의신청위원회의 위원장은 공단의 이사장이 되고, 위원은 다음 각 호에 해당하는 자 중에서 공단의 이사장이 임명 또는 위촉한다.

1. 공단의 임직원 1명
2. 사용자단체 및 근로자단체가 각각 4명씩 추천하는 8명
3. 시민단체, 소비자단체, 농어업인단체 및 자영업자단체가 각각 2명씩 추천하는 8명
4. 변호사, 사회보험 및 의료에 관한 학식과 경험이 풍부한 자 7명
5. 삭제

전담부서가 규정되어 있지 않다. 따라서 원처분청에서 제출된 자료에 의존하여 서면검토로 진행되는 경우가 거의 대부분이며, 보다 적극적인 현장조사 내지 피신청인 처분행위에 대한 추가조사 등은 활발하지 못한 상황이다.

복지권의 관점에서 볼 때 권리구제제도가 존재하는 이유는 행정기관의 위법, 부당한 처분 내지 행위로 인한 생존권 침해를 막기 위해서다. 특히 공공부조제도의 경우, 수급권자의 권리주장능력 및 권리의식이 상대적으로 떨어지는 점을 고려한다면, 권리구제 제기단계에서 일반 행정법관계에서 신청인 당사자에게 기대되는 대응역량을 똑같이 예상하는 것은 무리가 있다. 이런 점을 고려할 때, 공공부조 권리구제를 위한 공정성 있는 심사기관이 별도로 운영되고 있지 않은 점은, 심사의 전문성 및 객관성의 측면에서 볼 때 시급히 개선되어야 할 것으로 판단된다.[12)]

2 제기기간 및 기산점

권리구제를 신청하기 위해서는 해당 법률에서 규정하고 있는 기간 내에 이의신청을 제기하여야 한다. 권리구제는 사인 간의 문제를 해결하고자 하는 민사소송과 달리 국민의 권익보호와 공익보호라는 두 가지 목적을 동시에 지니고 있다. 따라서 우리나라를 비롯한 많은 국가에서는 법적 안정

---

12) 비교를 위해 사회보험 권리구제 심사기구를 살펴보면, 「국민건강보험법」에서는 이의신청 심사기구로서 국민건강보험공단 내 이의신청위원회를 두게 하고 있으며, 이 결정에 대해 불복할 경우 보건복지부에 별도 설치된 건강보험분쟁조정위원회에 심사청구하도록 규정되어 있다. 또한 산업재해보상보험의 경우, 근로복지공단에 대한 심사청구와 이 심차청구의 결정에 대한 불복의 경우에 대해 재심사청구를 가능하게 하고 있는데, 특히 재심사청구의 경우 노동부 산업재해보상보험심사위원회에서 별도로 담당하고 있다. 「국민연금법」에서는 심사청구에 대해 국민연금공단 내 국민연금심사위원회에서 관장하도록 하고 있으며 재심사청구는 보건복지부에 설치된 국민연금재심사위원회에서 전담하도록 규정되어 있다. 마지막으로, 「고용보험법」에 의하면 심사청구에 대해 지방노동청 내 고용보험심사관이 전담하고 있으며, 이 결정에 불복하는 자에 대해 노동부에 설치된 고용보험심사위원회에서 재심사청구를 관장하고 있다.

성을 확보하기 위해 권리구제의 제기기간을 한정하고 있다(이일세, 2001: 34). 공공부조 수급권자들이 일상적 생존능력이 떨어지거나 위기상황에 놓인 사람들이라는 점과, 일반적인 행정정보 접근성이 상대적으로 취약한 상황이며 소송 등과 같은 적극적인 쟁송제도를 이용하기도 어려운 상황임을 감안한다면[13] 개별법에서 규정된 이의신청 등과 같은 권리구제의 제기기간은 실제 권리행사를 위한 중요한 바탕이 된다.

현행 3개 법률에서 규정된 제기기간을 살펴보면 다음과 같다.

〈표 6-5〉 권리구제 제기기간

	1차	2차
국민기초 생활보장법	결정의 통지를 받은 날부터 90일 이내(법 제38조)	처분 등의 통지를 받은 날부터 90일 이내(법 제40조)
긴급복지 지원법	그 처분을 고지받은 날부터 30일 이내(법 제16조)	-
의료급여법	처분이 있는 날부터 90일 이내 (법 제30조)[14]	-

권리구제의 제기기간은 일종의 제척기간인바,[15] 이와 같은 기간을 산정

13) 우리나라의 경우, 사회복지 분야에서의 적극적인 권리구제가 정착되어 있다고 보기 어렵다. 즉, 비단 공공부조뿐만 아니라, 일반적인 권리구제 절차 중 일부 사회보험과 관련된 소송을 제외하고 사법적인 소송을 거의 찾아볼 수 없다(윤찬영, 2007: 373).

14) 처분이 있은 날부터 180일이 지나면 제기하지 못한다. 다만, 정당한 사유에 따라 그 기간에 이의신청을 할 수 없었음을 소명한 경우에는 그러하지 아니하다(「의료급여법」 제30조 제3항).

15) 권리구제의 제기기간은 소멸시효가 아닌 제척기간으로 간주된다. 그 이유로는 제척기간의 경우 권리는 제척기간의 경과에 의해 당사자의 원용이 필요 없이 절대적으로 소멸되고, 또한 제척기간에 의한 권리의 소멸은 기간이 경과한 때로부터 장래에 향하여 소멸하므로 소급효가 없다는 점 등을 들 수 있다(이상태, 2003: 107-109).

하는 이유는 해당 권리를 중심으로 하는 법률관계를 신속하게 확정하고자 함일 것이다(곽영식, 1999: 448). 즉, 권리관계를 조속히 확정하기 위해 법률에서 정하는 권리행사의 한정기간에 해당하는 것이므로, 공공부조 관계법에 규정된 권리구제의 제기기간은 복지 수급권의 침해로부터 구제권리를 행사할 수 있는 한정기간인 것이다. 따라서 이 기간이 지나치게 짧다면 권리구제 행사를 저해하는 결과가 될 것이므로 법 취지에 적합한 기간의 보장은 매우 중요하다.

앞의 〈표 6-5〉에서 나타나는 바와 같이 현행 3개 법률 모두 제기기간이 조금씩 상이하게 규정되어 있을 뿐만 아니라, 더욱 중요한 문제는 기간을 정함에 있어 '결정(처분)의 통지(고지)를 받은 날'과 '처분이 있는 날'의 두 가지 기준이 혼재되어 있다. 사회보험관계 법규에서 이의신청기간이 90일 이내로 단일하게 적용되는 것과 비교할 때, 특별한 이유 없이 제기기간이 상이하게 규정되어 있는 것은 타당하다고 보기 어렵다.

기산점의 적용 규정이 법마다 상이한 점 역시 문제로 지적할 수 있는데, 보다 본질적인 문제는 기산점 적용기준일의 불명확성이다. 먼저 「국민기초생활 보장법」 및 「긴급복지지원법」에 규정된 '결정(처분)의 통지(고지)를 받은 날'에 있어서 '처분'의 해석은 원칙적으로 행정절차법에 따른다고 보아야 할 것이다. 따라서 처분은 상대방에게 통지됨으로서 효력을 발생하고 그 통지의 방법은 교부 또는 우편송달의 방법에 의하고 도달주의가 적용된다(「행정절차법」 제14조 및 제15조). 이를 적용함에 있어서 쟁점은 공공부조 수급권자의 생활양태 및 주거환경을 고려할 때 처분서가 우편으로 송달되는 경우 다툼의 여지가 발생할 수 있다는 것이다. 무엇보다 불가항력적인 상황에서 기간 내 이의신청을 할 수 없는 경우가 발생할 수 있음에도 불구하고, 법률에서는 이와 같은 상황에 대한 법적 고려가 전혀 존재하지 않는다.

한편, 「의료급여법」의 경우 '처분이 있은 날'을 기산점으로 하고 있다. 주지하다시피 기존 '처분이 있은 날'에 대한 해석은 '처분이 있음을 안 날'과 비교할 때 당사자의 실제 권리행사 가능 기간에 큰 영향을 미친다. 즉, 실제 언제 처분이 있었는지를 정확히 안다는 것은 해당 처분이 송달되기 전까지 알지 못하는바, 이 경우 '처분이 있음을 안 날'의 기준을 병합적용할 필요가 있다. 그럼에도 불구하고 현행 「의료급여법」에서는 '처분이 있은 날'이라는 기산점만을 단일 적용하고 있다.

전술한 바처럼 권리구제 제기기간은 제척기간인바 기간의 경과 여부는 권리의 발생과 소멸에 중요한 영향을 미친다. 그러므로 공공부조 수급권이라는 권리의 성질이 국민이 생존권과 직결되어 있음을 감안하고 해당 법률이 갖는 의의와 법 취지를 고려한다면, 이와 같은 규범적 의미에 맞도록 제기기간과 기산점이 합리적으로 정비되어야 할 것이다.

3 처리기간

공공부조 권리구제는 당사자의 생존과 직결되는 문제다. 신청인의 입장에서 명확하고 신속한 처리가 무엇보다 중요하다. 현행 3개 법률에서 규정하고 있는 처리기간을 살펴보면 다음과 같다.

〈표 6-6〉 권리구제 처리기간

	1차	2차	비고
국민기초 생활보장법	신청 → 10일 이내 송부 → 송부 받은 때부터 30일 이내 처분	좌동	최장 40일
긴급복지 지원법	신청 → 10일 이내 송부 → 송부 받은 때부터 15일 이내 처분	–	최장 25일
의료급여법	60일 이내(부득이한 경우 30일 범위 내 기간 연장 가능, 이 경우 결정기간 만료 7일 전까지 이의신청인에게 통지)	–	최장 90일

권리구제는 이미 행하여진 행정행위의 위법, 부당성 등을 다시 확인하는 것이니만큼, 이의신청에 따른 충분한 검토기간이 확보되어야 한다. 그럼에도 불구하고 전술한 바처럼 공공부조의 권리구제는 최소한의 인간다운 삶의 보장이라는 법 취지를 반영하여야 한다는 점에서 보다 신속한 검토가 필요하다.

이와 관련하여 「국민기초생활 보장법」에 의해 이의신청을 청구할 경우, 최장 40일의 처리기간이 소요된다. 「의료급여법」 역시 최장 90일의 처리기간을 두고 있다. 처리기간 동안 원처분의 효력이 유지된다고 할 때, 경제적 어려움을 겪고 있는 수급권자들의 상황을 감안한다면, 설사 권리구제가 확정된다고 하더라도, 해당 처리기간 동안 생계유지와 관련된 적절한 조치가 없는 만큼 좀 더 빠른 처리가 요망된다. 또한 법 취지와 목적을 고려할 때 3개 법률에서 각기 다른 처리기간을 운용하는 것보다는, 이의신청 및 심사청구 처리기간을 단일하게 하는 것이 신청인의 혼란을 방지하는 데 도움이 될 수 있다.

4 신청인의 정보 요구권

타 법과 마찬가지로, 공공부조에서도 권리구제를 청구하는 원인과 관련된 정보나 자료는 처분행정기관이 가지고 있다. 즉, 피신청인인 행정기관이 권리주체인 신청인에 비해 훨씬 더 많은 자료와 정보를 갖고 있는 것으로 보아야 한다(송기민, 고수경, 박다진, 2006: 189). 따라서 신청인은 해당 처분을 고지받았다고 할지라도 어떤 이유에 의해 수급권을 인정받지 못하는지에 대한 이해가 충분하지 못할 것이며, 이로 인해 설사 이의신청을 한다고 하더라도 체계적인 문제제기를 할 수 있기보다는 일종의 '항의' 내지 '호소'에 그치게 될 가능성이 크다.

현행 법률을 살펴보면, 급여 여부를 결정하기 위한 피신청인의 조사 및 자료요구와 관련된 조항은 매우 구체적으로 적시되어 있다. 그러나 처분의 이유 및 근거 등을 신청인에게 제시하는 것의 경우, 관련 규정이 없거나 제한적으로 규정되어 있다. 가령, 「긴급복지지원법」의 경우, 해당 처분에 대한 요지와 이유를 신청인에게 서면으로 통지하는 것과 관련된 규정이 존재하지 않는다. 물론 "위기상황이 확인된 사람에 대하여 지체 없이 제9조에 따른 지원의 종류 및 내용을 결정하여 지원을 하여야 한다."라고 되어 있지만(「긴급복지지원법」 제8조 제3항) 정작 처분 내용의 서면통지 및 설명을 요청하기 위한 피신청인의 의무는 따로 규정되어 있지 않다.

이와 달리 「국민기초생활 보장법」의 경우, 급여 실시 여부 및 내용 등의 결정에 대해 서면으로 통지하도록 규정되어 있다(「국민기초생활 보장법」 제26조 제3항). 그러나 이 경우에도 해당 처분을 이끌어 낸 근거 및 이유와 관련된 신청인의 정보이용 및 자료 요구권 등은 별도로 명시되어 있지 않다. 「의료급여법」은 수급권자에 대한 자격통보를 동법 시행규칙에서 규정하고 있으나, 신청인의 자료 요구권은 역시 규정되어 있지 않다.

주지하는 바와 같이 권리구제 대상자는 행정기관에 비해 정보나 지식 면에서 취약한 것이 사실이다. 따라서 당사자의 권리침해 여부를 확인하고 적극적인 권리구제행사를 위해서라도 신청인의 자료 요구권 내지 피신청인의 설명의무가 좀 더 강화될 필요가 있다. 이러한 규정이 정착된다면 처분의 요지를 이해하지 못하거나 신청인의 잘못된 이해로부터 비롯되는 이의신청이 줄어들 수 있으므로 제도의 효율적 운영에도 이바지할 수 있을 것이다.

5 권리구제 고지

수급권자 당사자의 권리의식이 미약할 뿐만 아니라, 권리구제에 대한 이해가 부족한 상황임을 감안할 때, 공공부조 관계 법규에 권리구제 관련 규정이 존재한다는 것만으로 수급권자의 권리구제 접근성이 담보된다고 보기는 어렵다.

빈곤사회연대(2009)의 조사결과에 따르면 수급권자들은 최초 처분에 대한 불만이 있음에도 불구하고 단지 그냥 참거나(46.5%), 주변사람들에게

문의하는 것(14.4%)에 그치고 있었다. 특히 이의신청서를 제출했다고 응답한 비율은 8.5에 그치고 있으며 이 가운데 대부분은 실제 행정적인 절차를 거친 이의신청서 제출이 아닌 단순한 호소에 불과한 것으로 나타났다. 더욱 주목할 만한 것은 법률에 규정된 이의신청제도에 대해 조사대상 수급가구의 대부분인 83.5%가 모르고 있었다는 점이다.

〈표 6-7〉 이의신청 인지 여부

	전체가구		일반수급가구		조건부과수급가구	
	빈도	비율	빈도	비율	빈도	비율
안다	77	16.5	38	15.3	34	18.8
모른다	391	83.5	210	84.7	147	81.2
합계	468	100.0	248	100.0	181	100.0

출처: 빈곤사회연대(2009: 15).

공공부조의 경우, 단순히 관리구제와 관련된 법규 내지 절차가 규정되었다고 하여 일반 행정법관계와 유사하게 이해관계 당사자가 이를 적극적으로 활용할 수 있을 것으로 기대하여서는 무리가 있다. 그렇다고 하여 빈곤 등과 같은 사회경제적 이유로 스스로의 정당한 권리실현에 필요한 절차로부터 배제되거나 실제로 누리지 못한다면, 제도의 취지와 정당성은 찾기 어려워진다. 공공부조에서 권리구제는 수급권자에 대한 추상적 권리보호가 아닌 현실적 구제를 목적으로 하는 만큼, 당해 제도가 존재하는 것을 수급권자가 인지하고 있는지의 여부는 제도 그 자체만큼 중요하다고 할 것이다.

그러나 현행 3개 법률에서는 권리구제제도를 수급권자에게 적극적으로 설명 내지 고지하도록 하는 규정은 존재하지 않는다. 다만, 〈표 6-8〉과 같이 급여처분과 관련된 사항을 통보하는 것과 관련된 조항만이 일부 존재할 따름이다.

〈표 6-8〉 통보 관련 규정 현황

	주요내용
국민기초 생활보장법	급여 실시 여부 및 급여내용을 결정한 때에는 그 결정의 요지, 급여의 정류, 방법 및 급여의 개시 시기를 서면으로 통지하여야 함(법 제26조).
긴급복지 지원법	(관련 조항 없음)
의료급여법	의료급여를 중지한 때에는 서면으로 그 이유를 명시하여 알려야 함(법 제17조).

전술한 빈곤사회연대의 조사결과에서도 나타났듯이, 수급권자들의 권리구제제도에 대한 사전이해도는 매우 낮다. 또한 대상자의 특성상 법률정보가 부족한 점을 고려할 때, 공공부조 급여결정 내지 통지단계에서 이의신청을 비롯한 권리구제제도를 함께 고지하여야 할 필요가 있을 것이며, 이는 행정기관의 의무로 강제되어야 할 것으로 보인다.

요약

사회복지법의 권리구제조치는 일반행정법에 의한 행정심판과 행정소송, 헌법재판소에 의한 헌법소원, 그리고 절차적 권리구제가 있다. 행정쟁송에 의한 권리구제가 전형적인 방법이지만, 비용과 시간 등을 감안할 때, 개별법에 의해 정해진 절차적 권리구제조치의 중요성이 부각되고 있다. 사회복지법이 정한 권리구제 장치는 개인적 공권으로서 급여 수급권을 보장하고 정립하기 위해 꼭 필요한 보호장치다. 수급권자의 욕구와 구체적 상황에 기초하여 급여를 제공하게 되는 사회복지급여의 특성을 고려할 때, 행정재량을 통제하고 권리의 구체성을 확보하기 위해서는 개별법에 의한 권리구제조치가 명확하게 규정되어야 하며, 동시에 수급권자들에게 적극적으로 알려져야 할 필요가 있다.

핵심어

- 권리구제
- 절차적 구제
- 행정심판
- 행정소송
- 헌법소원
- 이의신청
- 심사청구

제7장

법의 적용과 해석

널리 알면서도 글을 쓰지 못하는 것은 열매를 맺지 못하는 꽃과 같다.

금세 떨어져 버리지 않겠는가?

글을 쓰면서도 널리 알지 못하는 것은 깊이가 없는 샘물과 같다.

금세 말라 버리지 않겠는가?

能淹博而不能纂著 猶無宲之花

不已落乎

能纂著而不能淹博 猶無源之泉

不已涸乎

- 이덕무(李德懋), 「이목구심서(耳目口心書二)」 -

1 법학 방법론의 개요

법학을 연구하는 방법은 무엇인가? 이 질문에 대한 답이 하나가 아니듯, 법학을 이해, 접근하는 방법은 여러 가지가 존재한다. 대표적으로는 법철학, 법해석학, 법사회학이 있다. 각각을 개괄적으로 살펴보면 법철학이란 법의 본질, 근본목적 혹은 이념을 탐구하고자 하는 법학 기초학문 분야이다. 사회복지법에서는 "왜 (급여 혹은 서비스를) 주는가?" "주체와 대상의 관계는 어떠한가?"와 같은 문제를 풀기 위해 적용할 수 있는 방법이다. 즉, 사회복지법의 정당성, 본질 및 이념 등을 연구하는 데 활용된다.

예) • 사회복지법은 대상자를 어떠한 성격으로 규정하고 있는가?
• 대상자가 급여를 청구할 수 있는 이유는 무엇인가?
• 국가는 이에 대해 어느 정도까지 책임을 져야 하는가?

법해석학이란 일반적, 추상적으로 규정되어 있는 법규범의 의미와 내용의 명확히 하는 것이다. 이는 법학 연구방법론의 발전 과정에서 실용적인 필요에 의해 나타났다. 즉, 성문법이 갖는 추상성을 극복하기 위해 발전된 것이다. 사회복지법의 실제 적용에서 가장 많이 활용될 수 있는 방법이다.

법사회학이란 법현상을 역사적인 사회현상으로 인식하여 법규범의 사회적 관계와 변화를 규명하고자 하는 방법론이다. 규범으로서의 법이 아닌 사회적 실재(實在)로서의 법현상에 관심을 두는 것이므로 법해석학적 접근과는 차이가 있다. 즉, 사실관계에 초점을 두되, 이는 사회적 사실을 법적 사실로 재구성하는 것이므로 사회과학에 대한 이해가 요구된다.

그 밖에도 법의 역사적 변천에 초점을 두는(예: 사회복지법의 역사적 전개) 법사학, 국가 간 법제 비교 등 법리(法理)분석이 아닌 제도 및 정책 내용의 변화에 주목하는 비교법학, 분야별로 축적된 판례를 분석하여, 법적 이념, 특징, 권리성 등을 연구하는 판례연구 등이 활발하게 활용되고 있다.

2 사회복지법의 해석

사회복지법만을 위한 해석방법이 따로 있는 것은 아니다. 기존 법학 방법론을 다양하게 적용할 수 있으나 실무에서는 법률내용을 정확히 이해하는 것과 수평 · 수직적으로 얽혀 있는 법률 간의 위계를 구분하는 것이 중요하게 여기고 있다. 이에 이 장에서는 법해석적 방법과 법 분류기준에 의한 방법을 살펴보고자 한다.

1) 법해석학에 의한 해석

(1) 유권해석(有權解釋)[1]

유권해석이란 국가기관에 의한 권한 있는 해석을 의미한다. 논리적인 해석이라기보다 구속력을 가진 강제해석이다. 해석주체에 따라 입법해석, 사법해석, 행정해석으로 구분된다.

1 입법해석

입법해석이란 법령용어의 의미를 법조문을 통해 해석하는 것이다. 특정 개념의 법적 정의를 확인할 때 사용할 수 있다. 예를 들면, '사회보장'의 개념은 사회복지학에서는 조금씩 다르게 서술될 수 있지만, 「사회보장기본법」에서는 "사회보장이란 출산, 양육, 실업, 노령, 장애, 질병, 빈곤 및 사망 등의 사회적 위험으로부터 모든 국민을 보호하고 삶의 질을 향상시키는 데 필요한 소득 · 서비스를 보장하는 사회보험, 공공부조, 사회서비스를 말한다."라고 한바, 사회보장의 법적 정의를 내려 두고 있다. 이러한 법적 정의를 바탕으로 해석하는 것이 입법해석이다.

사회복지법은 개별법에서 사용되는 용어 정의를 규정하면서 시작하는 특징이 있다. 가령, 「사회복지공동모금회법」은 사회복지공동모금에 대해 "사회복지사업이나 그 밖의 사회복지활동 지원에 필요한 재원을 조성하기 위하여 이 법에 따라 기부금품을 모집하는 것을 말한다(제2조 제2호)."라고 정의하면서 시작하는 것과 같다.

---

1) 공권해석(公權解釋)이라고도 한다.

2 사법해석

사법해석이란 판결을 통한 해석이다. 특히 대법원의 판결은 당해 사건과 관련된 법규해석과 적용에서 하급심을 구속하는 힘을 갖는다(김영규 외, 2013: 30). 이러한 구속력의 근거는 「법원조직법」 제8조에 근거한다. 최근 국민들 사이에 사회복지법에 의한 각종 급여와 서비스에 대한 권리인식이 높아짐에 따라 각종 재판이 증가하는 것을 볼 때, 사법해석 역시 앞으로 좀 더 활발하게 적용될 수 있는 방법으로 여겨진다.

3 행정해석

행정해석이란 행정기관이 법을 집행하는 과정에서 발생하는 질의 등에 대한 회답 훈령, 지령의 형태로 내린 해석방식이다. 만약 한국사회복지사협회에서 '외국 사회복지사 자격 소지자에 대한 한국 사회복지사 자격인정 여부'과 관련된 질의를 보건복지부에 제출하고, 그에 따른 회답을 보건복지부로부터 받았다면, 이는 질의에 대한 회답으로서 행정해석이다. 다만, 행정해석이 법을 위배할 수 없으며, 행정해석 결과가 갖는 구속력은 입법해석 내지 사법해석을 뛰어넘지 못한다는 점을 유의하여야 한다.

(2) 학리해석(學理解釋)

학리해석은 문리해석과 논리해석으로 나뉜다.

1 문리해석

법문에 나타나 있는 자구(字句) 내지 단어 등의 의미를 확정하는 것이다. 가장 기초적인 해석이지만, 지나치게 이 방식만 치중하게 되면 법의 진의를 파악하기 어려워지는 단점이 있다. 가령, 법 제34조 제2항의 "국가는 사회보장·사회복지의 증진에 노력할 의무를 진다."의 해석에 대해 그 문장대로만 의미를 이해하여 사회보장과 사회복지의 실질적인 의미나 포함 관계를 무시한 채 서로 다른 별개의 것으로 해석할 경우, 「헌법」 제34조의 취지를 궁극적으로 이해하지 못한 결과로 연결될 수 있다. 그러므로 문리해석 결과만으로 모든 쟁점을 해석할 수 없음을 유의하여야 한다.

2 논리해석

법문의 문구에 구애받지 않고 법의 구조, 법질서 전체의 유기적 및 논리적 관계, 입법정신, 법의 연혁, 법규적용의 결과 등을 고려하여 법규의 의미를 해석하는 방법이다.

- 확장해석: 문리해석의 결과가 너무 협소하여 법의 진정한 의도를 충분히 반영하지 못하였다고 판단될 때 논리적으로 좀 더 넓게 해석하여 법의 타당성을 확보하기 위한 방법이다.

> 적용예시 1)
> 「국민기초생활 보장법」에서 해산급여는 출산뿐만 아니라 유산 내지 사산도 포함하는 것으로 해석하는 것
>
> 적용예시 2)
> 「아동복지법」상의 '아동학대'의 개념에서 구타 및 폭행 등의 동작뿐만 아니라 모욕적인 언어의 사용이나 유기까지 포함시키는 것

- 축소해석: 확대해석과 반대상황에 적용하여, 대상과 상황을 특정시키는 해석방법이다. 조문에서 나타난 언어(단어)의 표현을 좀 더 제한하여 해석하기 때문에 제한해석으로도 불린다.

> 적용예시)
> 「국민연금법」과 「국민건강보험법」의 제1조에서 "……국민의……"과 같이 표현된 것으로 인해, 두 법이 모든 국민이 대상으로 되는 것으로 해석될 수 있음. 하지만 실제로는 해당 법상 가입요건을 갖춘 국민만을 지칭하는 것으로 해석하여야 함. 달리 말해 「공무원연금법」에 의한 적용을 받는 개인은

「국민연금법」의 연금급여대상에는 해당되지 않음. 이와 같이 대상과 상황을 특정시키는 방법임.

• 유추해석: A와 B라는 사실에 서로 유사한 상황일 때, A에 대해서만 법규정이 있는 경우, B라는 사실에 대해서도 이와 같은 효과를 인정하는 해석방법이다. 즉, 양자의 공통적인 요소를 바탕으로 동일한 법리를 적용하는 것을 의미한다. 사회복지법뿐만 아니라 다른 법에서도 유추해석은 적용될 수 있다. 다만, 형법에서는 죄형법정주의에 의해 행위자에게 불리한 유추해석은 금지되어 있는 만큼 사회복지법의 벌칙을 적용할 때만큼은 유추해석이 금지된다.

• 물론해석: 법규가 어떤 사항을 좁게 규정한 경우, 이와 유사한 상황이 입법 취지를 반영하여 적용 타당성이 충족된다면 그 규정에 포함되는 것으로 해석하는 것이다. 예를 들면, 다음과 같다.

적용예시)
「장애인복지법」에서는 누구든지 장애인을 비하 · 모욕하거나 장애인을 이용하여 부당한 영리행위를 해서는 안 된다고 규정하고 있고(제8조 제2항), 이를 위반하여 장애인을 이용하여 부당한 영리행위를 한 자는 1년 이하의 징역 또는 1천만 원 이하의 벌금에 처하도록 규정하고 있다(제87조 제1호). 이때 무연고장애인에게 지하철 역사(驛舍) 안에서 불법 노점을 운영하게 하여, 이윤을 착취한 행위 역시 당연히 「장애인복지법」 제87조 제1호를 적용할 수 있다.

• 연혁해석: 법이 성립된 연혁에 기초하여 법규의 의미를 해석, 법안의 이유서, 입법자의 의견, 의사록, 입법정책상의 이유 및 관련인사의 설명 등을 토대로 법규의 의미를 보충하여 해석하는 방법이다.

• 목적해석: 입법목적을 고려하여 법의 합리적인 의미를 파악하려는 방법이

다. 개별 법조항의 목적뿐만 아니라 법 그 자체의 목적을 고려해야 한다.

• 반대해석: 법문이 규정하는 요건과 반대의 요건이 존재하는 경우에는 법문이 규정하는 반대의 효과를 발생하게 한다고 해석하는 것이다.

적용예시 1) 「장애아동 복지지원법」에 의하면 '장애아동'은 18세 미만의 사람 중 「장애인복지법」 제32조에 따라 등록한 장애인이며, 다만 6세 미만의 아동으로서 장애가 있다고 보건복지부장관이 별도로 인정하는 사람이 포함된다. 따라서, 18세는 「장애아동 복지지원법」에 의한 급여 및 서비스의 대상이 아니다. 적용예시 2) 「노인복지법」상 경로우대조치는 "65세 이상의 자를 대상"으로 하므로 65세 미만의 자는 이 법상의 급여를 받을 수 없다.

• 보정해석: 법문의 의미가 불분명할 때, 혹은 본문의 자구(字句)가 잘못되어 있는 경우 이를 보정하거나 의미를 보충하여 해석하는 방법이다. 단, 이 방법을 오·남용하게 되면 자칫 법적 안정성을 해칠 우려가 있으므로 매우 신중하여야 한다. 다시 말해, 법문의 표현이 분명히 잘못된 경우, 거의 확정적인 학설에 위배된 경우, 사회적 수요에 확실하게 반한 경우에 한해 적용하여야 한다.

• 비교해석: 외국법이나 구법 등과 비교하여 해석하는 방법이다. 법학 연구방법론으로서 널리 적용되고 있다.

2) 법 분류기준(체계)에 의한 해석

(1) 상위법과 하위법

해당규정이 상위법에 근거하는 것인가, 상위법의 위임을 받은 것인가,

상위법의 허용범위 내에 있는 것인가 등을 기초로, 법규적용의 순서, 영향을 미칠 수 있는 범위, 대상 등을 결정하는 방법이다. 하위법은 상위법에서 위임된 범위를 벗어날 수 없고, 나아가 상위법을 위배할 수 없다. 예를 들어, 「사회보장급여의 이용 · 제공 및 수급권자 발굴에 관한 법률」 제25조는 "① 보건복지부장관은 사회보장급여가 필요한 국민에게 사회보장 관련 자료 또는 정보의 검색, 조회 등 온라인 서비스를 제공하는 인터넷 기반의 대국민 포털을 구축 · 관리하고 그 활용을 촉진하여야 하고 ……(중략)…… ④ 제1항에 따른 대국민 포털의 구축 및 관리 등에 필요한 사항은 대통령령으로 정한다."라고 규정했다. 이에 대국민 포털 구축과 관리에 관한 사항은 「사회보장급여의 이용 · 제공 및 수급권자 발굴에 관한 법률 시행령」 제15조에 의해 정해지게 되는데, 이때 시행령 제15조는 상위법에서 위임된 사항만을 다루어야 한다.

(2) 일반법과 특별법

일반법은 법적용 및 효력의 범위가 넓은 것이고 특별법은 제한된 영역에서 적용되는 법이다. 따라서 고정적이라기보다는 상대적 개념이다. 사회복지법에서 일반법과 특별법의 관계를 가려야 할 경우는 「사회복지사업법」과 다른 법률 간의 우선순위 등을 가늠할 때 가장 빈번하게 적용된다. 사회복지사업관련 법률과 「사회복지사업법」 간의 위계 및 적용에 대해서는 다음 〈표 7-1〉의 조문에서 보듯 「사회복지사업법」 제2조 및 제3조를 통해 일반법과 특별법의 관계를 규정하고 있다.

〈표 7-1〉 사회복지사업 관련 일반법과 특별법의 구분

사회복지사업법 제2조(정의) 이 법에서 사용하는 용어의 뜻은 다음과 같다. 〈개정 2011. 8. 4., 2012. 1. 26., 2014. 5. 20., 2016. 2. 3., 2016. 5. 29.〉 1. '사회복지사업'이란 다음 각 목의 법률에 따른 보호 · 선도(善導) 또는 복지에 관한 사업과 사회복지상담, 직업지원, 무료 숙박, 지역사회복지, 의료복

지, 재가복지(在家福祉), 사회복지관 운영, 정신질환자 및 한센병력자의 사회복귀에 관한 사업 등 각종 복지사업과 이와 관련된 자원봉사활동 및 복지시설의 운영 또는 지원을 목적으로 하는 사업을 말한다.

가. 「국민기초생활 보장법」
나. 「아동복지법」
다. 「노인복지법」
라. 「장애인복지법」
마. 「한부모가족지원법」
바. 「영유아보육법」
사. 「성매매방지 및 피해자보호 등에 관한 법률」
아. 「정신건강증진 및 정신질환자 복지서비스 지원에 관한 법률」
자. 「성폭력방지 및 피해자보호 등에 관한 법률」
차. 「입양특례법」
카. 「일제하 일본군위안부 피해자에 대한 생활안정지원 및 기념사업 등에 관한 법률」
타. 「사회복지공동모금회법」
파. 「장애인 · 노인 · 임산부 등의 편의증진 보장에 관한 법률」
하. 「가정폭력방지 및 피해자보호 등에 관한 법률」
거. 「농어촌주민의 보건복지증진을 위한 특별법」
너. 「식품등 기부 활성화에 관한 법률」
더. 「의료급여법」
러. 「기초연금법」
머. 「긴급복지지원법」
버. 「다문화가족지원법」
서. 「장애인연금법」
어. 「장애인활동 지원에 관한 법률」
저. 「노숙인 등의 복지 및 자립지원에 관한 법률」
처. 「보호관찰 등에 관한 법률」
커. 「장애아동 복지지원법」
터. 「발달장애인 권리보장 및 지원에 관한 법률」
퍼. 「청소년복지 지원법」

제3조(다른 법률과의 관계) ① 사회복지사업의 내용 및 절차 등에 관하여 제2조 제1호 각 목의 법률에 특별한 규정이 있는 경우를 제외하고는 이 법에서 정하는 바에 따른다.
② 제2조 제1호 각 목의 법률을 개정하는 경우에는 이 법에 부합하도록 하여야 한다.

(3) 강행법과 임의법

법률 또는 법조문의 적용이 강제적이냐 임의적이냐를 해석하는 것이다. 이때 강행규정(법)은 법률행위 당사자의 의사를 묻지 않고 절대적으로 적용되는 것이다. 이와 반대로 임의법은 법률행위 당사자의 의사에 따라 적용된다. 수급권과 관련된 조항이 강제규정일 때는 권리성이 폭넓게 인정될 수 있는 반면 임의규정에 따른 재량급여는 반사적 이익으로 축소될 수 있다는 점에서 사회복지법의 실제 권리실현의 가능성을 평가하는 데 적용될 수 있다.

〈표 7-2〉 강행규정과 임의규정이 함께 적용된 실제 사례

사회복지사업법 제4조(복지와 인권증진의 책임) ① 국가와 지방자치단체는 사회복지서비스를 증진하고, 서비스를 이용하는 사람에 대하여 인권침해를 예방하고 차별을 금지하며 인권을 옹호할 책임을 진다.
② 국가와 지방자치단체는 사회복지서비스와 보건의료서비스를 함께 필요로 하는 사람에게 이들 서비스가 연계되어 제공되도록 노력하여야 한다.
③ 국가와 지방자치단체, 그 밖에 사회복지사업을 하는 자는 사회복지를 필요로 하는 사람에 대하여 그 사업과 관련한 상담, 작업치료(作業治療), 직업훈련 등을 실시하고 필요한 경우에는 주민의 복지욕구를 조사할 수 있다.
④ 국가와 지방자치단체는 도움을 필요로 하는 국민이 본인의 선호와 필요에 따라 적절한 사회복지서비스를 제공받을 수 있도록 사회복지서비스 수요자 등을 고려하여 사회복지시설이 균형 있게 설치되도록 노력하여야 한다.
⑤ 국가와 지방자치단체는 민간부문의 사회복지 증진활동이 활성화되고 국

가 및 지방자치단체의 사회복지사업과 민간부문의 사회복지 증진활동이 원활하게 연계될 수 있도록 노력하여야 한다.
⑥ 국가와 지방자치단체는 사회복지를 필요로 하는 사람의 인권이 충분히 존중되는 방식으로 사회복지서비스를 제공하고 사회복지와 관련된 인권교육을 강화하여야 한다.
⑦ 국가와 지방자치단체는 사회복지서비스를 이용하는 사람이 긴급한 인권침해 상황에 놓인 경우 신속히 대응할 체계를 갖추어야 한다.
⑧ 국가와 지방자치단체는 시설 거주자 또는 보호자의 희망을 반영하여 지역사회보호체계에서 서비스가 제공될 수 있도록 노력하여야 한다.
⑨ 국가와 지방자치단체는 사회복지서비스를 필요로 하는 사람들에게 사회복지서비스의 실시에 대한 정보를 제공하여야 한다.

(4) 원칙법과 예외법

원칙법이란 일정 사항에 대해 일반적으로 적용되는 법이다. 예외법은 일정 사항에 대해 특별한 사정이 있는 경우 그 예외를 인정하는 법이다. 가령, 「사회복지사업법」 제34조 제2항에 의해 "국가 또는 지방자치단체 외의 자가 시설을 설치 · 운영하려는 경우에는 보건복지부령으로 정하는 바에 따라 시장 · 군수 · 구청장에게 신고하여야 한다. 다만, 제40조에 따라 폐쇄명령을 받고 3년이 지나지 아니한 자는 시설의 설치 · 운영신고를 할 수 없다."의 경우, 전단의 조항이 원칙이고, 다만 이하의 조건이 예외에 해당한다. 예외법은 원칙법과 달리 엄격하게 해석하여야 하고, 함부로 확장하여 해석해서는 안 된다.

(5) 신법과 구법

신법은 새로 제정된 법이고 구법은 신법에 의해 폐지되는 법이다. 신법우선적용의 원칙과 법률불소급의 원칙에 의해 해석하는 것이 원칙이다. 다만 신법에는 경과규정 또는 부칙을 둠으로써 구법에 의한 권리를 보호할 뿐만 아니라 법의 보수성을 유지하고자 한다.

요약

사회복지법을 연구·분석하는 데는 일반 법학 방법론이 적용된다. 사회복지법 연구 목적에 따라 법해석학, 법사학, 비교법학, 법철학 등의 접근을 활용할 수 있다. 사회복지법이 수급권의 내용과 효력을 정하고 있은 만큼, 사회복지 종사자들은 기초적인 법해석학적 지식을 갖추어야 한다. 또한, 사회복지법의 해석에서는 상위법-하위법에서 신법-구법에 이르는 법 분류체계에 의한 구분 기준 역시 함께 적용하여야 한다.

핵심어

- 법해석학
- 법사회학
- 비교법학
- 법사학
- 유권해석
- 학리해석
- 법의 분류기준

제2부 각론

사회복지 분야의 개별법의 숫자는 몇 개로 말할 수 없을 만큼 많다. 「사회보장기본법」에서부터 「일제하 일본군위안부 피해자에 대한 생활안정지원 및 기념사업 등에 관한 법률」에까지 이르고 있다. 개념과 분류기준을 어떻게 잡는지에 따라 사회복지법으로 여겨지는 법률의 범위와 개수는 얼마든지 달라질 수도 있다. 이는 사회복지법체계가 단일화되어 있지 않기 때문에 생겨나는 현상이기도 하지만, 한편으로는 시대 변화와 국민의 욕구에 대응하여 제정되는 사회복지법의 수가 급격히 증가함에 따른 것으로도 보인다. 전자는 안타까운 일이지만, 후자는 복지국가의 기초를 튼튼히 만드는 과정에서 나타나는 과도기적 현상이기도 하다. 그런 만큼, 민법 혹은 형법처럼 한 권의 책으로 모든 사회복지법을 살펴보는 것은 불가능할뿐더러, 설령 시도했다고 하더라도 사회복지법률이 자주 개정된다는 점에서는 효용성이 떨어진다.

이러한 상황을 감안하여 이 책에서는 사회복지분야 기본법적 지위의 「사회보장기본법」, 사회복지사업의 근간이 되는 「사회복지사업법」, 사회보장급여에 대한 기준을 제시한 최초의 법으로서 「사회보장급여의 이용 · 제공 및 수급권자 발굴에 관한 법률」, 우리나라 사회복지법제 역사의 시작인 공공부조 분야의 「국민기초생활 보장법」, 노령연금사각지대 노인을 대상으로 제정된 「기초연금법」을 중심으로 살펴보고자 한다.

제8장
사회보장기본법

요람에서 무덤까지

From the Cradle to the Grave

- 베버리지 보고서 (The Beveridge Report,[1] 1942) -

「사회보장기본법」의 전신(前身)은 1963년 11월 5일 국가재건최고회의에서 만든 「사회보장에 관한 법률」이다. 당시 이 법은 전문 7개조에 불과했고 정부책임 역시 미약하게 규정되어 있었다. 그런 점에서 사실상 사문화(死文化)된 법이었다. 그럼에도 불구하고 1990년대에 이르기까지 별다른 개정 노력이 이어지지 못하였다가 1994년, 국회에서 개정 논의가 비로소 시작되었다. 여러 차례에 걸친 검토 끝에 1995년 12월 30일, 법률 제5134호로 「사회보장기본법」이 제정 · 공포되었다. 이 법이 공포됨에 따라 기존 「사회보장에 관한 법률」은 폐지되었다. 「사회보장기본법」은 「헌법」과 개별 사회복지법을 연결하는 기본법이자 일반법으로서의 지위를 갖는다.

---

1) 공식 서명은『Social Insurance and Allied Services』이다.

1 목적 및 기본 이념

「사회보장기본법」(이하 '기본법'이라고 한다)의 목적은 「헌법」 제34조—"모든 국민은 인간다운 생활을 할 권리를 가진다."—에서 비롯된 생존권 실현이다. 국민 생존권 보장에 필요한 틀과 기준을 제시한 것으로서, 기본법은 사회보장에 관한 국민의 권리와 국가 및 지방자치단체의 책임을 정하고 사회보장정책의 수립 · 추진과 관련 제도에 관한 기본적인 사항을 규정함으로써 국민의 복지증진에 이바지하는 것을 목적으로 한다(법 제1조).

기본법은 모든 국민이 다양한 사회적 위험으로부터 벗어나 행복하고 인간다운 생활을 향유할 수 있도록 자립을 지원하며, 사회참여 · 자아실현에 필요한 제도와 여건을 조성하여 사회통합과 행복한 복지사회를 실현하는 것을 주된 이념으로 한다(법 제2조). 여기서 나타나 있는 "인간다운 생활에 대한 자립지원, 제도조성, 사회통합과 복지사회 실현"이라는 3대 기본 이념은 우리나라 사회복지정책의 방향이 된다. 이념과 방향 간의 관계성은 기본법 제4절에 나타난 사회보장정책의 기본방향 관련 조문(법 제22~24조)에서 확인되는데, 바로 "평생사회안전망의 구축과 운영, 사회서비스 부장, 소득보장"이다.

기본 이념에 근거한 첫 번째 정책 방향으로서 법 제22조는 평생사회안전망의 구축 · 운영에 대해 국가와 지방자치단체는 모든 국민이 평생 동안 삶의 질을 유지 · 증진할 수 있도록 평생사회안전망을 구축하여야 하고, 이를 운영함에 있어 사회적 취약계층을 위한 공공부조를 마련하여 최저생활을 보장하게끔 명시하였다.

두 번째 정책방향은 사회서비스 보장이다. 국가와 지방자치단체는 모든 국민의 인간다운 생활과 자립, 사회참여, 자아실현 등을 지원하여 삶의 질이 향상될 수 있도록 사회서비스에 관한 시책을 마련하여야 하며, 이러한 사회서비스 보장과 소득보장이 효과적이고 균형적으로 연계되도록 해야 한다(법 제23조).

세 번째 정책방향은 소득보장이다. 국가와 지방자치단체는 다양한 사회적 위험하에서도 모든 국민들이 인간다운 생활을 할 수 있도록 소득을 보장하는 제도를 마련해야 하며, 공공부문과 민간부문의 소득보장제도가 효과적으로 연계되도록 하여야 할 책임이 있다(법 제24조).

이 3대 방향성은 우리나라 사회복지정책의 이정표로서 작용한다.

2 다른 법률과의 관계

사회보장에 관한 다른 법률을 제정하거나 개정하는 경우에는 기본법에 부합되도록 하여야 한다(법 제4조). 이를 근거로 기본법은 사회복지 관계 법률 가운데 상위법으로서의 지위를 가진다. 예컨대, 이 법은 「사회복지사업법」「아동복지법」「장애인복지법」 등과 같은 사회복지 분야 법률에 대해 상위법적 위치에 있다.

3 용어 정의

이 법은 사회복지 분야의 기본법이니만큼, 사회복지 분야 제반 제도와 주요 용어에 대해 정의하고 있다. 법 제3조에서 제시된 주요 용어는 사회보장, 사회보험, 공공부조, 사회서비스, 평생사회안전망 등인데, 그 정의는 다음과 같다.

1. '사회보장'이란 출산, 양육, 실업, 노령, 장애, 질병, 빈곤 및 사망

등의 사회적 위험으로부터 모든 국민을 보호하고 국민 삶의 질을 향상시키는 데 필요한 소득 · 서비스를 보장하는 사회보험, 공공부조, 사회서비스를 말한다.

2. '사회보험'이란 국민에게 발생하는 사회적 위험을 보험의 방식으로 대처함으로써 국민의 건강과 소득을 보장하는 제도를 말한다.
3. '공공부조(公共扶助)'란 국가와 지방자치단체의 책임하에 생활 유지 능력이 없거나 생활이 어려운 국민의 최저생활을 보장하고 자립을 지원하는 제도를 말한다.
4. '사회서비스'란 국가 · 지방자치단체 및 민간부문의 도움이 필요한 모든 국민에게 복지, 보건의료, 교육, 고용, 주거, 문화, 환경 등의 분야에서 인간다운 생활을 보장하고 상담, 재활, 돌봄, 정보의 제공, 관련 시설의 이용, 역량 개발, 사회참여 지원 등을 통하여 국민의 삶의 질이 향상되도록 지원하는 제도를 말한다.
5. '평생사회안전망'이란 생애주기에 걸쳐 보편적으로 충족되어야 하는 기본욕구와 특정한 사회위험에 의하여 발생하는 특수욕구를 동시에 고려하여 소득 · 서비스를 보장하는 맞춤형 사회보장제도를 말한다(법 제3조).

과거 일반 법학계에서 사회복지를 '사회복지서비스'로 축소하여 정의했던 경향 때문에, 사회보장이 사회복지서비스를 포괄하는 것을 간주하여 기본법명이 「사회보장기본법」이 되어 있다. 사회복지학적 관점에서 이러한 법률명은 충분히 비판할 수 있는 부분이다. 그렇지만 이는 학계의 입장과 법률 용어 사이의 괴리일 뿐, 기본법의 본질을 축소하려고 한 의도가 내재된 것은 아님을 유의하여야 한다.

4 사회보장 수급권

1) 사회보장 수급권의 개념

기본법의 존재의미가 무엇인가? 여러 가지로 답할 수 있겠지만, 아마 사회보장 수급권에 대한 보장이 가장 중요한 의미에 해당할 것이다. 기본법에서는 사회보장 수급권을 명확하게 규정하고 있다.

기본법 제9조에서는 모든 국민은 사회보장 관계 법령에서 정하는 바에 따라 사회보장급여를 받을 권리(이하 '사회보장 수급권'이라 한다.)를 가진다고 함으로서 사회보장급여를 개인에게 지급하는 것은 개인이 국가에 대해 갖는 권리의 실현임을 분명히 하고 있다. 모든 국민에게 부여된 권리라는 점에서 보편성까지 담보하고 있지만, 사회보장 수급권에 대해 "관계 법령이 정하는 바"에 따르도록 규정한 것은 개별법에 과도한 위임을 했다는 점에서 한계가 있다.

물론 우리나라의 학설상, 생존권적 기본권에 대해 추상적 권리설을 취하고 있는 만큼 이러한 입법태도가 잘못되었다고만 할 수는 없다. 다만, 생존권적 기본권 행사와 관련된 국민 욕구에 부응하는 사회복지 입법 및 개정 노력이 꾸준히 뒷받침될 필요가 있다. 만약 이러한 조치들이 미흡하다면, 기존 조항에 대한 우려는 해소되기 어려울 것이다.

사회보장급여를 받으려는 사람은 관계 법령에서 정하는 바에 따라 국가나 지방자치단체에 신청하여야 한다. 다만, 관계 법령에서 따로 정하는 경우에는 국가나 지방자치단체가 신청을 대신할 수 있다. 사회보장급여를 신청하는 사람이 다른 기관에 신청한 경우에는 그 기관은 지체 없이 이를 정당한 권한이 있는 기관에 이송하여야 한다. 이 경우 정당한 권한이 있는 기관에 이송된 날을 사회보장급여의 신청일로 본다(법 제11조). 사회보장 수급권이 신청주의원칙에 기초하고 있음을 알 수 있는 규정이다.

이 조문에서 사회보장급여의 신청이 "관계 법령이 정하는 바에 의하여" 정해지도록 규정된 점은 한계가 있다. 기본법으로서의 지위와 목적을 생각한다면, "수급권을 신청할 수 있다."라는 대원칙을 정하고 "그 절차는 개별법에 의한다."라는 구조로 제시하는 것이 더 바람직했을 것이다.

사회보장 수급권은 관계 법령이 정하는 바에 따라 타인에게 양도하거나 담보로 제공할 수 없으며, 이를 압류할 수 없다(법 제12조). 또한 원칙적으로 사회보장 수급권은 제한되거나 정지될 수 없지만, 개별법에서 예외를 규정하고 있는 경우에는 부분적으로 제한 내지 정지될 수 있다(법 제13조). 이는 사회보장 수급권에 대한 적극적인 보호조치에 해당한다. 이를 근거로 개별 사회복지법에서는 법의 목적에 맞는 수급권 보호조치를 규정하고 있는데, 예를 들면 다음과 같다.

「국민연금법」

제58조(수급권 보호) ① 수급권은 양도·압류하거나 담보로 제공할 수 없다.

② 수급권자에게 지급된 급여로서 대통령령으로 정하는 금액 이하의 급여는 압류할 수 없다.

③ 급여수급전용계좌에 입금된 급여와 이에 관한 채권은 압류할 수 없다.

사회보장 수급권은 정당한 권한이 있는 기관에 서면으로 통지하여 이를 포기할 수 있고 포기한 수급권에 대해서도 추후 취소를 요구할 수 있다. 다만, 사회보장 수급권의 포기가 타인에게 피해를 주거나 사회보장에 관한 관계 법령에 위반되는 경우에는 이를 포기할 수 없다(법 제14조).

기본법에서는 제3자의 불법행위로 피해를 입은 국민이 그로 인하여 사회보장 수급권을 가지게 된 경우 사회보장제도를 운영하는 자는 그 불법행위의 책임이 있는 자에 대하여 관계 법령에서 정하는 바에 따라 구상권(求

償權)을 행사할 수 있도록 규정하였다(법 제15조). 이에 따라 사회복지법에서 구상권이 원칙적으로 발효될 수 있음을 알 수 있는데, 개별법 역시 이 법을 기준으로 구상권에 대한 세부적인 규정을 두고 있다. 예를 들면, 다음과 같다.

「국민건강보험법」
제58조(구상권) ① 공단은 제3자의 행위로 보험급여사유가 생겨 가입자 또는 피부양자에게 보험급여를 한 경우에는 그 급여에 들어간 비용 한도에서 그 제3자에게 손해배상을 청구할 권리를 얻는다.
② 제1항에 따라 보험급여를 받은 사람이 제3자로부터 이미 손해배상을 받은 경우에는 공단은 그 배상액 한도에서 보험급여를 하지 아니한다.

2) 급여의 수준

국가와 지방자치단체는 모든 국민이 건강하고 문화적인 생활을 유지할 수 있도록 사회보장급여의 수준 향상을 위하여 노력하여야 한다(법 제10조 제1항). 외형상 강행규정이지만, 뜻을 해석해 보면 재량규정이자 임의규정이라는 한계가 뚜렷하게 나타난다. 그럼에도 불구하고 국가와 지방자치단체의 의무를 제시했다는 점에서는 의미가 있다.

아울러 국가는 관계 법령에서 정하는 바에 따라 최저보장수준과 최저임금을 매년 공표하여야 하며(법 제10조 제2항), 국가와 지방자치단체는 공표된 최저보장수준과 최저임금 등을 고려하여 사회보장급여의 수준을 결정하여야 한다(법 제10조 제3항). 특히 2015년 기본법 개정을 통해 '최저보장수준'의 개념을 도입했다는 점은 과거 최저생계비의 개념보다 더 발전된 범위를 제시했다는 점에서 의미가 있다. 그 취지는 아래 개정요약문에서와 같이 맞춤형 빈곤정책의 확대와도 연결되어 있다.

「사회보장기본법」 개정요약문

ㅇ 제안이유 및 주요내용

국민기초생활보장제도를 맞춤형 빈곤정책으로 전환하여 급여별 수급자 선정기준을 다층화하고, 최저생계비 대신 최저보장수준 및 기준 중위소득 제도를 도입하는 등의 내용으로 「국민기초생활 보장법」이 개정(법률 제12933호, 2014. 12. 30. 공포, 2015. 7. 1. 시행)됨에 따라 개정된 내용을 반영하여 제도를 차질 없이 수행할 수 있도록 하려는 것임(안 제10조 제2항 및 제3항).

ㅇ 개정조문

제10조(사회보장급여의 수준) ① 국가와 지방자치단체는 모든 국민이 건강하고 문화적인 생활을 유지할 수 있도록 사회보장급여의 수준 향상을 위하여 노력하여야 한다.

② 국가는 관계 법령에서 정하는 바에 따라 최저보장수준과 최저임금을 매년 공표하여야 한다. 〈개정 2015. 12. 29.〉

③ 국가와 지방자치단체는 제2항에 따른 최저보장수준과 최저임금 등을 고려하여 사회보장급여의 수준을 결정하여야 한다. 〈개정 2015. 12. 29.〉

3) 대상자의 요건과 범위

「사회보장기본법」의 적용대상은 국민이다. 이를 확인할 수 있는 조문은 법 제9조와 법 제25조다. 먼저 제9조는 앞서 설명한 것과 같이 모든 국민에 대한 사회보장 수급권을 인정한 규정이다. 법 제25조는 사회보장제도의 적용범위를 다루고 있는데, 국가와 지방자치단체가 사회보장제도를 운영할 때에는 이 제도를 필요로 하는 모든 국민에게 적용하여야 한다는 점에서(법 제25조 제1항), 기본법 대상은 국민임을 명확히 알 수 있다.

한편, 국내에 거주하는 외국인에게 사회보장제도를 적용할 때에는 '상호주의 원칙'을 기초로 하되, 관계 법령에서 정하는 바에 따른다(법 제8조).

5 사회보장의 책임과 운영

1) 사회보장의 책임

사회보장의 책임은 법 제5조에서 제7조까지에 걸쳐, 국가 및 지방자치단체의 책임, 국가와 가정의 관계, 국민의 책임으로 나누어 규정되었다. 구체적으로 살펴보면 먼저 국가와 지방자치단체는 모든 국민의 인간다운 생활을 유지 · 증진하는 책임을 가진다(법 제5조 제1항). 국민이 인간다운 생활을 해 나가는 것에 대한 책임이 국가와 지방자치단체에 있음을 적시함으로서 「헌법」 제10조에 의한 국민의 행복추구권이 구체적으로 보장됨을 보여 주고 있다.

국가와 지방자치단체는 사회보장에 관한 책임과 역할을 합리적으로 분담하여야 한다(법 제5조 제2항). 국가와 지방자치단체는 국가 발전수준에 부응하고 사회환경의 변화에 선제적으로 대응하며 지속가능한 사회보장제도를 확립하고 매년 이에 필요한 재원을 조달하여야 한다(법 제5조 제3항). 국가는 사회보장제도의 안정적인 운영을 위하여 중장기 사회보장 재정추계를 격년으로 실시하고 이를 공표하여야 한다(법 제5조 제4항).

국가로 하여금 사회보장제도의 안정적인 운영을 위하여 중장기 사회보장 재정추계를 격년으로 실시하고 이를 공표하여야 한다고 못 박고 있다는 점에서, 재정부담의 책임을 국가에게 부여하는 것을 선명하게 할 수 있다.

〈표 8-1〉 중장기 사회보장 재정추계 사례

제도유형별 복지지출의 GDP대비 비중(%)							
구분	2015	2020	2030	2040	2050	2060	연평균증가율(%)
합계	10.6	12.6	16.3	20.1	23.7	25.8	5.9
공공부조[1)]	1.6	1.7	1.9	2.0	1.9	1.8	4.2
사회보상[2)]	0.3	0.3	0.3	0.2	0.2	0.2	3.4

사회보험[3]	6.5	8.3	11.8	15.7	19.5	21.6	6.7
사회서비스[4]	2.3	2.3	2.4	2.2	2.1	2.1	3.7

1) 기초생활급여 및 의료급여, 자활지원, 기초연금, 장애인연금, EITC근로장려금

2) 사할린 한인지원, 보훈급여, 새터민지원, 일본군위안부피해자생활안정지원, 의사상자예우, 긴급복지

3) 국민연금 등 4대 공적연금, 건강보험 및 노인장기요양보험, 고용 · 산재보험

4) 노인 · 아동 · 장애인 및 여성 등에 대한 사회복지서비스 등

GDP대비 공공사회복지지출 비중(%)											
구분	1980	1985	1990	1995	2000	2011	2015	2030	2040	2050	2060
스웨덴	26.0	28.2	28.5	31.8	28.2	27.2	–	–	–	–	–
덴마크	24.4	22.9	25.0	28.7	26.0	30.1	–	–	–	–	–
프랑스	20.6	25.8	24.9	29.0	28.4	31.4	–	–	–	–	–
독일	21.8	22.2	21.4	25.9	26.2	25.5	–	–	–	–	–
영국	16.3	19.2	16.3	19.2	18.4	22.7	–	–	–	–	–
미국	12.8	12.8	13.1	15.0	14.2	19.0	–	–	–	–	–
일본	10.3	11.1	11.1	14.1	16.3	23.1	–	–	–	–	–
한국	–	–	2.8	3.2	4.8	9.0	10.6	16.3	20.1	23.7	25.8
OECD 평균	15.4	17.0	17.5	19.3	18.6	21.4	–	–	–	–	–

출처: 보건복지부(2016: 6-9).

또한 국가와 지방자치단체는 가정이 건전하게 유지되고 그 기능이 향상되도록 노력하여야 한다. 국가와 지방자치단체는 사회보장제도를 시행할 때에 가정과 지역공동체의 자발적인 복지활동을 촉진하여야 한다(법 제6조).

국민의 책임에 대해서도 정한바, 모든 국민은 자신의 능력을 최대한 발휘하여 자립 · 자활(自活)할 수 있도록 노력하여야 한다. 모든 국민은 경제적 · 사회적 · 문화적 · 정신적 · 신체적으로 보호가 필요하다고 인정되는 사람에게 지속적인 관심을 가지고 이들이 보다 나은 삶을 누릴 수 있는 사회환경 조성에 서로 협력하고 노력하여야 한다. 모든 국민은 관계 법령에서 정하는 바에 따라 사회보장급여에 필요한 비용의 부담, 정보의 제공 등 국가의 사회보장정책에 협력하여야 한다(법 제7조).

기본법에서 정한 국민의 책임은 달리 말해 국민의 의무로서, 각종 절차·규정의 준수와 정보 제공 등이 해당한다. 이는 개별 사회복지법에 의해 개인의 수급권을 행사할 때 당연히 이행되어야 할 조건이 된다. 실제 개별 법률에서는 다음과 같이 수급권자의 의무를 규정·적용하고 있다.

「장애인복지법」

제50조의2(자녀교육비 및 장애수당 등의 지급 신청) ① 제38조에 따른 자녀교육비(이하 '자녀교육비'라 한다.), 제49조 및 제50조에 따른 장애수당, 장애아동수당 및 보호수당(이하 '장애수당등'이라 한다.)을 지급받으려는 사람은 보건복지부령으로 정하는 바에 따라 특별자치시장·특별자치도지사·시장·군수·구청장에게 자녀교육비 및 장애수당등의 지급을 신청할 수 있다.

② 제1항에 따라 신청을 할 때에 신청인과 그 가구원(「국민기초생활 보장법」 제2조 제8호에 따른 개별가구의 가구원을 말한다. 이하 같다.)은 대통령령으로 정하는 바에 따라 다음 각 호의 자료 또는 정보의 제공에 동의한다는 서면을 제출하여야 한다.

1. 「금융실명거래 및 비밀보장에 관한 법률」 제2조 제2호 및 제3호에 따른 금융자산 및 금융거래의 내용에 대한 자료 또는 정보 중 예금의 평균잔액과 그 밖에 대통령령으로 정하는 자료 또는 정보(이하 '금융정보'라 한다.)
2. 「신용정보의 이용 및 보호에 관한 법률」 제2조 제1호에 따른 신용정보 중 채무액과 그 밖에 대통령령으로 정하는 자료 또는 정보(이하 '신용정보'라 한다.)
3. 「보험업법」 제4조 제1항 각 호에 따른 보험에 가입하여 납부한 보험료와 그 밖에 대통령령으로 정하는 자료 또는 정보(이하 '보험정보'라 한다.)

2) 사회보장제도의 운영

「사회보장기본법」에 의하면, 사회보장제도의 운영주체는 국가 및 지방자치단체이고, 대상은 제도를 필요로 하는 모든 국민이다(법 제25조 제1항). "제도를 필요로 하는"이라는 표현이 일종의 단서로 여겨진다는 문제제기도 있지만, 「사회보장기본법」이 아우르는 범위가 사회보험만이 아니라고 한다면, 국민 개개인의 구체적인 욕구에 부응하여 실시된다고 볼 수 있다.

국가와 지방자치단체는 사회보장제도의 급여수준과 비용부담 등에서 형평성을 유지하여야 한다(법 제25조 제2항). 여기서 형평성의 의미는 중앙 및 지방정부 간의 형평성과 더불어 각 정책별 급여수준 및 비용에서의 형평성 모두를 의미한다. 사회보장제도의 정책 결정 및 시행에서 공익의 대표자 및 이해관계인 등을 참여시켜야 한다는 점은 제도 결정의 민주성과 연결되어 있고(법 제25조 제3항) 사회보장제도 운영에서 연계성과 전문성을 강조한 점은 국민의 복지욕구 충족에 부응하게 위함을 알 수 있다(법 제25조 제4항).

기본법에서 규정해야 하는 사회보장제도 운영 관련 사항 가운데 중요한 것은, 사회보험, 공공부조, 사회서비스 간 국가와 지방자치단체 사이의 책임구분에 대한 것이다. 기본법에 의하면 사회보험은 국가의 책임으로 시행하고, 공공부조와 사회서비스는 국가와 지방자치단체의 책임으로 시행하는 것을 원칙으로 한다. 다만, 국가와 지방자치단체의 재정 형편 등을 고려하여 이를 협의 · 조정할 수 있다(법 제25조 제5항).

이 원칙은 실제 정책에 반영되어 있는데, 가령 대표적인 사회보험제도라고 할 수 있는 국민건강보험의 경우, 「국민건강보험법」이 구체적인 급여수준, 급여종류 등을 정하면서 시행에 필요한 사항을 정하되, 국민건강보험의 운영 책임은 국가로부터 위임받은 국민건강보험공단에게 주어져 있다. 다시 말해, 국민건강보험제도의 시행에서는 원칙적으로는 지방정부의 역할이 주어져 있지 않다.

3) 재정부담과 협의체계

사회복지정책을 집행하는 데 소요되는 재정은 어떻게 충당되는가? 이 질문에 대한 답은 기본법 제5조 제3항에서 이미 나타난 바 있다. 국가와 지방자치단체는 국가 발전수준에 부응하고 사회환경의 변화에 선제적으로 대응하며 지속가능한 사회보장제도를 확립하고 매년 이에 필요한 재원을 조달하여야 한다.

재원조달의 책임이 국가와 지방자치단체에게 있다는 점이 의무규정으로 명시된바, 기본법은 국가와 지방자치단체로 하여금 재원조달의 책임을 이행하도록 강제할 수 있는 근거로서 효력을 발휘하게 된다.

사회보장정책에서의 재정부담이 국가와 지방자치단체에게 있는 만큼, 양 주체는 사회보장제도를 신설하거나 변경할 경우 기존 제도와의 관계, 사회보장 전달체계와 재정 등에 미치는 영향 등을 사전에 충분히 검토하고 상호협력하여 사회보장급여가 중복 또는 누락되지 아니하도록 하여야 한다(법 제26조 제1항). 이를 바탕으로 중앙행정기관의 장과 지방자치단체의 장은 사회보장제도를 신설하거나 변경할 경우 신설 또는 변경의 타당성, 기존 제도와의 관계, 사회보장 전달체계에 미치는 영향 및 운영방안 등에 대하여 동법 시행령이 규정하는 절차에 의해 보건복지부장관과 협의하여야 한다(법 제26조 제2항). 만약 협의가 이루어지지 아니할 경우 위원회가 이를 조정하게끔 권한이 부여되어 있다(법 제26조 31항). 아울러 보건복지부장관은 사회보장급여 관련 업무에 공통적으로 적용되는 기준을 마련할 수 있다(법 제26조 제4항).

그런데 최근 사회복지제도 신설 과정에서 지방자치단체와 중앙정부사이의 협의가 원활히 이뤄지지 못하여 주민의 불편과 혼란을 야기한 사례들도 나타나고 있다. 지역주민 욕구를 적극적으로 반영하는 과정에서 발생한 것이지만, 이러한 문제들로부터 기본법 제26조의 의미와 중요성을 되새겨 볼 수 있다.

〈표 8-2〉 지방자치단체와 중앙정부간 협의 누락 관련 사례(법 제26조 관련)

경기 과천시가 애초 계획과 다르게 미인가 대안학교 장애인 학생 등에게 지급할 교육비를 절반으로 축소한 것은 현행법 위반인 것으로 확인됐다. 15일 과천시와 보건복지부 등에 따르면 시는 이달 9일 과천지역 미인가 대안학교 3곳에 공문을 보내 교육비를 지원받을 장애인 학생 등 사회적 배려 대상 가정 학생 명단을 내라고 했다. 학교마다 2명씩 모두 6명의 중위소득 50% 이하(차상위계층) 사회적 배려 대상 가정 학생들에게 전체 교육비의 절반을 지원하려는 취지다. 하지만 이는 교육비 전액을 지원하려던 애초 계획과 다르다. 시는 지난해 보조금심의위원회와 시의회로부터 교육비 전액 지원 예산(3,900만 원)을 승인받은데 이어 보건복지부와도 절반이 아닌 전액 지원하기로 협의했다. 복지부는 입학금 50만 원과 월 수업료 50만 원 등 학생 1명 당 연간 교육비 650만 원 전액을 지원하겠다는 지난해 11월 시의 협의 요청에 대해 올해 9월 '동의' 회신을 보냈다. 지자체가 사회보장제도(사업)를 신설하거나 변경하려면 사회보장기본법 제26조 제2항에 따라 복지부와 협의해야 한다. 시는 이 규정에 따라 교육비 지원액을 절반으로 줄여 집행하려면 복지부와 다시 협의해야 했지만, 이를 따르지 않았다. 복지부 관계자는 "협의 내용은 교육비 전액 지원이었다. 과천시가 이를 절반으로 축소하려면 법에 따라 협의 절차를 다시 거쳐야 한다."라며 "재협의 없이 교육비 지원을 위한 공문을 학교에 보낸 것 자체가 법 위반"이라고 말했다. 복지부 협의 없이 자의적 판단으로 사회보장제도(사업)를 시행하는 지자체는 지방교부세법 시행령 제12조에 따라 지방교부세가 감액되고, 기획재정부의 공모사업에서 배제되는 등의 페널티를 받는다. 시는 복지부 협의의 건이 논란이 되자, 대안학교에 공문을 보낸 지 닷새 만인 14일 복지부에 변경 협의를 요청했다. 시 관계자는 "미인가 시설에 교육비 전액을 지원하면 인가 시설과의 형평성 문제가 있어 절반으로 줄였다."라며 "복지부의 변경 협의 규정은 사전에 알았지만, 협의 과정이 오래 걸려 그동안 재협의 요청을 하지 않았다."라고 말했다.

출처: 뉴시스(2017). http://v.media.daum.net/v/20171115171235741

6 비용부담

사회복지정책에 대한 가장 큰 오해는 '무조건 공짜'로 제공될 것이라는 점이다. 한국전쟁 이후 빠른 경제성장에도 불구하고 사회복지제도가 함께 확대되지 못한 탓에, 국민이 체감하는 복지제도는 「생활보호법」(구법)에 의한 공공부조가 큰 비중을 차지하였다. 물론 일련의 사회복지서비스가 있었으나, 모든 국민의 필요에 따른 복지정책이 시행되었던 것은 비교적 최근에서야 가능해진 것이다. 1990년대 이전만 하더라도, 극빈층, 사회적 취약계층만을 대상으로 사회복지가 기능한다고 여겼던 탓에, '사회복지정책=비기여 무상급여'라는 잘못된 인식이 팽배했던 것은 부인할 수 없다. 제도개발과 확대 과정에서 발생했던 시행착오였으나 '무상' 내지 '공짜'로 낙인찍힌 탓에, 상당히 오랜 시간동안 사회복지정책은 '국민과 미래를 위한 투자'보다는 취약집단을 위한 지출로 간주되었다. 이는 국가 책임에 의한 보편적인 방식의 사회복지제도를 확대시키는 데 큰 걸림돌이 되기도 하였다.

「사회보장기본법」이 사회복지 분야 기본법으로서 좀 더 빨리 제정되어, 강력하게 적용되었다면 이러한 오해는 좀 더 빨리 해소될 수 있었을 것이다. 그 이유를 보면, 기본법에서는 사회보장 비용의 부담에 대해 각각의 사회보장제도 목적에 따라 국가, 지방자치단체 및 민간부문 간에 합리적으로 조정되어야 함을 명시했다(법 제28조 제1항). 여기서 나아가 각 영역별 비용부담의 원칙을 밝히고 있는데, 먼저 사회보험의 경우 사용자, 피용자(被傭者) 및 자영업자가 부담하는 것을 원칙으로 하였고, 국가는 관계 법령에서 정하는 바에 따라 국가가 그 비용의 일부를 부담할 수 있는 것으로 책임의 한계를 분명히 하였다(법 제28조 제2항). 이와 더불어 공공부조 및 관계 법령에서 정하는 일정 소득 수준 이하의 국민에 대한 사회서비스에 드는 비용의 전부 또는 일부는 국가와 지방자치단체가 부담한다는 점에서 취약계층의 비용부담 경감조치 역시 함께 규정하였다(법 제28조 제3항).

법 제28조를 통해 사회보장제도 목적에 맞는 비용부담의 원칙을 제시한 것이다. 특히 같은 조 제4항의 경우, 수익자 부담원칙까지 제시하였다. 즉, 부담 능력이 있는 국민에 대한 사회서비스에 드는 비용은 그 수익자가 부담함을 원칙으로 못 박아 두었다.2)

기본법에서 규정된 사항을 보더라도, 사회복지급여가 비기여-무상수혜라는 인식만큼은 애초부터 오해임을 분명히 알 수 있다.

〈표 8-3〉 사회복지예산 변화와 쟁점

(전략)……

● "예산은 철학이다."

"예산은 단순한 숫자가 아닙니다. 정부의 정책방향이며, 우리가 지향하는 가치입니다."

〈문재인 대통령 2017년 11월 1일 국회 시정연설 中〉

문재인 대통령 연설 내용처럼 예산은 정부 철학의 요체다. 정부는 지속가능한 발전을 위해, 사회의 건강성 유지를 위해 가장 시급하고 필요한 부분을 판단해 예산을 편성한다. 판단 주체가 달라지면 지출의 우선순위는 물론, 액수도 달라진다. 정권마다 예산안을 통해 서로 다른 특색과 철학을 드러내는 이유다. 정부 예산은 지난 2011년(2010년 책정) 처음으로 300조 원을 돌파한 지 6년 만인 지난해 400조 원을 넘어섰고, 2018년 올해 예산은 지난해보다 28조 원이 늘어난 428조 원으로 확정됐다. 이렇게 편성된 예산은 국회, 대법원, 헌법재판소 등을 포함해 54개 국가기관(부, 청, 처 등 포함)에 나눠졌다.

……(중략)……

● 전체 분야별 예산 규모를 보면……부동의 1위는 사회복지

한 해 살림은 54개 국가기관에서 따로 지출되지만, 큰 틀에선 지출 성격에 따라

2) 물론 관련 법령이 정하는 바에 따라 국가와 지방자치단체가 그 비용의 일부를 부담할 수는 있다(법 제28조 제4항 단서규정).

사회복지, 일반, 지방행정, 국방 등 16개 분야(기획재정부 기준)로 나눌 수 있다. 이 기준에 따르면 분야별 예산 1~4위에서 문재인 정부를 포함해 지난 12년간 순위 변동은 없었다.
지난 2007~2018년 예산 중 가장 많은 비중을 차지한 분야는 '사회복지 예산'이다. 〈마부작침〉 분석 결과, 사회복지 예산은 10년 넘게 부동의 1위였고, 지난 2007년 56조 원에서 10년 새 133조 원으로 두 배 이상 대폭 증가했다.
2위는 지자체 및 국회 활동 지원 등이 포함된 '일반 지방행정', 3위는 '교육', 4위는 '국방' 순이다. 다음이 '농림수산 분야' '교통물류 분야'로 서로 근소한 차로 순위 변동을 했지만 지난해까지 6위권 내에 빠지지 않고 포함됐다.

……(중략)……

복지 분야 예산은 한 해도 빠지지 않고 상승할 정도로 모든 정권에서 가장 힘을 주는 예산이다. 2015년(2014년 편성) 처음으로 100조 원을 돌파하며 16개 분야에서 여전히 독보적인 위치를 차지하고 있지만, 세부적으로 보면 같은 복지 예산이라도 정권마다 차이는 있었다. 복지 분야는 기재부 기준상 공적연금, 노동, 노인 · 청소년, 주택 등 9개 하위 부문으로 나눌 수 있다. 가장 많은 부분을 차지하는 건 기초연금 지급 등이 포함된 '공적연금' 부분이다. '공적연금'은 2007년 노무현 정부(기재부에서 발간한 보고서상 동일 기준으로 적용 가능한 시점이 2007년부터) 이래로 문재인 정부까지 복지 분야 예산 중 30% 이상을 차지했고, 올해 예산안을 제외하고는 계속 비중이 늘어났다.
다음으론 주택 분야다. 임대주택 공급, 주택구입 및 전세자금 지원 예산이 포함돼 있다. 박근혜 정부까지 복지 예산 가운데 부동의 2위였는데, 문재인 정부 출범 이후 순위 변화가 발생했다. '노동' 분야가 새롭게 올라선 것이다. 노동 분야는 취업 지원, 육아 휴직 지원 등 고용 안정망 확충에 사용되는 예산이다. 올해 노동 예산이 지난해 대비 2.5%p 상승한 17.8%(23조 8천억 원)이 편성되면서, 복지 분야에서 처음으로 2위를 기록했다. 노동 분야는 2007년 노무현 정부 이래로 비중이 지속적으로 낮아져 왔다. 3번의 증가가 있었지만 모두 1%p 이내(2009년 0.3%p, 2013년 0.2%p, 2016년 0.6%p)의 소폭 상승이었다. 2%p 이상의 큰 폭으로 상승한 것은 12년 만에 처음인 것으로 분석됐다. 박근혜 정부에서 처음으로 예산(2014년)을 편성할 때, 복지 예산 중 '노인 청소년 부문'을 전년도 대비 2%p 가까이 높였던 것과 차이가 있다.

출처: SBS뉴스(2018. 1. 19.) http://v.media.daum.net/v/20180119100301780.

7 전달체계

국민이 생존권적 기본권을 실제로 행사하게 될 때 반드시 필요한 것은 전달체계다. 좋은 정책이 계획되었을지라도 국민 삶의 현장으로 들어가기까지 경로와 절차가 어렵거나 잘못 설계되어 있다면 실행력을 담보할 수 없다. 이런 점에서 사회보장 전달체계는 중요한 의미를 갖는다.

기본법 제29조는 이러한 취지에서 국가와 지방자치단체는 모든 국민이 쉽게 이용할 수 있고 사회보장급여가 적시에 제공되도록 지역적 · 기능적으로 균형 잡힌 사회보장 전달체계를 구축하여야 한다고 규정했다(제1항). 구축책임이 단지 선언에 그치지 않도록 하기 위해 사회보장 전달체계의 효율적 운영에 필요한 조직, 인력, 예산 등을 갖추어야 함을 명시하였고(법 제29조 제2항), 나아가 민간부문과의 효율적인 연계 역시 노력하여야 함을 밝혀 두었다(법 제29조 제3항).3)

기본법 제29조는 공공부조, 사회보험, 사회서비스 급여에 대한 이용자들의 접근성 및 이용편리성을 평가할 수 있는 근거다. 이를 토대로 개별법에 의한 사회복지급여 계획단계에서 서비스 종류, 지역, 대상자 등에 따른 차별(차등)이 발생하지 않도록 유의하여야 한다.

---

3) 민간의 참여는 법 제27조를 통해 자세히 규정되어 있다.

법 제27조(민간의 참여) ① 국가와 지방자치단체는 사회보장에 대한 민간부문의 참여를 유도할 수 있도록 정책을 개발 · 시행하고 그 여건을 조성하여야 한다.

② 국가와 지방자치단체는 사회보장에 대한 민간부문의 참여를 유도하기 위하여 다음 각 호의 사업이 포함된 시책을 수립 · 시행할 수 있다.

1. 자원봉사, 기부 등 나눔의 활성화를 위한 각종 지원 사업
2. 사회보장정책의 시행에 있어 민간 부문과의 상호협력체계 구축을 위한 지원사업
3. 그 밖에 사회보장에 관련된 민간의 참여를 유도하는 데에 필요한 사업

③ 국가와 지방자치단체는 개인 · 법인 또는 단체가 사회보장에 참여하는 데에 드는 경비의 전부 또는 일부를 지원하거나 그 업무를 수행하기 위하여 필요한 지원을 할 수 있다.

8 사회보장급여 관리체계와 절차적 권리

1) 사회보장급여 관리체계

국가와 지방자치단체는 국민의 사회보장 수급권의 보장 및 재정의 효율적 운용을 위하여 사회보장급여의 관리체계를 구축 · 운영하도록 된 바, 관리체계의 범위는 다음과 같다(법 제30조 제1항).

1. 사회보장수급권자 권리구제
2. 사회보장급여의 사각지대 발굴
3. 사회보장급여의 부정 · 오류 관리
4. 사회보장급여의 과오지급액의 환수 등 관리

또한 보건복지부장관은 사회서비스의 품질기준 마련, 평가 및 개선 등의 업무를 수행하기 위하여 필요한 전담기구를 설치할 수 있도록 규정하고 있다(법 제30조 제2항).

사회보장급여 실행을 위해 필요한 전문인력의 경우 국가와 지방자치단체는 사회보장제도의 발전을 위하여 전문인력의 양성, 학술 조사 및 연구, 국제 교류의 증진 등에 노력하여야 한다고 제시되어 있다(법 제31조).

2) 절차적 권리

「사회보장기본법」은 사회보장제도의 시행에 따른 국민의 절차적 권리를 규정하고 있다(법 제34~36조). 이는 각각 정보공개, 사회보장에 관한 설명제공, 사회보장 관련 상담권, 사회보장통지권으로 구분된다.

정보공개의 경우, 국가와 지방자치단체는 사회보장제도에 관하여 국민이 필요한 정보를 관계 법령에서 정하는 바에 따라 공개하고, 이를 홍보하여야 한다(법 제33조). 사회보장제도에 대한 설명에 대해 국가와 지방자치단체는 사회보장 관계 법령에서 규정권리나 의무를 해당 국민에게 설명하도록 노력하여야 한다고 규정했다(법 제34조). 아울러 국가와 지방자치단체는 사회보장 관계 법령에서 정하는 바에 따라 국민에 대하여 사회보장에 관한 상담에 응하도록 정하여, 사회보장 상담권을 보장하고 있다(법 제35조). 그리고 사회보장 관계 법령에서 정하는 바에 따라 사회보장에 관한 사항을 해당 국민에게 알려야 할 의무가 국가와 지방자치단체에게 주어져 있다(법 제36조).

절차적 권리를 자세히 규정하고 있지만, 각각의 조문은 "관계 법령이 정하는 바에 의해서……"로 단서를 정하고 있다. 절차보장에 대한 국민의 권리가 하위법에 위임(소극적 인정)된 점은, 기본법의 위상에 채 미치지 못하는 조문 형식임을 지적하지 않을 수 없다.

9 사회보장정보의 관리

사회복지제도를 실행하는 과정에서 발생하는 사회보장정보 관리에 대한 책임은 국가와 지방자치단체에게 주어져 있다. 구체적으로 살펴보면, 국가와 지방자치단체는 국민편익의 증진과 사회보장업무의 효율성 향상을 위하여 사회보장업무를 전자적으로 관리하도록 노력하여야 한다(법 제37조 제1항). 이를 위해 국가는 관계 중앙행정기관과 지방자치단체에서 시행하는 사회보장 수급권자 선정 및 급여 관리 등에 관한 정보를 통합 · 연계하여 처리 · 기록 및 관리하는 시스템(이하 '사회보장정보시스템'이라 한다.)을 구축 · 운영할 수 있다(법 제37조 제2항).

사회보장정보시스템 구축과 운영의 총괄책임은 보건복지부장관에게 부여되어 있으며(법 제37조 제3항), 나아가 보건복지부장관은 사회보장정보시스템 구축 · 운영의 전 과정에서 개인정보 보호를 위하여 필요한 시책을 마련하여야 한다(법 제37조 제4항). 아울러 보건복지부장관은 관계 중앙행정기관, 지방자치단체 및 관련 기관 · 단체에 사회보장정보시스템의 운영에 필요한 정보의 제공을 요청하고 제공받은 목적의 범위에서 보유 · 이용할 수 있다. 이 경우 자료의 제공을 요청받은 자는 정당한 사유가 없으면 이에 따라야 한다(법 제37조 제5항). 관계 중앙행정기관 및 지방자치단체의 장은 법 제37조 제2항의 사회보장정보와 관련하여 사회보장정보시스템의 활용이 필요한 경우 사전에 보건복지부장관과 협의하여야 한다. 이 경우 보건복지부장관은 관련 업무에 필요한 범위에서 정보를 제공할 수 있고 정보를 제공받은 관계 중앙행정기관 및 지방자치단체의 장은 제공받은 목적의 범위에서 보유 · 이용할 수 있다(법 제37조 제6항). 보건복지부장관은 사회보장정보시스템의 운영 · 지원을 위하여 전담기구를 설치할 수 있다(법 제37조 제7항).

기본법은 개인정보 보호조치를 명시하였다. 먼저 사회보장업무에 종사하거나 종사하였던 자는 사회보장업무 수행과 관련하여 알게 된 개인 · 법인 또는 단체의 정보를 관계 법령에서 정하는 바에 따라 보호하여야 한다(법 제38조 제1항). 또한 국가와 지방자치단체, 공공기관, 법인 · 단체, 개인이 조사하거나 제공받은 개인 · 법인 또는 단체의 정보는 이 법과 관련 법률에 근거하지 아니하고 보유, 이용, 제공되어서는 아니 된다(법 제38조 제2항). 개인정보 보호조치 관련 규정들은 임의 혹은 선언규정이 아니다. 사회복지 분야 개별 법률에서도 기본법이 가진 정보보호 책임에 기초하여, 구체적인 보호 조치들을 명시했을 뿐만 아니라, 그 위반에 대한 처벌조치도 두고 있다. 예를 들면 다음과 같다.

「아동학대범죄의 처벌 등에 관한 특례법」

제35조(비밀엄수 등의 의무) ① 아동학대범죄의 수사 또는 아동보호

사건의 조사 · 심리 및 그 집행을 담당하거나 이에 관여하는 공무원, 보조인, 진술조력인, 아동보호전문기관 직원과 그 기관장, 상담소 등에 근무하는 상담원과 그 기관장 및 제10조 제2항 각 호에 규정된 사람(그 직에 있었던 사람을 포함한다.)은 그 직무상 알게 된 비밀을 누설하여서는 아니 된다.

② 신문의 편집인 · 발행인 또는 그 종사자, 방송사의 편집책임자, 그 기관장 또는 종사자, 그 밖의 출판물의 저작자와 발행인은 아동보호사건에 관련된 아동학대행위자, 피해아동, 고소인, 고발인 또는 신고인의 주소, 성명, 나이, 직업, 용모, 그 밖에 이들을 특정하여 파악할 수 있는 인적 사항이나 사진 등을 신문 등 출판물에 싣거나 방송매체를 통하여 방송할 수 없다.

③ 피해아동의 교육 또는 보육을 담당하는 학교의 교직원 또는 보육교직원은 정당한 사유가 없으면 해당 아동의 취학, 진학, 전학 또는 입소(그 변경을 포함한다.)의 사실을 아동학대행위자인 친권자를 포함하여 누구에게든지 누설하여서는 아니 된다.

第62조(비밀엄수 등 의무의 위반죄) ① 제35조 제1항에 따른 비밀엄수 의무를 위반한 보조인, 진술조력인, 아동보호전문기관 직원과 그 기관장, 상담소 등에 근무하는 상담원과 그 기관장 및 제10조 제2항 각 호에 규정된 사람(그 직에 있었던 사람을 포함한다.)은 3년 이하의 징역이나 5년 이하의 자격정지 또는 3천 만 원 이하의 벌금에 처한다. 다만, 보조인인 변호사에 대하여는 「형법」 제317조 제1항을 적용한다.

② 제10조 제3항을 위반하여 신고인의 인적사항 또는 신고인임을 미루어 알 수 있는 사실을 다른 사람에게 알려 주거나 공개 또는 보도한 자는 3년 이하의 징역이나 3천만 원 이하의 벌금에 처한다.

③ 제35조 제2항의 보도 금지 의무를 위반한 신문의 편집인 · 발행인 또는 그 종사자, 방송사의 편집책임자, 그 기관장 또는 종사자,

그 밖의 출판물의 저작자와 발행인은 500만 원 이하의 벌금에 처한다.

10 권리구제 및 형벌

「사회보장기본법」에 의해, 국민 가운데 위법 또는 부당한 처분을 받거나 필요한 처분을 받지 못함으로써 권리 또는 이익을 침해받은 자가 있다면, 「행정심판법」에 따른 행정심판을 청구하거나 「행정소송법」에 따른 행정소송을 제기하여 그 처분의 취소 또는 변경 등을 청구할 수 있다(법 제 39조).

그러나 권리구제와 별개로 국가 및 지방자치단체 혹은 법에 의한 업무를 수행하는 자 및 제3자 등의 불법행위에 대한 처벌기준이 명확히 제시되어 있지 않다.

요약

「사회보장기본법」은 사회보장에 관한 국민의 권리와 국가 및 지방자치단체의 책임을 정하고 사회보장정책의 수립·추진과 관련 제도에 관한 기본적인 사항을 규정함으로써 국민의 복지증진에 이바지하는 것을 목적으로 하는 법이다. 사회복지 개별 법률에 대해 기본법으로서의 지위를 갖고 있으며, 우리나라 사회복지제도의 방향과 목적 등을 포괄적으로 규정하고 있다.

핵심어

- 사회보장에 관한 국민의 권리
- 사회보장 기본계획
- 사회보장위원회
- 사회보장정책
- 사회보장제도
- 사회보장정보

제9장
사회복지사업법

행복은 생각과 말과 행동이 조화를 이룰 때 찾아온다.
Happiness is when what you think, what you say,
and what you do are in harmony.
- 마하트마 간디(Mahatma Gandhi, 1869~1948) -

1 사회복지사업법의 연혁

한국전쟁이 끝난 직후였던 1960년대는 「생활보호법」「아동복리법」「윤락행위 등 방지법」만이 존재했을 뿐, 사회복지욕구와 사회문제에 대응할 만한 법은 거의 전무한 시기였다. 민간이 주도하는 구호 중심의 사회복지사업이 주류를 이루던 때였으므로 국가의 책임하에 실시되는 사회복지사업 관련법의 필요성은 미처 부각되지 못하고 있었다. 그러던 중 1966년 김성철 의원 외 15인에 의해 「사회복지사업법」이 최초로 제안되었으나 1967년 그들의 임기만료로 중단되었다. 그 이후 1968년 다시 제안되었는데, 당시 법안의 취지는 사회복지 관계 법률의 기본법 제정이었다. 이 법안이 1969년 통과되어 이듬해인 1970년 1월 1일 법률 제2191호로 제정 · 공포되면서, 최초로 「사회복지사업법」이 만들어졌다. 제정된 「사회복지사업법」은 1970년 4월 2일자로 시행되었는데, 제정 당시 입법목적은 사회복지사업에 관한 기본적인 사항을 규정하여 그 공정한 운영을 기함으로써 사회복지의 증진을 도모하려는 것에 있었다. 주요내용은 다음과 같다.

〈표 9-1〉 제정 당시 「사회복지사업법」의 목적

① 사회복지사업은 「생활보호법」 「아동복리법」 「윤락행위등방지법」 등에 의한 보호사업 · 복지사업 · 선도사업 · 복지시설의 운영 등을 목적으로 하는 사업으로 함. ② 사회복지사업을 목적으로 하는 사회복지법인을 설립하고자 하는 자는 보건사회부장관의 인가를 받도록 함. ③ 사회복지시설의 설치 · 운영은 국가 · 지방자치단체 및 시 · 도지사의 허가를 받은 사회복지법인 또는 보건사회부장관의 허가를 받은 기타의 법인에 한함. ④ 보건사회부장관은 공동모금의 목적 달성을 위하여 법인인 모금회의 설립을 허가할 수 있도록 함.

「사회복지사업법」은 그 이후 2017년 12월까지 42차례에 걸쳐 개정되었다.[1] 이 가운데 「사회보장급여의 이용 · 제공 및 수급권자 발굴에 관한 법률」이 2014년 새로 신설에 따라 「사회복지사업법」의 내용 가운데 지역사회복지계획 등이 신설된 법률로 이관, 조정된 점은 이 법의 변천과정에서 주목할 만한 점이다.

1) 2017년 10월 31일자 개정된 법률 제15022호(타법개정에 의함)에 의한 「사회복지사업법」이 2018년 3월 기준, 현행법령인데, 법 개정사항은 2018년 11월 1일부터 적용된다.

〈표 9-2〉 개정시기별 주요 변경 내용2)

주요 개정	내용
법률 제5358호, 1997. 8. 22., 전부개정 (시행 1998. 7. 1.)	① 사회복지사업의 범위에 사회복지 자원봉사활동 및 정신보건법 등 사회복지관련 법률에 의한 사업을 포함함. ② 누구든지 사회복지시설의 설치 · 운영을 방해할 수 없도록 하고, 복지업무에 종사하는 사람은 보호를 받아야 할 사람을 위하여 차별 없이 최대한 봉사하도록 함. ③ 보건복지부와 특별시 · 광역시 · 도 및 시 · 군 · 구에 사회복지위원회를 두도록 규정하고 있으나, 사회보장기본법상 사회보장심의위원회와 기능이 중복되어 보건복지부에 두는 사회복지위원회는 폐지함. ④ 사회복지 자원봉사활동을 지원 · 육성하기 위한 법적 근거를 신설함. ⑤ 사회복지사 자격은 1 · 2 · 3등급으로 법에 규정하고, 사회복지사의 전문성을 제고시키기 위하여 사회복지사 1급은 국가시험에 합격한 자로 하며, 국가시험의 관리에 필요한 사항을 신설함. ⑥ 임원의 결격사유에 미성년자를 추가하고, 사회복지법인의 이사는 시설장 이외의 종사자 겸직을 금지하며, 감사는 업무상 공정한 검사를 위하여 이사 · 시설장 또는 직원의 겸직을 금지하도록 하고, 임원 취소사유를 명확히 하며, 기본재산처분 등에 관한 사항을 보강함. ⑦ 사회복지사업의 활성화를 위하여 현행 사회복지시설의 설치 · 운영의 허가제를 신고제로 전환하는 한편, 개인에게도 사회복지시설을 설치 · 운영할 수 있도록 하고, 보건복지부령이 정하는 시설은 사회복지법인 또는 비영리법인에 한하여 설치 · 운영하도록 함. ⑧ 사회복지시설에 대한 평가제도를 도입하고 그 결과를 동 시설의 감독 또는 지원에 반영할 수 있도록 함.

2) 관련 개정문 국회법률시스템(http://likms.assembly.go.kr) 참고, 재구성.

법률 제11239호, 2012. 1. 26., 일부개정 (시행 2012. 8. 5.)	가. 사회복지사업에 있어 인권보호 강화(안 제1조, 제4조, 제5조, 제10조 및 제13조 등, 제1조의2 신설) 이 법의 목적, 기본이념, 국가와 지방자치단체의 책임, 복지업무 수행 원칙, 사회복지사업 종사자 지도 · 훈련 및 사회복지사에 대한 교육 등에 있어서 인권보호에 관한 사항을 명시함. 나. 사회복지법인 임원의 자격 요건 강화 등(안 제18조) 법인의 이사 정수를 최소 5명에서 7명으로 증원하고, 법인 이사 정수의 3분의 1 이상을 사회복지위원회 및 지역사회복지협의체에서 추천한 사람 중에서 선임하도록 하며, 감사 중 1명은 법률 또는 회계에 관한 지식이 있는 사람 중에서 선임하여야 하고, 대통령령으로 정하는 법인의 경우에는 시 · 도지사의 추천을 받아 「주식회사의 외부감사에 관한 법률」에 따른 감사인을 선임하도록 함. 다. 사회복지법인 · 시설 임직원 결격사유 확대 및 직무집행 정지사유 신설 1) 중대한 성폭력 범죄를 저지른 사람은 임원, 시설의 장 및 종사자가 될 수 없도록 함(안 제7조 제3항 제8호, 제35조 제2항 제1호 및 제35조의2 제2항 제1호 · 제2호 신설). 2) 사회복지 분야의 6급 이상 공무원으로 재직하다 퇴직한 지 2년이 경과하지 아니한 사람은 퇴직 전 3년 동안 소속하였던 기초자치단체가 관할하는 법인의 임원, 시설의 장이 될 수 없도록 함(안 제19조 제1항 제3호 및 제35조 제2항 제3호 신설). 3) 사회복지법인의 임원이 인권침해 등 현저한 불법행위를 한 경우 시 · 도지사가 해임명령을 할 수 있게 함(안 제22조). 4) 임원이 불법행위 등에 대하여 조사나 감사 중에 있는 경우에는 시 · 도지사가 해당 임원의 직무를 직권으로 정지시킬 수 있도록 하고, 직무정지 사유가 종료되면 즉시 직무정지명령을 해제하도록 함(안 제22조의2 신설).

라. 사회복지법인 및 시설 관리감독 강화
  1) 법인이 운영하는 시설에서 반복적 또는 집단적 성폭력 범죄가 발생한 때에는 법인설립 허가를 취소할 수 있도록 함(안 제26조 제1항 제6호 신설).
  2) 폐쇄명령을 받고 3년이 지나지 아니한 자는 시설의 설치·운영신고를 할 수 없도록 함(안 제34조 제2항).
  3) 시설에서 성폭력 범죄가 발생하거나 1년 이상 시설이 휴지상태에 있어 시장·군수·구청장이 재개를 권고하였음에도 불구하고 재개하지 않을 경우에는 시설폐쇄 명령을 할 수 있도록 함(안 제40조 제1항 제9호 및 제10호 신설).
  4) 국가와 지방자치단체가 법인 또는 시설에 대한 지도·감독 후 행정처분을 한 경우, 처분과 관련된 정보를 공표할 수 있게 함(안 제51조 제5항 신설).

마. 사회복지법인 및 시설의 운영 개선
  1) 이사회 회의록 작성을 의무화하고 회의록을 공개하도록 함(안 제25조 신설).
  2) 보건복지부령으로 정하는 경우에는 복수의 시설에 공동으로 운영위원회를 둘 수 있도록 함(안 제36조 제1항).
  3) 사회복지시설의 장은 시설의 회계 및 예산·결산에 관한 사항 등을 운영위원회에 보고하도록 함(안 제36조 제3항 신설).
  4) 시설 운영자가 시설운영을 중단하거나 시설을 폐지, 재개하는 경우 조치하여야 하는 사항을 구체화함(안 제38조 제3항, 안 제38조 제4항 및 제5항 신설).

바. 시설 운영자가 화재로 인한 손해배상책임을 이행하기 위하여 가입하여야 하는 보험에 「사회복지사 등의 처우 및 지위 향상을 위한 법률」에 따른 사회복지공제회의 책임공제를 추가함(안 제34조의3).

사. 사회복지시설 서비스 품질 향상 강화(안 제43조 신설, 안 제43조의2)

	보건복지부장관은 사회복지시설 서비스 최저기준을 마련하고, 시설운영자는 최저기준 이상으로 서비스 수준을 유지하도록 하며, 보건복지부장관과 시·도지사는 시설을 정기적으로 평가하고, 그 결과를 공표할 수 있게 함.
법률 제13996호, 2016. 2. 3., 일부개정 (시행 2016. 8. 4.)	가. 사회복지사업의 정의에 「청소년복지 지원법」을 추가하도록 하여 청소년쉼터에서 근무하는 종사자의 처우를 개선하되, 청소년쉼터 등이 사회복지시설 기준에 충족할 수 있도록 해당 개정규정을 시행시기를 공포 후 1년이 경과한 후로 함(제2조 제1호 퍼목 신설, 부칙). 나. 사회복지사 자격의 정지 및 취소요건에 대한 법적근거를 마련함으로써 자격제도의 공공성과 투명성을 제고함(제11조의3 신설). 다. 이 법에 따른 사회복지사가 아니면 사회복지사 또는 이와 유사한 명칭을 사용하지 못하도록 하고, 위반시 과태료 규정을 마련함(제11조의4 신설 및 제58조 제1항). 라. 사회복지법인 및 사회복지시설을 설치·운영하려는 자가 사회복지사를 임면할 경우 이를 시·도지사 또는 시장·군수·구청장에게 보고하도록 함(제13조 제1항). 마. 개인 또는 법인에 속한 임원이 미성년자, 파산선고를 받고 복권되지 아니한 사람 등 결격사유가 있는 경우 사회복지시설의 설치·운영신고를 할 수 없도록 함으로써 사회복지시설을 투명하게 운영하도록 함(제34조 제2항). 바. 국가나 지방자치단체가 사회복지사업을 하는 자에게 운영비를 보조할 수 있도록 법적 근거를 마련함으로써 사회복지사업이 안정적으로 실시되도록 함(제42조 제1항). 사. 보조금의 부정수급 또는 목적 외 사용에 대하여 환수명령을 의무화하도록 명시적으로 규정하여 보조금 처리 업무의 효율성과 투명성을 제고함으로써 사회복지법인 및 사회복지시설의 보조금 부정 등에 대한 제재조치의 실효성과 재무회계의 투명성을 확보함(제42조 제3항 및 제4항).

	아. 사회복지사의 자격을 취소할 때 청문을 실시하도록 명시함 (제49조 제1호).
법률 제14884호 2017. 9. 19. 일부개정 (시행 2017. 12. 20.)	현행법은 사회복지 분야에서의 민관유착을 방지하기 위하여 사회복지 분야의 6급 이상 공무원으로 재직하다 퇴직한 지 2년이 경과하지 아니한 사람은 퇴직 전 3년 동안 소속하였던 기초자치단체가 관할하는 사회복지법인의 임원이나 시설의 장이 될 수 없도록 제한하고 있음. 그러나 여전히 민간 사회복지시설에서 공무원 출신을 영입하는 경우 정부로부터 쉽게 사업을 위탁받고 관리 · 감독 또한 느슨해지는 등 민관유착의 문제가 해소되지 못하고 있어, 현행 규정을 보다 강화할 필요가 있음. 이에 「공직자윤리법」과 동일하게 사회복지법인의 임원이나 시설 장으로의 취임이 제한되는 기간을 퇴직 후 2년에서 3년으로 연장하고, 제한되는 지역 또한 퇴직 전 3년 동안 소속하였던 기초자치단체에서 5년 동안 소속하였던 기초자치단체로 확대함으로써, 민관유착 방지의 실효성을 확보하고 사회복지서비스 공급체계 관리의 투명성을 제고하려는 것임(제19조 제1항 제3호 및 제35조 제2항 제3호 개정).
[법률 제14923호, 2017. 10. 24., 일부개정] [시행 2018. 4. 25.]	자격 소지자에 대한 수요와 공급 모두 미미한 3급 사회복지사 자격을 계속 유지하는 것이 불필요하며, 사회복지법인이 선임하는 외부이사의 선택폭을 넓히고 사전 검증을 강화하는 것이 동 제도의 도입 목적에 부합함. 사회복지법인과 사회복지시설의 공공성을 강화하기 위하여 사회복지법인 임원 및 사회복지시설의 장의 결격사유를 추가할 필요가 있으며, 사회복지법인의 유상양도를 금지하기 위하여 현행법에 처벌 규정을 신설해야 함. 그리고 「사회보장급여의 이용 · 제공 및 수급권자 발굴에 관한 법률」과 중복되는 조항을 정비할 필요가 있음. – 주요내용 가. 3급 사회복지사 자격을 폐지함(안 제11조 제2항).

	나. 사회복지법인 외부이사제도를 개선함(안 제18조 제2항 및 제8항). 다. 사회복지법인 임원 선임과 관련된 금품 수수 등을 금지 · 처벌함(안 제18조의2 및 제54조 제1호의2 신설). 라. 사회복지법인 임원 및 사회복지시설의 장의 결격사유를 추가함(안 제19조 제1항 제2호의2부터 제2호의4까지 신설 및 안 제35조 제2항 제1호). 마. 「사회보장급여의 이용 · 제공 및 수급권자 발굴에 관한 법률」과 중복되는 조항을 삭제 · 정비함(제6조의3부터 제8조까지, 제14조, 제15조, 제2장의2 삭제).

2 목적 및 범위

「사회복지사업법」(이하 '법'이라고 한다) 제1조는 "이 법은 사회복지사업에 관한 기본적 사항을 규정하여 사회복지를 필요로 하는 사람에 대하여 인간의 존엄성과 인간다운 생활을 할 권리를 보장하고 사회복지의 전문성을 높이며, 사회복지사업의 공정 · 투명 · 적정을 도모하고, 지역사회복지의 체계를 구축하고 사회복지서비스의 질을 높여 사회복지의 증진에 이바지함을 목적으로 한다."라고 하면서 이 법이 사회복지사업 분야 법률에 대해 일반법적 지위에 있다는 점과 함께 사회복지사업의 시행 방향과 목적을 제시하고 있다.

다른 법률과의 관계를 규정하고 있는 제3조에서도 "① 사회복지사업의 내용 및 절차 등에 관하여 제2조 제1호 각 목의 법률에 특별한 규정이 있는 경우를 제외하고는 이 법에서 정하는 바에 따른다."라고 한 번 더 강조하고 있는데, 이런 점에서 볼 때 이 법은 사회복지사업 영역에서의 기본법이자 일반법적 지위를 가진다고 볼 수 있다.

이 법은 사회복지사업에 대한 기본 이념을 법 제1조의2를 통해 다음과 같이 제시하였다.

① 사회복지를 필요로 하는 사람은 누구든지 자신의 의사에 따라 서비스를 신청하고 제공받을 수 있다.
② 사회복지법인 및 사회복지시설은 공공성을 가지며 사회복지사업을 시행하는 데 있어서 공공성을 확보하여야 한다.
③ 사회복지사업을 시행하는 데 있어서 사회복지를 제공하는 자는 사회복지를 필요로 하는 사람의 인권을 보장하여야 한다.
④ 사회복지서비스를 제공하는 자는 필요한 정보를 제공하는 등 사회복지서비스를 이용하는 사람의 선택권을 보장하여야 한다.

기본 이념은 사회복지사업이 지향해야 할 방향과도 같은데, 법에서는 서비스 자기결정권, 사회복지사업의 공공성 확보, 인권보장, 자기선택권 보장을 적시했다. 특히 제4항의 경우 2017년 10월자로 신설된 조항으로, 급여제공자의 정보제공의무와 함께 이용자의 선택권 보장을 명시했다는 것은, 수급권자의 권리성 향상을 위해 진일보한 조치로 보인다.

사회복지사업에 대해 법 제2조에서는 "각 목의 법률에 따른 보호 · 선도(善導) 또는 복지에 관한 사업과 사회복지상담, 직업지원, 무료 숙박, 지역사회복지, 의료복지, 재가복지(在家福祉), 사회복지관 운영, 정신질환자 및 한센병력자의 사회복귀에 관한 사업 등 각종 복지사업과 이와 관련된 자원봉사활동 및 복지시설의 운영 또는 지원을 목적으로 하는 사업"이라고 정의하고 있다.

법 제2조가 취하는 조문형식은 사회복지사업의 변화양상을 부합하는 데 한계가 있다. 사회복지사업에 해당하는 개별법을 나열하도록 한 나머지, 사회복지 분야 개별법이 새로 만들어질 때마다 이 법의 취지에 부합하는 사회복지사업이 포함되는지 검토하여야 한다. 이에 따라 필요한 경우 법

을 개정하여 해당 '목'에 추가해야 하는 만큼, 욕구대응성이 떨어질 수밖에 없는 것은 비효율적이다.3)

3 책임성과 사회복지사업의 원칙

1) 복지와 인권증진

여러 번 강조한 것처럼, 사회복지사업은 국민의 인간다운 삶의 보장과 연결된다. 법 제4조는 복지와 인권증진의 책임을 국가와 지방자치단체에 부여하고 있는바, 사회안전망의 일환으로서 사회복지사업의 기능을 충실하게 이행하는 데 필요한 기초가 마련된 것으로 보인다. 법이념으로 규정된 인권보장의 가치가 법 제4조에서 두드러지게 강조된 것 역시 이념의 구체화라는 면에서 의미가 있다. 법 제4조를 통해 국가와 지방자치단체에게 부여된 책임은 다음과 같다.

① 국가와 지방자치단체는 사회복지서비스를 증진하고, 서비스를

---

3) 2017년 12월 현재, 법 제2조의 '각 목'에 해당하는 법률은 다음과 같다.
「국민기초생활 보장법」「아동복지법」「노인복지법」「장애인복지법」「한부모가족지원법」「영유아보육법」「성매매방지 및 피해자보호 등에 관한 법률」「정신보건법」「성폭력방지 및 피해자보호 등에 관한 법률」「입양특례법」「일제하 일본군위안부 피해자에 대한 생활안정지원 및 기념사업 등에 관한 법률」「사회복지공동모금회법」「장애인·노인·임산부 등의 편의증진 보장에 관한 법률」「가정폭력방지 및 피해자보호 등에 관한 법률」「농어촌주민의 보건복지증진을 위한 특별법」「식품기부 활성화에 관한 법률」「의료급여법」「기초노령연금법」「긴급복지지원법」「다문화가족지원법」「장애인연금법」「장애인활동 지원에 관한 법률」「노숙인 등의 복지 및 자립지원에 관한 법률」「보호관찰 등에 관한 법률」「장애아동 복지지원법」「발달장애인 권리보장 및 지원에 관한 법률」「청소년복지 지원법」

이용하는 사람에 대하여 인권침해를 예방하고 차별을 금지하며 인권을 옹호할 책임을 진다.

② 국가와 지방자치단체는 사회복지서비스와 보건의료서비스를 함께 필요로 하는 사람에게 이들 서비스가 연계되어 제공되도록 노력하여야 한다.

③ 국가와 지방자치단체, 그 밖에 사회복지사업을 하는 자는 사회복지를 필요로 하는 사람에 대하여 그 사업과 관련한 상담, 작업치료(作業治療), 직업훈련 등을 실시하고 필요한 경우에는 주민의 복지욕구를 조사할 수 있다.

④ 국가와 지방자치단체는 도움을 필요로 하는 국민이 본인의 선호와 필요에 따라 적절한 사회복지서비스를 제공받을 수 있도록 사회복지서비스 수요자 등을 고려하여 사회복지시설이 균형 있게 설치되도록 노력하여야 한다.

⑤ 국가와 지방자치단체는 민간부문의 사회복지 증진활동이 활성화되고 국가 및 지방자치단체의 사회복지사업과 민간부문의 사회복지 증진활동이 원활하게 연계될 수 있도록 노력하여야 한다.

⑥ 국가와 지방자치단체는 사회복지를 필요로 하는 사람의 인권이 충분히 존중되는 방식으로 사회복지서비스를 제공하고 사회복지와 관련된 인권교육을 강화하여야 한다.

⑦ 국가와 지방자치단체는 사회복지서비스를 이용하는 사람이 긴급한 인권침해 상황에 놓인 경우 신속히 대응할 체계를 갖추어야 한다.

⑧ 국가와 지방자치단체는 시설 거주자 또는 보호자의 희망을 반영하여 지역사회보호체계에서 서비스가 제공될 수 있도록 노력하여야 한다.

⑨ 국가와 지방자치단체는 사회복지서비스를 필요로 하는 사람들에게 사회복지서비스의 실시에 대한 정보를 제공하여야 한다(이상법 제4조).

2) 사회복지시설 설치의 책임

사회복지시설 설치에 대한 책임의 경우, 법 제34조 제1항에서 "국가나 지방자치단체는 사회복지시설(이하 '시설'이라 한다.)을 설치 · 운영할 수 있다."라고 규정했으므로 정부의 의무를 담고 있지만, 임의규정 형식을 빌고 있으므로, 강력한 책무가 부여된 것으로 해석하는 데는 다소 무리가 있다.

이미 강조한 것처럼, 이 법은 사회복지사업 내지 사회서비스에 대한 일반법이자 헌법에서 보장된 국민의 생존권적 기본권을 구체적으로 실현하게 만드는 하위법으로서 그 목적과 기능이 있다. 그럼에도 불구하고 현행법은 사회복지사업의 공급과 운영부문이 강조되어 있을 뿐 권리주체인 이용자의 권리에 대해서는 명백한 규정이 없다. 권리성이 소홀하다라는 것은 단순한 입법 흠결에서 그치는 것이 아니라 궁극적인 생존권적 기본권 보장의 미비로 연결될 수 있는 만큼 보완이 요구되는 지점이다.

3) 사회복지사업의 원칙

(1) 인권존중 및 최대 봉사의 원칙

이 법에 따라 복지업무에 종사하는 사람은 그 업무를 수행할 때에 사회복지를 필요로 하는 사람을 위하여 인권을 존중하고 차별 없이 최대로 봉사하여야 한다(법 제5조 제1항).

국가와 지방자치단체는 복지업무에 종사하는 사람이 그 업무를 수행할 때에 사회복지를 필요로 하는 사람의 인권을 침해하는 행위를 한 경우에는 제2조 제1호 각 목의 법률이 정하는 바에 따라 처분하고 그 사실을 공표하는 등의 조치를 하여야 한다(법 제5조 제3항).

(2) 사회복지서비스 제공의 원칙

이 법에서는 사회복지서비스의 제공 유형에 대해 정하고 있다. 먼저 사회복지서비스를 필요로 하는 사람(이하 '보호대상자'라 한다.)에 대한 사회복지서비스 제공(이하 '서비스 제공'이라 한다.)은 현물(現物)로 제공하는 것을 원칙으로 한다(법 제5조의2 제1항). 그런데 예외적으로 시장(「제주특별자치도 설치 및 국제자유도시 조성을 위한 특별법」 제11조 제2항에 따른 행정시장을 포함한다. 이하 같다.) · 군수 · 구청장(자치구의 구청장을 말한다. 이하 같다.)은 국가 또는 지방자치단체 외의 자로 하여금 제1항의 서비스 제공을 실시하게 하는 경우에는 보호대상자에게 사회복지서비스 이용권(이하 '이용권'이라 한다.)을 지급하여 국가 또는 지방자치단체 외의 자로부터 그 이용권으로 서비스 제공을 받게 할 수 있다(법 제5조의2 제2항).

이론상 사회복지서비스의 제공방식은 현금, 현물, 이용권, 기회 등의 형태로 다양하지만, 이론과 달리 법규에서는 서비스에 대한 제공유형 등에 대한 일반원칙이 제시되어야 한다. 이 법은 사회복지서비스의 현물급여를 원칙으로 두고 있음을 알 수 있다. 다만 사회복지서비스가 민간에 의해 실시되는 경우에 한정하여 이용권을 허용하고 있다.

국가와 지방자치단체는 사회복지서비스의 품질향상과 원활한 제공을 위하여 필요한 시책을 마련하여야 한다(법 제5조의2 제3항). 국가와 지방자치단체는 사회복지서비스의 품질을 관리하기 위하여 사회복지서비스를 제공하는 기관 · 법인 · 시설 · 단체의 서비스 환경, 서비스 제공 인력의 전문성 등을 평가할 수 있다(법 제5조의2 제4항). 이때 보건복지부장관은 제4항에 따른 평가를 위하여 평가기관을 설치 · 운영하거나, 평가의 전부 또는 일부를 관계 기관 또는 단체에 위탁할 수 있다(법 제5조의2 제5항). 보건복지부장관은 제5항에 따라 평가를 위탁한 기관 또는 단체에 대하여 그 운영에 필요한 비용을 지원할 수 있다(법 제5조의2 제6항). 이 규정을 근거로 사회복지시설에 대한 정기 평가가 이루어진다.

〈표 9-3〉 사회복지시설평가 현황

<table>
<tr><th colspan="6">기수별 평가 추진 현황</th></tr>
<tr><th colspan="3">구분</th><th rowspan="2">평가대상시설(개소수)</th><th rowspan="2">계</th><th rowspan="2">시행 기관</th></tr>
<tr><th colspan="2">기수별 지표 개발 방향</th><th>연도</th></tr>
<tr><td colspan="4">계</td><td>11,640</td><td></td></tr>
<tr><td rowspan="3">1기</td><td rowspan="3">개별시설 평가지표 개발</td><td>'99</td><td>장애인복지관(36), 정신요양시설(59)</td><td>95</td><td rowspan="5">보건 사회 연구원</td></tr>
<tr><td>'00</td><td>아동복지시설(28), 노인요양시설(60), 여성생활시설(61), 정신지체생활시설(52), 노숙인(부랑인)시설(33), 사회복지관(285)</td><td>519</td></tr>
<tr><td>'01</td><td>노인양로시설(79), 아동복지시설(243), 장애인복지시설(130)</td><td>452</td></tr>
<tr><td rowspan="3">2기</td><td rowspan="3">1기 평가 시 개발 못한 일부 평가지표 추가개발</td><td>'02</td><td>정신요양시설(55), 노숙인(부랑인)시설(33), 장애인복지관(56)</td><td>144</td></tr>
<tr><td>'03</td><td>노인복지시설(261), 모자복지시설(56), 사회복지관(334)</td><td>651</td></tr>
<tr><td>'04</td><td>아동복지시설(261), 장애인생활시설(199)</td><td>460</td><td rowspan="4">한국 사회 복지 협의회</td></tr>
<tr><td rowspan="3">3기</td><td rowspan="3">사회복지현장을 반영한 평가지표 완성도 제고 및 영역별 지표 확대 개발</td><td>'05</td><td>정신요양시설(55), 사회복귀시설(74), 노숙인(부랑인)복지시설(37), 장애인복지관(83)</td><td>249</td></tr>
<tr><td>'06</td><td>사회복지관(351), 노인생활시설(224), 노인복지회관(74), 모·부자복지시설(75)</td><td>724</td></tr>
<tr><td>'07</td><td>아동복지시설(260), 장애인생활시설(231)</td><td>491</td></tr>
</table>

4기	이용자 생활인의 인권지표 강화 및 사회복지시설 서비스 최소 기준안 반영	'08	정신요양시설(55), 사회복귀시설(113), 노숙인(부랑인)복지시설, 장애인복지관(119)	323	
		'09	사회복지관(295), 노인생활시설(62), 노인복지회관(139), 모·부자복지시설(80)	576	
		'10	아동복지시설(266), 장애인생활시설(292), 공동생활가정(330)	888	
5기	전체 공통지표, 생활시설 공통지표, 이용시설 공통지표 구분 개발	'11	정신요양시설(59), 사회복귀시설(163), 노숙인(부랑인)복지시설, 장애인복지관(152)	411	
		'12	노인복지관(190), 양로시설(63), 사회복지관(412), 한부모가족복지시설(100)	765	
		'13	아동복지시설(275), 장애인거주시설(372), 장애인직업재활시설(367)	1,014	
6기	평가지표 간소화, 현장의 평가부담 완화, 평가의 실효성 제고 중심으로 보완 및 개선	'14	정신요양시설(59), 사회복귀시설(220), 노숙인복지시설(37), 장애인복지관(182)	498	
		'15	노인복지관(248), 양로시설(66), 사회복지관(429), 한부모가족복지시설(96)	839	
		'16	아동복지시설(286), 장애인거주시설(447), 장애인단기거주시설(116), 장애인공동생활가정(571), 장애인직업재활시설(461)	1,881	
7기	공동지표 축소, 이용자 중심, 소규모 시설 평가지표 개발	'17	정신요양시설(59), 사회복귀기설(285), 노숙인복지시설(113), 장애인복지관(203)	660	사회보장보장원

		'18	노인복지관, 양로시설, 사회복지관, 한부모가족복지시설	–	
		'19	아동복지시설, 장애인거주시설, 장애인단기거주시설, 장애인공동생활가정, 장애인직업재활시설	–	

출처: 사회보장정보원 사회복지시설평가 사이트
(http://www.w4c.go.kr/favl/intro/evaluationState_new.do)

4 사회복지 자원봉사활동

국가와 지방자치단체는 사회복지 자원봉사활동을 지원 · 육성하기 위하여 다음 각 호의 사항을 실시하여야 한다(법 제9조 제1항).

1. 자원봉사활동의 홍보 및 교육
2. 자원봉사활동 프로그램의 개발 · 보급
3. 자원봉사활동 중의 재해에 대비한 시책의 개발
4. 그 밖에 자원봉사활동의 지원에 필요한 사항

국가와 지방자치단체는 제1항 각 호의 사항을 효율적으로 수행하기 위하여 사회복지법인이나 그 밖의 비영리법인 · 단체에 이를 위탁할 수 있다(법 제9조 제2항).[4)]

---

4) 이 법에서 규정하는 자원봉사활동은 사회복지 분야의 자원봉사활동이다. 자원봉사 전반에 대한 기본적인 사항은 2005년에 제정된 「자원봉사활동 기본법」에 따르는 점을 유의하여야 한다.

5 사회복지법인 및 사회복지시설

이 법은 사회복지법인과 사회복지시설에 대해 각각의 설립 및 운영기준을 구체적으로 밝혀 두고 있다.

1) 사회복지법인

(1) 설립과 운영

사회복지법인이란 사회복지사업을 할 목적으로 설립된 법인을 말한다. 사회복지법인을 설립하려는 자는 대통령령으로 정하는 바에 따라 시 · 도지사의 허가를 받아야 한다(법 제16조 제1항). 법인 설립은 시 · 도지사의 허가사항이지만, 시행령에 의해 법인 설립 예정지 관할 시 · 군 · 구청장의 검토의견도 포함되어야 한다.

> 동법 시행령 제8조(사회복지법인의 설립허가신청 등) ① 법 제16조에 따라 사회복지법인의 설립허가를 받으려는 자는 법인설립허가신청서에 보건복지부령으로 정하는 서류를 첨부하여 사회복지법인의 주된 사무소의 소재지를 관할하는 시장 · 군수 · 구청장을 거쳐 시 · 도지사에게 제출(전자문서에 의한 제출을 포함한다.)하여야 한다.
> ② 시장 · 군수 · 구청장은 제1항에 따라 법인설립허가신청서를 받은 때에는 자산에 관한 실지조사의 결과와 사회복지법인 설립의 필요성에 관한 검토의견을 첨부하여 시 · 도지사에게 송부(전자문서에 의한 송부를 포함한다.)하여야 한다.

절차에 따라 최종 허가를 받은 자는 법인의 주된 사무소의 소재지에서 설립등기를 하여야 한다(법 제16조 제2항).

법인 설립을 계획할 때 제출되어야 하는 신청서와 부속서류는 법 시행규칙 제7조에 의해 규정되어 있다. 사회복지사업이 국민 삶의 질과 생존권적 기본권에 밀접하게 관련되어 있는 만큼, 사업계획서를 비롯한 세부운영계획을 확인할 수 있는 서류를 사전제출하도록 명시하였다.

〈표 9-4〉 법인설립허가 신청 관련 사항

동법 시행규칙 제7조(법인의 설립허가 신청 등) ① 영 제8조 제1항에 따른 사회복지법인(이하 '법인'이라 한다.) 설립허가신청서는 별지 제7호 서식에 의한다. ② 제1항의 신청서에는 다음 각 호의 서류를 첨부하여야 한다. 이 경우 시 · 도지사는 「전자정부법」 제36조 제1항에 따른 행정정보의 공동이용을 통하여 건물등기부 등본 및 토지등기부 등본과 「부동산 가격공시 및 감정평가에 관한 법률」 제11조에 따른 개별공시지가 확인서(이하 '개별공시지가 확인서'라 한다.)를 확인하여야 한다. 1. 설립취지서 1부 2. 정관 1부 3. 재산출연증서 1부 4. 삭제 〈2008. 11. 5.〉 5. 재산의 소유를 증명할 수 있는 서류(시 · 도지사가 「전자정부법」 제36조 제1항에 따른 행정정보의 공동이용을 통하여 소유권에 대한 정보를 확인할 수 있는 경우에는 그 확인으로 첨부서류를 갈음한다. 이하 같다.) 각 1부 6. 재산의 평가조서(「부동산 가격공시 및 감정평가에 관한 법률」에 따른 감정평가업자의 감정평가서를 첨부하되, 개별공시지가 확인서로 첨부서류에 대한 정보를 확인할 수 있는 경우에는 그 확인으로 첨부서류를 갈음한다. 이하 같다.) 1부 7. 재산의 수익조서(수익용 기본재산을 갖춘 경우에 한하며, 공인된 감정평가기관의 수익증명 또는 수익을 증명할 수 있는 기관의 증빙서류를 첨부하여야 한다. 이하 같다.) 1부 8. 임원의 취임승낙서 및 이력서 각 1부

8의2. 법 제18조 제2항 각 호의 어느 하나에 해당하는 기관으로부터 받은 이사 추천서 1부
9. 임원 상호 간의 관계에 있어 법 제18조 제3항에 저촉되지 아니함을 입증하는 각서 1부
10. 설립 해당 연도 및 다음 연도의 사업계획서 및 예산서 각 1부
③ 시 · 도지사는 제1항에 따른 신청에 대하여 허가를 하는 때에는 별지 제8호서식의 사회복지법인설립허가증을 신청인에게 발급하여야 한다.
④ 시 · 도지사는 별지 제8호의2서식의 사회복지법인관리대장을 작성 · 관리하여야 한다.

사회복지법인의 책무성을 강조하는 취지는 사회복지법인 정관과 관련된 규정에서도 나타난다. 법 제17조는 법인 정관에 반드시 포함되어야 할 필수 사항을 정하고 있다. 아울러 정관 규정의 임의 변경을 막기 위해 법인 정관변경은 원칙적으로 시 · 도지사의 인가사항으로 제한하였다.

〈표 9-5〉 사회복지법인 정관 기재사항

제17조(정관) ① 법인의 정관에는 다음 각 호의 사항이 포함되어야 한다.
1. 목적
2. 명칭
3. 주된 사무소의 소재지
4. 사업의 종류
5. 자산 및 회계에 관한 사항
6. 임원의 임면(任免) 등에 관한 사항
7. 회의에 관한 사항
8. 수익(收益)을 목적으로 하는 사업이 있는 경우 그에 관한 사항
9. 정관의 변경에 관한 사항
10. 존립시기와 해산 사유를 정한 경우에는 그 시기와 사유 및 남은 재산의 처리방법

> 11. 공고 및 공고방법에 관한 사항
> ② 법인이 정관을 변경하려는 경우에는 시 · 도지사의 인가를 받아야 한다. 다만, 보건복지부령으로 정하는 경미한 사항의 경우에는 그러하지 아니하다.

사회복지법인은 사회복지사업에 필요한 재산을 소유하여야 한다. 특히 기본재산(목적사업용 기본재산 및 수익용 기본재산)은 정관에 등재되도록 규정하여 사업의 안정성을 담보하고 있다.

> 제23조(재산 등) ① 법인은 사회복지사업의 운영에 필요한 재산을 소유하여야 한다.
> ② 법인의 재산은 보건복지부령으로 정하는 바에 따라 기본재산과 보통재산으로 구분하며, 기본재산은 그 목록과 가액(價額)을 정관에 적어야 한다.
> ③ 법인은 기본재산에 관하여 다음 각 호의 어느 하나에 해당하는 경우에는 시 · 도지사의 허가를 받아야 한다. 다만, 보건복지부령으로 정하는 사항에 대하여는 그러하지 아니하다.
> 1. 매도 · 증여 · 교환 · 임대 · 담보제공 또는 용도변경을 하려는 경우
> 2. 보건복지부령으로 정하는 금액 이상을 1년 이상 장기차입(長期借入)하려는 경우
>
> ④ 제1항에 따른 재산과 그 회계에 관하여 필요한 사항은 보건복지부령으로 정한다.

이 법은 기본 재산의 변경 등에 대해 엄격한 관리를 전제로 하고 있는데, 앞에 제시된 조문에서와 같이 기본재산 변경은 원칙적으로 시 · 도지사의 허가사항이며, 법인이 임의로 변경조치할 수 없다. 단서 조항에서 예외로 정하는 경우는 "기본재산에 관한 임대계약을 갱신하는 경우"로만 국한되어 있다(동법 시행규칙 제14조 제2항). 법인이 매수 · 기부채납(寄附採納), 후원 등의 방법으로 재산을 취득하였을 때에는 지체 없이 이를 법인의 재산

으로 편입조치하여야 한다. 이 경우 법인은 그 취득 사유, 취득재산의 종류 · 수량 및 가액을 매년 시 · 도지사에게 보고하여야 한다(법 제24조).

사회복지법인의 수익사업은 원칙적으로 금지되고 있지만, 목적사업 경비를 충당하기 위한 목적에 의해, 법인 설립목적에 지장 없는 범위에서 가능하다는 점에서 예외가 있다. 이때 수익사업회계는 법인일반회계와 구분하여 계리해야 한다. 이 규정에 의해 '사회복지법인 지도감독 요강'에서는 수익사업의 기준을 다음과 같이 제시하고 있다.

> ① 수익사업규모가 과대하지 않을 것
> ② 사회복지법인의 신용을 손상한 우려가 있거나 투기적인 것이 아닐 것
> ③ 사회복지사업용 설비의 사용 또는 사회복지 종사원의 겸무로 인하여 고유의 업무에 지장을 주지 않을 것
> ④ 수익사업관련 차입금이 수익사업용 재산규모에 비해 너무 과대하지 않을 것 등의 사항이다.

사회복지법인의 설립허가 취소는 법 제26조에서 규정되어 있다. 특히 거짓 내지 부정한 방법으로 설립허가를 받은 경우와, 법인 설립 후 기본재산을 출연하지 않은 경우에 대해서는 반드시 설립허가를 취소하도록 했다는 점에서 엄격성을 볼 수 있다.

> 제26조(설립허가 취소 등) ① 시 · 도지사는 법인이 다음 각 호의 어느 하나에 해당할 때에는 기간을 정하여 시정명령을 하거나 설립허가를 취소할 수 있다. 다만, 제1호 또는 제7호에 해당할 때에는 설립허가를 취소하여야 한다. 〈개정 2012. 1. 26.〉
> 1. 거짓이나 그 밖의 부정한 방법으로 설립허가를 받았을 때
> 2. 설립허가 조건을 위반하였을 때

3. 목적 달성이 불가능하게 되었을 때
4. 목적사업 외의 사업을 하였을 때
5. 정당한 사유 없이 설립허가를 받은 날부터 6개월 이내에 목적사업을 시작하지 아니하거나 1년 이상 사업실적이 없을 때
6. 법인이 운영하는 시설에서 반복적 또는 집단적 성폭력범죄가 발생한 때
7. 법인 설립 후 기본재산을 출연하지 아니한 때
8. 제18조 제1항의 임원정수를 위반한 때
9. 제18조 제2항을 위반하여 이사를 선임한 때
10. 제22조에 따른 임원의 해임명령을 이행하지 아니한 때
11. 그 밖에 이 법 또는 이 법에 따른 명령이나 정관을 위반하였을 때

② 법인이 제1항 각 호(제1호 및 제7호는 제외한다.)의 어느 하나에 해당하여 설립허가를 취소하는 경우는 다른 방법으로 감독 목적을 달성할 수 없거나 시정을 명한 후 6개월 이내에 법인이 이를 이행하지 아니한 경우로 한정한다. 〈개정 2012. 1. 26.〉 [전문개정 2011. 8. 4.]

해산한 법인의 남은 재산은 정관으로 정하는 바에 따라 국가 또는 지방자치단체에 귀속된다(법 제27조 제1항). 국가 또는 지방자치단체에 귀속된 재산은 사회복지사업에 사용하거나 유사한 목적을 가진 법인에 무상으로 대여하거나 무상으로 사용 · 수익하게 할 수 있다. 다만, 해산한 법인의 이사 본인 및 그와 대통령령으로 정하는 특별한 관계에 있는 사람이 이사로 있는 법인에 대하여는 그러하지 아니하다(법 제27조 제2항).

사회복지법인의 합병절차에 대해 법 제30조는 다음과 같이 규정한다.

① 법인은 시 · 도지사의 허가를 받아 이 법에 따른 다른 법인과 합병할 수 있다. 다만, 주된 사무소가 서로 다른 특별시 · 광역시 · 특

별자치시 · 도 · 특별자치도(이하 '시 · 도'라 한다.)에 소재한 법인 간의 합병의 경우에는 보건복지부장관의 허가를 받아야 한다.
② 제1항에 따라 법인이 합병하는 경우 합병 후 존속하는 법인이나 합병으로 설립된 법인은 합병으로 소멸된 법인의 지위를 승계한다.

사회복지법인과 관련된 법적용에 있어서, 이 법에서 규정한 사항을 제외하고는 「민법」과 「공익법인의 설립 · 운영에 관한 법률」을 준용한다(법 제32조).

(2) 임원

사회복지법인은 대표이사를 비롯한 임원을 두어야 한다. 이에 대해 법 제18조는 다음과 같이 규정하고 있다.

① 법인은 대표이사를 포함한 이사 7명 이상과 감사 2명 이상을 두어야 한다.
② 법인은 제1항에 따른 이사 정수의 3분의 1(소수점 이하는 버린다.) 이상을 다음 각 호의 어느 하나에 해당하는 기관이 3배수로 추천한 사람 중에서 선임하여야 한다.
1. 「사회보장급여의 이용 · 제공 및 수급권자 발굴에 관한 법률」 제40조 제1항에 따른 시 · 도사회보장위원회
2. 「사회보장급여의 이용 · 제공 및 수급권자 발굴에 관한 법률」 제41조 제1항에 따른 지역사회보장협의체
③ 이사회의 구성에 있어서 대통령령으로 정하는 특별한 관계에 있는 사람이 이사 현원(現員)의 5분의 1을 초과할 수 없다.
④ 이사의 임기는 3년으로 하고 감사의 임기는 2년으로 하며, 각각 연임할 수 있다.

⑤ 외국인인 이사는 이사 현원의 2분의 1 미만이어야 한다.
⑥ 법인은 임원을 임면하는 경우에는 보건복지부령으로 정하는 바에 따라 지체 없이 시 · 도지사에게 보고하여야 한다.
⑦ 감사는 이사와 제3항에 따른 특별한 관계에 있는 사람이 아니어야 하며, 감사 중 1명은 법률 또는 회계에 관한 지식이 있는 사람 중에서 선임하여야 한다. 다만, 대통령령으로 정하는 일정 규모 이상의 법인은 시 · 도지사의 추천을 받아 「주식회사 등의 외부감사에 관한 법률」 제2조 제7호에 따른 감사인에 속한 사람을 감사로 선임하여야 한다.
⑧ 제2항 각 호의 기관은 제2항에 따라 이사를 추천하기 위하여 매년 다음 각 호의 어느 하나에 해당하는 사람으로 이사 후보군을 구성하여 공고하여야 한다. 다만, 사회복지법인의 대표자, 사회복지사업을 하는 비영리법인 또는 단체의 대표자, 「사회보장급여의 이용 · 제공 및 수급권자 발굴에 관한 법률」 제41조에 따른 지역사회보장협의체의 대표자는 제외한다.
1. 사회복지 또는 보건의료에 관한 학식과 경험이 풍부한 사람
2. 사회복지를 필요로 하는 사람의 이익 등을 대표하는 사람
3. 「비영리민간단체 지원법」 제2조에 따른 비영리민간단체에서 추천한 사람
4. 「사회복지공동모금회법」 제14조에 따른 사회복지공동모금지회에서 추천한 사람

법에 따르면 이사와 감사의 경우 연임할 수 있도록 규정되어 있는데, 연임 횟수에 대한 제한은 별도로 명시되어 있지 않다. 따라서 이른바 종신이사도 가능하며 자칫 법인 운영에 대한 견제 기능이 약화될 우려도 존재한다. 이사는 법인운영과 관련된 중요사항을 결정하는 주체라는 점에서 연임 횟수를 제한해야 할 필요가 있다.

한편, 위 3항에 명시된 "대통령령으로 정하는 특별한 관계에 있는 사람"은 다음과 같다(동법 시행령 제9조).

① 법 제18조 제3항에서 "대통령령으로 정하는 특별한 관계에 있는 사람"이란 다음 각 호의 사람을 말한다.
1. 출연자
2. 출연자 또는 이사와의 관계가 다음 각 목의 어느 하나에 해당하는 사람
 가. 6촌 이내의 혈족
 나. 4촌 이내의 인척
 다. 배우자(사실상 혼인관계에 있는 사람을 포함한다)
 라. 친생자(親生子)로서 다른 사람에게 친양자(親養子)로 입양된 사람 및 그 배우자와 직계비속
3. 출연자 또는 이사의 사용인 그 밖에 고용관계에 있는 자(출연자 또는 이사가 출자에 의하여 사실상 지배하고 있는 법인의 사용인 그 밖에 고용관계에 있는 자를 포함한다.)
4. 출연자 또는 이사의 금전 그 밖의 재산에 의하여 생계를 유지하는 자 및 그와 생계를 함께 하는 자
5. 출연자 또는 이사가 재산을 출연한 다른 법인의 이사

이는 과거 일부 사회복지법인에서 나타났던 가족세습 경영의 폐단, 법인의 사유재산화 등과 같은 현상을 예방하기 위한 조치다.

이사회 운영에 대해 살펴보면, 2012년 전까지 이사회 회의록 작성과 공개에 대해서는 이 법에 규정을 두지 않고 있었다. 그러나 앞서 설명한 것과 같이 법인 운영의 공정성, 투명성 등을 확보하기 위한 선결조치로서 이사회 회의록 공개 필요성이 제기되어, 2012년 1월 26일자로 해당 규정이 신설, 적용되고 있다. 이사회는 다음 각 호의 사항을 기재한 회의록을 작성하여야

한다. 다만, 이사회 개최 당일에 회의록 작성이 어려운 사정이 있는 경우에는 안건별로 심의·의결 결과를 기록한 회의조서를 작성한 후 회의록을 작성할 수 있다(법 제25조 제1항).

1. 개의, 회의 중지 및 산회 일시
2. 안건
3. 의사
4. 출석한 임원의 성명
5. 표결수
6. 그 밖에 대표이사가 작성할 필요가 있다고 인정하는 사항

회의록 및 회의조서에는 출석임원 전원이 날인하되 그 회의록 또는 회의조서가 2매 이상인 경우에는 간인(間印)하여야 한다(법 제25조 제2항). 제1항 단서에 따라 회의조서를 작성한 경우에는 조속한 시일 내에 회의록을 작성하여야 한다(법 제25조 제3항). 법인은 회의록을 공개하여야 한다. 다만, 대통령령으로 정하는 사항에 대하여는 이사회의 의결로 공개하지 아니할 수 있다(법 제25조 제4항). 제4항에 따라 공개되지 않을 수 있는 사항은 동법 시행령 제10조의4 제1항에 의해 「공공기관의 정보공개에 관한 법률」 제9조 제1항 제4호부터 제8호까지의 규정을 준용하도록 되어 있다.

사회복지법인 임원의 결격사유는 다음과 같다(법 제19조).

① 다음 각 호의 어느 하나에 해당하는 사람은 임원이 될 수 없다.
1. 미성년자
1의2. 피성년후견인 또는 피한정후견인
1의3. 파산선고를 받고 복권되지 아니한 사람
1의4. 법원의 판결에 따라 자격이 상실되거나 정지된 사람
1의5. 금고 이상의 실형을 선고받고 그 집행이 끝나거나(집행이 끝

난 것으로 보는 경우를 포함한다.) 집행이 면제된 날부터 3년이 지나지 아니한 사람

1의6. 금고 이상의 형의 집행유예를 선고받고 그 유예기간 중에 있는 사람

1의7. 제1호의5 및 제1호의6에도 불구하고 사회복지사업 또는 그 직무와 관련하여 「아동복지법」 제71조, 「보조금 관리에 관한 법률」 제40조부터 제42조까지 또는 「형법」 제28장 · 제40장(제360조는 제외한다.)의 죄를 범하거나 이 법을 위반하여 다음 각 목의 어느 하나에 해당하는 사람

가. 100만 원 이상의 벌금형을 선고받고 그 형이 확정된 후 5년이 지나지 아니한 사람

나. 형의 집행유예를 선고받고 그 형이 확정된 후 7년이 지나지 아니한 사람

다. 징역형을 선고받고 그 집행이 끝나거나(집행이 끝난 것으로 보는 경우를 포함한다.) 집행이 면제된 날부터 7년이 지나지 아니한 사람

1의8. 제1호의5부터 제1호의7까지의 규정에도 불구하고 「성폭력범죄의 처벌 등에 관한 특례법」 제2조의 성폭력범죄(「성폭력범죄의 처벌 등에 관한 특례법」 제2조 제1항 제1호는 제외한다.) 또는 「아동 · 청소년의 성보호에 관한 법률」 제2조 제2호의 아동 · 청소년대상 성범죄를 저지른 사람으로서 형 또는 치료감호를 선고받고 확정된 후 그 형 또는 치료감호의 전부 또는 일부의 집행이 끝나거나(집행이 끝난 것으로 보는 경우를 포함한다.) 집행이 유예 · 면제된 날부터 10년이 지나지 아니한 사람

2. 제22조에 따른 해임명령에 따라 해임된 날부터 5년이 지나지 아니한 사람

2의2. 제26조에 따라 설립허가가 취소된 사회복지법인의 임원이었던 사람(그 허가의 취소사유 발생에 관하여 직접적인 또는 이에

상응하는 책임이 있는 자로서 대통령령으로 정하는 사람으로 한정한다.)으로서 그 설립허가가 취소된 날부터 5년이 지나지 아니한 사람

2의3. 제40조에 따라 시설의 장에서 해임된 사람으로서 해임된 날부터 5년이 지나지 아니한 사람

2의4. 제40조에 따라 폐쇄명령을 받고 3년이 지나지 아니한 사람

3. 사회복지 분야의 6급 이상 공무원으로 재직하다 퇴직한 지 3년이 경과하지 아니한 사람 중에서 퇴직 전 5년 동안 소속하였던 기초자치단체가 관할하는 법인의 임원이 되고자 하는 사람

② 임원이 제1항 각 호의 어느 하나에 해당하게 되었을 때에는 그 자격을 상실한다.

사회복지법인의 임원 결격사유에 대해 이와 같이 자세하게 규정한 것은 법인 운영의 투명성과 공정성을 꾀하기 위해서다. 그동안 일부 사회복지법인이 운영하는 시설에서 발생했던 비리 내지 인권침해 등과 같은 문제로 인해 결격사유가 과거에 비해 강화되었다고도 볼 수 있다. 결격사유와 함께 임원에 대한 해임명령요건도 법률로 정하여, 이 법에 의한 제재기능을 발휘하도록 되어 있는바, 법 제22조에 의한 임원 해임요건은 다음과 같다.

① 시 · 도지사는 임원이 다음 각 호의 어느 하나에 해당할 때에는 법인에 그 임원의 해임을 명할 수 있다.

1. 시 · 도지사의 명령을 정당한 이유 없이 이행하지 아니하였을 때
2. 회계부정이나 인권침해 등 현저한 불법행위 또는 그 밖의 부당행위 등이 발견되었을 때
3. 법인의 업무에 관하여 시 · 도지사에게 보고할 사항에 대하여 고의로 보고를 지연하거나 거짓으로 보고를 하였을 때

4. 제18조 제2항 · 제3항 또는 제7항을 위반하여 선임된 사람
5. 제21조를 위반한 사람
6. 제22조의2에 따른 직무집행 정지명령을 이행하지 아니한 사람
7. 그 밖에 이 법 또는 이 법에 따른 명령을 위반하였을 때

② 제1항에 따른 해임명령은 시 · 도지사가 해당 법인에게 그 사유를 들어 시정을 요구한 날부터 15일이 경과하여도 이에 응하지 아니한 경우에 한한다. 다만, 시정을 요구하여도 시정할 수 없는 것이 명백하거나 회계부정, 횡령, 뇌물수수 등 비리의 정도가 중대한 경우에는 시정요구 없이 임원의 해임을 명할 수 있으며, 그 세부적 기준은 대통령령으로 정한다.

해임명령 사유가 발생한 자에 대해 법인이 일종의 주의조치에 해당하는 시정명령에 불응하였을 때, 해임명령이 이뤄짐을 원칙으로 한다. 다만 회계부정 등 악성 비리 상황에 대해서는 시정조치 없이 해임조치될 수 있도록 되어 있다.

그리고 이사 또는 감사 중에 결원이 생겼을 때에는 2개월 이내에 보충하여야 한다(법 제20조). 아울러 이사는 법인이 설치한 사회복지시설의 장을 제외한 그 시설의 직원을 겸할 수 없으며(법 제21조 제1항), 감사는 법인의 이사, 법인이 설치한 사회복지시설의 장 또는 그 직원을 겸할 수 없다(법 제21조 제2항).

2) 사회복지협의회

사회복지에 관한 다음 각 호의 업무를 수행하기 위하여 전국 단위의 한국사회복지협의회(이하 '중앙협의회'라 한다.)와 시 · 도 단위의 시 · 도사회복지협의회(이하 '시 · 도협의회'라 한다.)를 두며, 필요한 경우에는 시(「제주특별자치도 설치 및 국제자유도시 조성을 위한 특별법」 제10조 제2항에 따른 행정

시를 포함한다. 이하 같다.) · 군 · 구(자치구를 말한다. 이하 같다.) 단위의 시 · 군 · 구 사회복지협의회(이하 '시 · 군 · 구협의회'라 한다.)를 둘 수 있다(법 제33조 제1항).

1. 사회복지에 관한 조사 · 연구 및 정책 건의
2. 사회복지 관련 기관 · 단체 간의 연계 · 협력 · 조정
3. 사회복지 소외계층 발굴 및 민간사회복지자원과의 연계 · 협력
4. 대통령령으로 정하는 사회복지사업의 조성 등

중앙협의회, 시 · 도협의회 및 시 · 군 · 구협의회는 이 법에 따른 사회복지법인으로 하되, 제23조 제1항은 적용하지 아니한다(법 제33조 제2항). 중앙협의회의 설립 및 운영 등에 관한 허가, 인가, 보고 등에 관하여 제16조 제1항, 제17조 제2항, 제18조 제6항 · 제7항, 제22조, 제23조 제3항, 제24조, 제26조 제1항 및 제30조 제1항을 적용할 때에는 '시 · 도지사'는 '보건복지부장관'으로 본다(법 제33조 제3항).

3) 사회복지시설

사회복지시설은 사회복지사업의 운영주체라는 점에서 매우 중요하다. 현행법에 의하면 사회복지시설의 설치 권한은 원칙적으로 국가 및 지방자치단체에게 주어진다. 그 이외의 자의 경우 신고제로서 규정되었다. 다만, 국가 또는 지방자치단체가 설치한 시설은 필요한 경우 사회복지법인 또는 비영리법인에게 위탁하여 운영하게 할 수 있도록 함으로써 설치의 책임과 운영의 전문성이 구분될 수 있음을 알 수 있다(법 제34조).

사회복지시설의 수용인원은 300인을 초과할 수 없다. 단, 시행령에서 정한 예외시설은 제외된다(법 제41조).

※ 시행령에서 예외로 규정된 경우
「사회복지사업법 시행령」 제19조(수용인원 300명 초과시설) 법 제41조 단서에 따라 수용인원 300명을 초과할 수 있는 사회복지시설은 다음 각 호의 어느 하나에 해당하는 시설로 한다.
1. 「노인복지법」 제32조에 따른 노인주거복지시설 중 양로시설과 노인복지주택
2. 「노인복지법」 제34조에 따른 노인의료복지시설 중 노인요양시설

사회복지시설 운영의 투명, 합리성 등의 도모하기 위하여 사회복지시설 운영위원회의 기능이 대폭 강화되었다. 운영위원회는 시설운영계획의 수립·평가에 관한 사항, 사회복지 프로그램의 개발·평가에 관한 사항, 시설 종사자의 근무환경 개선에 관한 사항, 시설 거주자의 생활환경 개선 및 고충 처리 등에 관한 사항, 시설 종사자와 거주자의 인권보호 및 권익증진에 관한 사항, 시설과 지역사회의 협력에 관한 사항, 그 밖에 시설의 장이 운영위원회의 회의에 부치는 사항에 대해 심의하여야 하는바(법 제36조 제1항), 시설운영의 전문성과 투명성을 동시에 확보하는 데 주안점을 둔 것이다. 운영위원회의 위원요건은 다음과 같다.

1. 시설의 장
2. 시설 거주자 대표
3. 시설 거주자의 보호자 대표
4. 시설 종사자의 대표
5. 해당 시·군·구 소속의 사회복지업무를 담당하는 공무원
6. 후원자 대표 또는 지역주민
7. 공익단체에서 추천한 사람
8. 그 밖에 시설의 운영 또는 사회복지에 관하여 전문적인 지식과 경험이 풍부한 사람이다.

이 자격을 갖춘 사람에 대해 관할 시장 · 군수 · 구청장이 임명하거나 위촉한다(법 제36조 제2항). 한편, 시설의 장은 다음의 사항을 운영위원회에 보고하여야 한다(법 제36조 제3항).

① 시설의 회계 및 예산 · 결산에 관한 사항
② 후원금 조성 및 집행에 관한 사항
③ 그 밖에 시설운영과 관련된 사건 · 사고에 관한 사항

사회복지시설은 해당 시설에서 실시하는 서비스에 대한 최저기준을 갖추어야 하며, 3년 주기로 사회복지시설평가를 받게끔 규정되어 있다(법 제43조, 제43조의2).

사회복지시설에서 다음과 같은 상황이 발생할 경우, 보건복지부장관, 시 · 도지사 또는 시장 · 군수 · 구청장은 경중에 따라 개선, 정지, 폐쇄 등의 명령을 내려야 하는데(법 제40조), 해당 상황은 다음과 같다.

1. 시설이 설치기준에 미달하게 되었을 때
2. 사회복지법인 또는 비영리법인이 설치 · 운영하는 시설의 경우 그 사회복지법인 또는 비영리법인의 설립허가가 취소되었을 때
3. 설치 목적이 달성되었거나 그 밖의 사유로 계속하여 운영될 필요가 없다고 인정할 때
4. 회계부정이나 불법행위 또는 그 밖의 부당행위 등이 발견되었을 때
5. 제34조 제2항에 따른 신고를 하지 아니하고 시설을 설치 · 운영하였을 때
6. 제36조 제1항에 따른 운영위원회를 설치하지 아니하거나 운영하지 아니하였을 때
7. 정당한 이유 없이 제51조 제1항에 따른 보고 또는 자료 제출을 하지 아니하거나 거짓으로 하였을 때

8. 정당한 이유 없이 제51조 제1항에 따른 검사 · 질문을 거부 · 방해하거나 기피하였을 때
9. 시설에서 「성폭력범죄의 처벌 등에 관한 특례법」 제2조 제1항 제3호부터 제5호까지의 성폭력범죄 또는 「아동 · 청소년의 성보호에 관한 법률」 제2조 제3호의 아동 · 청소년대상 성폭력범죄가 발생한 때
10. 1년 이상 시설이 휴지상태에 있어 시장 · 군수 · 구청장이 재개를 권고하였음에도 불구하고 재개하지 아니한 때와 같은 경우다.

사회복지시설장은 상근의무가 있으며(법 제35조 제1항), 불법 및 전관예우 등을 근절하기 위한 조치로서 시설 장이 될 수 없는 요건은 다음과 같다(법 제35조 제2항).

1. 제19조 제1항 제1호, 제1호의2부터 제1호의8까지 및 제2호의2부터 제2호의4까지의 어느 하나에 해당하는 사람
2. 제22조에 따른 해임명령에 따라 해임된 날부터 5년이 지나지 아니한 사람
3. 사회복지 분야의 6급 이상 공무원으로 재직하다 퇴직한 지 3년이 경과하지 아니한 사람 중에서 퇴직 전 5년 동안 소속하였던 기초자치단체가 관할하는 시설의 장이 되고자 하는 사람

특히 법 제35조 제2항 제3호는 퇴직 공무원을 사회복지시설장으로 '낙하산 인사'하는 잘못된 관행을 바로잡기 위한 조치로서 최근 개정에서 반영된 조항이다.

사회복지법인과 사회복지시설을 설치 · 운영하는 자는 시설에 근무할 종사자를 채용할 수 있다(법 제35조의2 제1항). 그럼에도 불구하고 다음 사항에 해당되는 자는 사회복지법인 또는 사회복지시설의 종사자가 될 수 없

다(법 제35조의2 제2항).

1. 제19조 제1항 제1호의7 또는 제1호의8에 해당하는 사람
2. 제1호에도 불구하고 종사자로 재직하는 동안 시설이용자를 대상으로 「성폭력범죄의 처벌 등에 관한 특례법」 제2조에 따른 성폭력범죄 및 「아동·청소년의 성보호에 관한 법률」 제2조 제2호에 따른 아동·청소년대상 성범죄를 저질러 금고 이상의 형 또는 치료감호를 선고받고 그 형이 확정된 사람

6 재정지원: 보조금

국가나 지방자치단체는 사회복지사업을 하는 자 중 대통령령으로 정하는 자에게 필요한 비용의 전부 또는 일부를 보조할 수 있다(법 제42조 제1항). 이때 보조금을 '지급할 수 있다'고 규정된바, 이는 장려 또는 원조적인 의미를 띤다. 국가 및 지방자치단체 등의 책임주체가 그 책임분을 분담한다는 부담금의 성격을 가져야 하지만, 책임성이 강력하게 드러나지 않았다는 점에서 한계가 있다. 보조금은 그 목적 외의 용도에 사용할 수 없다(법 제42조 제2항).

국가나 지방자치단체는 보조금을 받은 자가 다음의 행위를 한 경우, 이미 지급한 보조금의 전부 또는 일부의 반환을 명할 수 있다. 이때, 다음 ①과 ②에 해당한다면 반드시 반환을 명하여야 한다(법 제42조 제3항).

① 거짓이나 그 밖의 부정한 방법으로 보조금을 받았을 때
② 사업 목적 외의 용도에 보조금을 사용하였을 때
③ 이 법 또는 이 법에 따른 명령을 위반하였을 때

〈표 9-6〉 반환사례

'3억대 보조금 반환 거부' 사회복지법인 행정소송서 패소 2017. 04. 11. 13:15 제주지법[연합뉴스TV 제공] (제주=연합뉴스) 박지호 기자=수억 원의 보조금을 가로채 운영자가 형사처벌까지 받은 사회복지법인이 보조금 반환명령을 거부하며 행정소송을 냈다 패소했다. 제주지법 행정부(김진영 부장판사)는 A 사회복지법인이 제주시를 상대로 낸 3억 원대 보조금 반환명령 처분 취소소송을 기각했다고 11일 밝혔다. 2009년 노인요양시설을 운영하기 위해 설립된 A 사회복지법인은 2014년 8월 26일 제주시가 추진하는 총사업비 32억 4천 626만 원(국비와 지방비 22억 7천 126만 원, 자부담 9억 7천 500만 원) 규모의 노인복지시설 국고보조사업의 보조사업자로 선정돼 제주시 한경면 조수리에 노인요양원을 설립기로 했다. A 사회복지법인의 이사이자 실질적 운영자였던 김 모(48) 씨는 법인이 자부담금을 조달할 경제적 능력이나 의사가 없었음도 보조금을 타내기 위해 2014년 8월 통장 위조업자에게 200만 원 가량을 주고 9억 7천 500만 원의 입금 내역이 찍힌 법인 명의 통장을 만들었다. 김 씨는 위조된 통장을 근거자료로 같은 해 9월 보조금사업 담당자인 제주시청 공무원에게 공사 선급금을 신청해 3억 4천 985만 원을 받았다. 그해 11월 A 사회복지법인 통장 위조 사실을 파악한 제주시가 김 씨에게 보조금 지출 증빙자료 제출을 요청하자 김 씨는 또다시 위조된 세금계산서 등을 증빙자료를 제출하며 대응했다. 제주지법은 보조금 관리에 관한 법률 위반 등 혐의로 구속기소 된 김 씨에게 2015년 10월 28일 징역 2년을 선고했다. 제주시는 2015년 11월 A 사회복지법인에 대한 보조금 교부 결정을 취소하고, 이미 지급한 선급금 3억 4천 985만 원의 반환을 명하는 행정처분을 내렸다. 이미 착공된 노인요양원은 공사가 중단됐다. A 사회복지법인은 보조금 교부를 신청한 김 씨가 대표가 아닌 이사에 불과해 보조금 신청 자체가 무효라며 선급금 반환을 명령한 제주시 처분을 재량권 일탈·남용이라고 주장했지만 법원은 이를 받아들이지 않았다. 재판부는 "김 씨가 사실상 법인을 대표해 사무를 집행하였다고 봄이 상당하다."라며 "선급금 교부신청이 법인의 행위임을 전제로 한 제주시의 처분은 적법하다."라고 기각 사유를 밝혔다.

출처: 연합뉴스(2017. 04. 11.). '3억대 보조금 반환 거부' 사회복지법인 행정소송서 패소.
http://news.naver.com/main/read.nhn?mode=LSD&mid=sec&sid1= 102&oid=001&aid=0009179330

7 비용과 후원금

사회복지사업에 대한 보조금이 지급된다고는 하지만, 실제 사업에 필요한 비용이 보조금만으로 충당되는 것은 아니다. 보조금의 의미에서 보아도 이를 사업비용 전부로 갈음할 수 있음을 뜻하는 것이 아니다. 대부분의 사회복지시설은 후원금 등을 통해 재원을 충당하고 있다.

이에 대해 법은 비용의 징수권한과 후원금에 대한 사항을 정하고 있다. 먼저 복지조치에 필요한 비용을 부담한 지방자치단체의 장이나 그 밖에 시설을 운영하는 자는 그 혜택을 받은 본인 또는 그 부양의무자로부터 대통령령으로 정하는 바에 따라 그가 부담한 비용의 전부 또는 일부를 징수할 수 있다(법 제44조).

사회복지법인의 대표이사와 시설의 장은 아무런 대가 없이 무상으로 받은 금품이나 그 밖의 자산(이하 후원금)의 수입 · 지출 내용을 공개하여야 하며 그 관리에 명확성이 확보되도록 하여야 한다(법 제45조 제1항). 일반적으로 해석되는 '후원금'의 의미와 범위가 제시되고, 관리의 투명성이 강조된 것을 알 수 있다.

8 인력

이 법에서는 사회복지사업을 수행할 수 있는 전문가의 요건을 구체적으로 적시하였다. 국가자격으로 '사회복지사'의 요건을 규정하고 있는데, 법 제11조에 의해 사회복지사 자격 기준 및 절차 등이 명시되어 있다. 보건복지부장관은 사회복지에 관한 전문지식과 기술을 가진 사람에게 사회복지사 자격증을 발급할 수 있다(법 제11조 제1항). 또한 사회복지사의 등급은

1급 · 2급으로 하고, 1급 자격증을 받으려는 사람은 국가시험에 합격하여야 한다(법 제11조 제2항).

〈표 9-7〉 사회복지사 등급별 자격기준

○ 사회복지사 2급 가. 「고등교육법」에 따른 대학원에서 사회복지학 또는 사회사업학을 전공하고 석사학위 또는 박사학위를 취득한 자. 다만, 대학에서 사회복지학 또는 사회사업학을 전공하지 아니하고 동 석사학위를 취득한 자는 보건복지부령이 정하는 사회복지학 전공교과목과 사회복지관련 교과목 중 사회복지현장실습을 포함한 필수과목 6과목 이상(대학에서 이수한 교과목을 포함하되, 대학원에서 4과목 이상을 이수하여야 한다.), 선택과목 2과목 이상을 각각 이수한 경우에 한하여 사회복지사 자격을 인정한다. 나. 「고등교육법」에 따른 대학에서 보건복지부령이 정하는 사회복지학 전공교과목과 사회복지관련 교과목을 이수하고 학사학위를 취득한 자 다. 법령에서 「고등교육법」에 따른 대학을 졸업한 자와 동등 이상의 학력이 있다고 인정하는 자로서 보건복지부령이 정하는 사회복지학 전공과목과 사회복지관련 교과목을 이수한 자 라. 「고등교육법」에 따른 전문대학에서 보건복지부령이 정하는 사회복지학 전공교과목과 사회복지관련 교과목을 이수하고 졸업한 자 마. 법령에서 「고등교육법」에 따른 전문대학을 졸업한 자와 동등 이상의 학력이 있다고 인정하는 자로서 보건복지부령이 정하는 사회복지학 전공교과목과 사회복지관련 교과목을 이수한 자 바. 「고등교육법」에 따른 대학을 졸업하거나 이와 동등 이상의 학력이 있는 자로서 보건복지부장관이 지정하는 교육훈련기관에서 12주 이상 사회복지사업에 관한 교육훈련을 이수한 자 사. 사회복지사 3급자격증소지자로서 3년 이상 사회복지사업의 실무경험이 있는 자

○ 사회복지사 1급
- 사회복지사 2급 자격 기준 교과목을 이수하고 졸업한 자에게 1급 응시자격이 부여됨(3개 영역, 8개 과목 출제)

〈참고〉 사회복지사 자격 관련 교과목

필수과목	사회복지개론, 인간행동과 사회환경, 사회복지정책론, 사회복지법제론, 사회복지실천론, 사회복지실천기술론, 사회복지조사론, 사회복지행정론, 지역사회복지론, 사회복지현장실습
선택과목	정신보건사회복지론, 가족복지론, 사회보장론, 노인복지론, 프로그램개발과 평가, 교정복지론, 사회복지지도감독론, 사회복지발달사, 산업복지론, 사회문제론, 장애인복지론, 사회복지윤리와 철학, 자원봉사론, 의료사회사업론, 아동복지론, 학교사회복지론, 청소년복지론, 정신건강, 여성복지론

출처: 사회복지사업법 시행령 별표 1.

2017년 10월 24일자 개정을 통해 과거 1, 2, 3급으로 구분되었던 사회복지사 자격은 3급이 폐지되어 1급 및 2급으로 구분되어 있다.

또한 제13조에서는 사회복지법인 및 사회복지시설을 설치 · 운영하는 자는 대통령령으로 정하는 바에 따라 사회복지사를 그 종사자로 채용하여야 할 것을 규정하여, 시설의 전문성을 확보할 수 있도록 했다. 단, 다음 시설의 경우, 사회복지사 채용의무 규정 적용 예외 대상이다.

〈표 9-8〉 사회복지사 의무채용 예외 시설(동법 시행령 제6조 제2항)

1. 「노인복지법」에 따른 노인여가복지시설(노인복지관은 제외한다.)
2. 「장애인복지법」에 따른 점자도서관과 점자도서 및 음성도서 출판시설
3. 「영유아보육법」에 따른 어린이집
4. 「성매매방지 및 피해자보호 등에 관한 법률」 제5조에 따른 성매매피해자등을 위한 지원시설 및 같은 법 제10조에 따른 성매매피해상담소
5. 「정신보건법」에 따른 정신질환자사회복귀시설 및 정신요양시설
6. 「성폭력방지 및 피해자보호 등에 관한 법률」에 따른 성폭력피해상담소

아울러 보건복지부장관은 사회복지사의 자질 향상을 위하여 필요하다고 인정하면 사회복지사에게 교육을 받도록 명할 수 있다. 다만, 사회복지법인 또는 사회복지시설에 종사하는 사회복지사는 정기적으로 인권에 관한 내용이 포함된 보수교육(補修教育)을 받아야 한다(법 제13조 제2항). 무엇보다 인권에 대한 보수교육이 강조되고 있다는 점이 특징이다.

9 재가복지

「사회보장급여의 이용 · 제공 및 수급권자 발굴에 관한 법률」이 제정됨에 따라, 기존 사회복지서비스와 관련된 조항은 이 법에서 대부분 삭제되었다. 그러나 재가복지서비스 및 가정봉사원 양성과 관련한 내용은 이 법에서 정하고 있다.

재가복지서비스와 관련하여 국가나 지방자치단체는 보호대상자가 다음 각 호의 어느 하나에 해당하는 재가복지서비스를 제공받도록 할 수 있다(법 제41조의2 제1항).

1. 가정봉사서비스: 가사 및 개인활동을 지원하거나 정서활동을 지원하는 서비스
2. 주간 · 단기 보호서비스: 주간 · 단기 보호시설에서 급식 및 치료 등 일상생활의 편의를 낮 동안 또는 단기간 동안 제공하거나 가족에 대한 교육 및 상담을 지원하는 서비스

시장 · 군수 · 구청장은 「사회보장급여의 이용 · 제공 및 수급권자 발굴에 관한 법률」 제15조에 따른 보호대상자별 서비스 제공계획에 따라 보호대상자에게 사회복지서비스를 제공하는 경우 시설 입소에 우선하여 제1항

각 호의 재가복지서비스를 제공하도록 하여야 한다(법 제41조의2 제2항).

아울러 가정봉사원 양성노력을 국가 및 지방자치단체에 부여한 것 역시 주의할 점인바, 법 제41조의4에 의해 국가나 지방자치단체는 재가복지서비스를 필요로 하는 가정 또는 시설에서 보호대상자가 일상생활을 하기 위하여 필요한 각종 편의를 제공하는 가정봉사원을 양성하도록 노력하여야 한다.

10 청문 및 형벌

보건복지부장관, 시 · 도지사 또는 시장 · 군수 · 구청장은, 1. 제11조의3에 따른 사회복지사의 자격취소, 2. 제26조에 따른 설립허가 취소, 3. 제40조에 따른 시설의 폐쇄에 해당하는 처분조치를 해야 할 때, 반드시 청문을 실시하여야 한다(법 제49조). 사회복지대상자의 권리구제가 개별 법률에서 규정되어 있는 것에 비교해 볼 때, 시설운영자에 대한 청문 등의 조치는 사회복지사업법에 의해 규정된 것을 알 수 있다.

반면에 벌금 등 벌칙에 대해서는 개인이 아닌, 사회복지법인 및 시설에 대해서만 규정되어 있는데(법 제53~58조) 징역, 벌금 및 과태료 처분으로 되어 있다. 대체로 시설운영과 관련된 처벌과 관련된 사항이 주를 이룬다. 또한 비밀누설금지원칙 위반에 대한 벌칙이 규정되어 있는 점이 특징이기도 하다.

〈표 9-9〉 사례: 사회복지시설 폐쇄사례(법 제40조 적용)

대표 허위경력 장애인시설 '폐쇄' 전주시 "보호센터 기준 미달……신고자체가 무효" 은수정 기자 / 전북일보 전주시가 2017년 12월 18일 A장애인주간보호센터에 대해 신고를 직권으로 취소했다. 전주시는 허위경력증명서 의혹이 제기된 센터 대표에 대해 지난 12일 청문을 열고 입장을 들을 계획이었지만 대표가 청문에 나오지 않아 17일까지 의견진술 기한을 뒀다. 센터 측은 전주시에 현재 대표가 병원에 입원 중이고, 관련 사안이 재판 중에 있어 청문절차를 이후로 미뤄달라고 의견서를 제출한 것으로 알려졌다. 그러나 전주시는 센터 신고 당시 제출한 대표 겸 시설장의 사회복지시설 3년 근무경력이 법제처 등 자문결과 인정되지 않아 센터 신고 기준에 미달, 신고를 직권 취소하기로 결정했다. 전주시 관계자는 "시설 대표가 허위경력 증명서를 제출한 만큼 신고자체가 원천적으로 무효여서 신고를 취소하고 폐쇄하기로 결정했다."라고 밝혔다. 이에 따라 이날로부터 A센터에 대한 보조금 지원은 중단됐다. 전주시는 센터를 이용하는 장애인 10명을 우선 다른 시설을 이용할 수 있도록 하고, A센터를 대체할 새 시설을 다음 달까지 공개모집할 방침이다.

출처: 전북일보(2017. 10. 19.). http://www.jjan.kr/news/articleView.html?idxno=1140247

요약

「사회복지사업법」은 사회복지사업에 관한 기본적 사항을 규정하는 법이다. 사회복지법인 · 사회복지시설의 설립과 운영에 관한 사항을 비롯하여, 사회복지를 필요로 하는 사람에 대한 인간의 존엄성과 인간다운 생활을 할 권리의 보장, 사회복지전문성 강화 등을 주요 목적으로 하고 있다.

핵심어

- 사회복지사업
- 사회복지법인
- 사회복지시설
- 사회복지자 자격제도
- 재가복지

제10장

사회보장급여의 이용 · 제공 및 수급권자 발굴에 관한 법률

흔들리지 않고 피는 꽃이 어디 있으랴
이 세상 그 어떤 아름다운 꽃들도
다 흔들리면서 피었나니
- 도종환, '흔들리며 피는 꽃' -

1 제정 배경

2014년 말 「사회보장급여의 이용 · 제공 및 수급권자 발굴에 관한 법률」이 제정되었다. 이 법이 제정된 배경은 여러 가지가 있지만, 그 가운데 사회서비스의 사각지대에 놓인 국민들의 참혹한 실상이 드러났던 송파구 세 모녀 자살사건[1)]은 가장 큰 원인이 되었다. 취약계층이나 사회적 약자와 관련된 공무원 직무수행 범위의 확대, 지역 내 사회복지시설에 의한 복지사각지대 대응과 같은 기존 방식만으로는 무리가 있다는 지적이 있어 왔음에

1) 이 사건은 이 법의 제정이유에서도 언급되었고, 범국가적 차원에서 생존권적 기본권의 중요성에 대한 의미를 되짚는 계기로 작용하였다.

도 불구하고 미봉책으로만 넘겨 왔던 것이 곪아 터진 셈이었다.

「사회보장급여의 이용 · 제공 및 수급권자 발굴에 관한 법률」이 제정된 배경에는 「사회보장기본법」의 전면 개정(2012년 1월 26일, 법률 제11238호)도 자리 잡고 있다. 당시 「사회보장기본법」 개정의 핵심은 기존 사회복지 서비스의 틀에서 한걸음 더 나아가 사회복지급여를 '사회서비스'의 형태로 실시하고, 생애주기적 특성을 반영한 맞춤형 사회보장제도를 지향하는 것이었다.

「사회보장기본법」이 갖는 법적 지위가 사회복지 분야의 기본법이라고 할 때, 이 법의 개정이 실효성을 가지려면 개별 사회복지법률에서도 개정 내용과 맞닿아 있는 개개의 조문이 함께 바뀌어야 한다. 이는 국민 생존권 보장과 권리실현에서 「사회보장기본법」과 「사회복지사업법」 그리고 국민을 대상으로 직 · 간접적 사회복지급여를 제공하는 개별 사회복지법—가령, 「장애인복지법」 「노인복지법」과 같은—간의 법적 실효성과 법적 안정성의 확보와도 직결된다.

하지만 기존 「사회복지사업법」은 여전히 사회복지서비스 이용 및 사회복지시설 운영 등에 초점을 두고 있었다. 개별법이 맞춤형 사회보장의 취지를 모두 담아낸다는 것 역시 자칫 급여별 전달체계의 혼란만 가중시킬 수 있다는 점에서 문제제기가 발생하였다. 중앙과 지방, 공공과 민간 간의 연계를 지향하여 맞춤형 사회복지급여를 실시하겠다는 「사회보장기본법」의 목적을 위해서는 「사회복지사업법」에 혼재되어 있는 사회복지서비스 관련 사항을 분리하여, 사회보장급여 시행의 기준을 잡아 줄 수 있는 별도의 법체계가 필요한 것이었다.

이러한 배경에서 제정된 것이 바로 「사회보장급여의 이용 · 제공 및 수급권자 발굴에 관한 법률」(이하 '사회보장급여법'이라고 한다.)이다. 복지 사각지대의 실상을 적나라하게 보여 줬던 일련의 사건들, 「사회보장기본법」의 개정, 「사회복지사업법」의 기능과 범위의 재정비 등의 요인들이 상호작용하게 되면서 사회보장급여법이 만들어졌다.

2 법의 목적과 주요 용어

1) 목적

사회보장급여법 제1조는 이 법의 목적에 대해 다음과 같이 제시했다.

「사회보장기본법」에 따른 사회보장급여의 이용 및 제공에 관한 기준과 절차 등 기본적 사항을 규정하고 지원을 받지 못하는 지원대상자를 발굴하여 지원함으로써 사회보장급여를 필요로 하는 사람의 인간다운 생활을 할 권리를 최대한 보장하고, 사회보장급여가 공정하고 효과적으로 제공되도록 하며, 사회보장제도가 지역사회에서 통합적으로 시행될 수 있도록 그 기반을 구축하는 것을 목적으로 한다.

이 조문에서 알 수 있듯이 이 법은 사회보장급여에 관한 기준을 세우고 복지사각지대를 방지하며 지역 · 집단 · 계층 간 사회보장급여의 차별이 발생하지 않도록 하고 지역사회 중심 사회보장급여체계를 구축하는 데 목적을 두고 있다.

2) 용어의 정의

이 법에서 사용하는 용어의 뜻은 다음과 같다(법 제2조).

① 사회보장급여란 보장기관이 「사회보장기본법」 제3조 제1호에 따라 제공하는 현금, 현물, 서비스 및 그 이용권을 말한다.

② 수급권자란 「사회보장기본법」 제9조에 따른 사회보장급여를 제공받을 권리를 가진 사람을 말한다.

③ 수급자란 사회보장급여를 받고 있는 사람을 말한다.
④ 지원대상자란 사회보장급여를 필요로 하는 사람을 말한다.
⑤ 보장기관이란 관계 법령 등에 따라 사회보장급여를 제공하는 국가기관과 지방자치단체를 말한다.

용어 정의에서 눈에 띄는 것은 사회보장급여를 법적으로 정의하여 구체화하였고, 수급권 및 수급자, 지원대상자의 개념을 「사회보장기본법」의 개념에 맞추어 체계화하였다는 점이다.

3 사회보장급여 기본원칙

「사회보장급여법」은 각종 사회보장급여 시행에 대해서는 기본법의 지위를 갖는다.2) 따라서 개별 사회보장급여에 공통적으로 적용되는 원칙을 제시하는 것은 이 법의 목적 실현을 위해 반드시 필요하다. 「사회보장급여법」이 규정한 급여기본원칙은 다음과 같다(법 제4조).

① 사회보장급여가 필요한 사람은 누구든지 자신의 의사에 따라 사회보장급여를 신청할 수 있으며, 보장기관은 이에 필요한 안내와 상담 등의 지원을 충분히 제공하여야 한다.
② 보장기관은 지원이 필요한 국민이 급여대상에서 누락되지 아니하도록 지원대상자를 적극 발굴하여 이들이 필요로 하는 사회보

---

2) 이 법의 지위성은 법 제3조에서 확인된다.
법 제3조(다른 법률과의 관계) 사회보장급여의 이용 및 제공에 필요한 기준, 방법, 절차와 지원대상자의 발굴 및 지원 등에 관하여는 다른 법률에 특별한 규정이 있는 경우를 제외하고는 이 법에 따른다.

장급여를 적절하게 제공받을 수 있도록 노력하여야 한다.

③ 보장기관은 국민의 다양한 복지욕구를 충족시키고 생애주기별 필요에 맞는 사회보장급여가 공정·투명·적정하게 제공될 수 있도록 노력하여야 한다.

④ 보장기관은 사회보장급여와 「사회복지사업법」 제2조 제3호 및 제4호의 사회복지법인, 사회복지시설 등 사회보장 관련 민간 법인·단체·시설이 제공하는 복지혜택 또는 서비스를 효과적으로 연계하여 제공할 수 있도록 노력하여야 한다.

⑤ 보장기관은 국민이 사회보장급여를 편리하게 이용할 수 있도록 사회보장 정책 및 관련 제도를 수립·시행하기 위하여 노력하여야 한다.

⑥ 보장기관은 지역의 사회보장 수준이 균등하게 실현될 수 있도록 노력하여야 한다.

이 법이 규정한 기본원칙은 급여신청의 보편·평등성, 맞춤형 복지급여, 민관연계 체계 구축, 급여제공의 책무, 급여 접근성 보장, 지역균등 및 형평성 보장 등으로 정리된다.

4 사회보장급여

1) 급여신청

다른 법과 마찬가지로 「사회보장급여법」 역시 신청주의를 원칙으로 두고, 예외 상황에 대한 직권신청을 허용하고 있다. 그 구체적인 사항은 다음과 같다(법 제5조).

① 지원대상자와 그 친족, 「민법」에 따른 후견인, 「청소년 기본법」에 따른 청소년상담사 · 청소년지도사, 지원대상자를 사실상 보호하고 있는 자(관련 기관 및 단체의 장을 포함한다.) 등은 지원대상자의 주소지 관할 보장기관에 사회보장급여를 신청할 수 있다.

② 보장기관의 업무담당자는 지원대상자가 누락되지 아니하도록 하기 위하여 관할 지역에 거주하는 지원대상자에 대한 사회보장급여의 제공을 직권으로 신청할 수 있다. 이 경우 지원대상자의 동의를 받아야 하며, 동의를 받은 경우에는 지원대상자가 신청한 것으로 본다.

③ 보장기관의 업무담당자는 제1항 및 제2항에 따른 신청 시 신청인 또는 지원대상자에 대하여 다음 각 호의 사항을 고지하여야 한다.

1. 근거 법령, 제7조에 따른 조사의 목적, 조사 정보의 범위 및 이용 방법
2. 제20조에 따른 신고의무
3. 제34조에 따른 정보의 보유기간 및 파기

④ 사회보장급여의 신청 및 고지 방법 등에 필요한 사항은 대통령령으로 정한다.

신청단계에서 주목할 점은 신청자격을 본인에만 국한시키지 않았다는 점이다. 오히려 친족과 후견인 및 민간 분야에서 지원대상자와 관련을 맺고 있는 자에 이르기까지로 범위를 확대하였고, 이에 덧붙여 보장기관 소속 업무담당자의 직권신청까지 허용하고 있다. 보장기관이란 국가 및 지방자치단체를 의미하는바, 신청자격자 범주에 포함되는 사람이 미처 신청하지 못했더라도 국가적 책무로서 해당자를 발굴하여 사각지대를 없애겠다는 의지가 반영된 것으로 볼 수 있다. 이 과정에서 대상자의 동의를 필수로 하고 급여 관련 정보제공을 의무화한 것은 사회복지학에서도 꾸준히 강조된 이용자의 자기결정권과 알 권리의 보장이 반영된 것이다.

2) 급여 관련 조사

「사회보장급여법」은 급여신청이 발생한 이후의 조사절차를 규정하고 있다. 이 법의 목적이 맞춤형 급여를 지향한다는 점에서 법 제6조는 사회보장요구조사의 의무를 제시하고 있고, 급여 오남용을 방지하기 위해 법 제7조는 수급자격의 조사 의무를 명시하였다. 즉, 요구[3]와 자격이라는 두 가지 측면의 조사가 함께 이루어지는 것이다.

먼저 요구조사는 사회보장급여의 신청을 받은 보장기관의 장의 의무로서 다음 각 호의 사항을 조사하도록 규정되었다(법 제6조).

1. 지원대상자의 사회보장 요구와 관련된 사항
2. 지원대상자의 건강상태, 가구 구성 등 생활 실태에 관한 사항
3. 그 밖에 지원대상자에게 필요하다고 인정되는 사회보장급여에 관한 사항

수급자격 조사 역시 보장기관의 장의 의무인바, 구체적인 조사내용은 다음과 같다(법 제7조).[4]

① 보장기관의 장은 법 제5조에 따른 사회보장급여의 신청을 받으면

---

3) 이 법의 요구조사는, 사회복지학에서의 욕구조사와 맥락을 같이한다. 그러나 욕구라는 개념의 포괄성과 형이상학적 요인을 감안할 때, 기본법에서의 용어로 부적절한 감이 없지 않다. 이에 법의 명확성을 꾀하기 위해 보다 구체적인 '요구'라는 표현으로 한정지어 법적 용어를 사용한 것으로 보인다.

4) 이러한 조사를 실시할 수 있는 근거는 같은 법 제19조에 의한다. 법 제19조 제1항은 "보장기관의 장은 수급자에 대한 사회보장급여의 적정성을 확인하기 위하여 제7조 제1항 각 호에 해당하는 정보를 조사할 수 있다."라고 하였고, 같은 조 제2항은 "제1항에 따른 조사의 방법 및 절차에 관하여는 제7조 제2항부터 제5항까지 및 제8조를 준용한다."라고 한 것에서 근거하여 사회보장급여의 적정성 확인조사로서 시행된다.

지원대상자와 그 부양의무자(배우자와 1촌의 직계혈족 및 그 배우자를 말한다. 이하 같다.)에 대하여 사회보장급여의 수급자격 확인을 위하여 다음 각 호의 어느 하나에 해당하는 자료 또는 정보를 제공받아 조사하고 처리(「개인정보 보호법」 제2조 제2호의 처리를 말한다. 이하 같다.)할 수 있다. 다만, 부양의무자에 대한 조사가 필요하지 아니하거나 그 밖에 대통령령으로 정하는 사유[5]에 해당하는 경우는 제외한다.

1. 인적사항 및 가족관계 확인에 관한 사항
2. 소득 · 재산 · 근로능력 및 취업상태에 관한 사항
3. 사회보장급여 수급이력에 관한 사항
4. 그 밖에 수급권자를 선정하기 위하여 보장기관의 장이 필요하다고 인정하는 사항

② 보장기관의 장은 제1항 각 호의 사항을 확인하기 위하여 필요한 자료의 확보가 곤란한 경우 신청인 또는 지원대상자와 그 부양의무자에게 필요한 자료의 제출을 요구할 수 있다.

③ 보장기관의 업무담당자는 제1항 각 호의 사항을 확인하기 위하여 필요한 경우 그 권한을 표시하는 증표 및 조사기간, 조사범위, 조사담당자, 관계 법령 등 보건복지부령으로 정하는 사항이 기재된 서류를 제시하고 거주지 및 사실 확인에 필요한 관련 장소를 방문할 수 있다.

④ 보장기관의 장이 제1항 각 호의 조사를 실시하기 위하여 주민등록전산정보 · 가족관계등록전산정보, 금융 · 국세 · 지방세, 토지 ·

5) 동법 시행령 제3조 제1항에서 다음의 경우로 제한하고 있다.
1. 다른 법령에 따라 지원대상자가 사회보장급여를 받고 있는 경우로서 수급자격의 증명만으로 사회보장급여 제공을 결정할 수 있는 경우
2. 진단서 등에 의한 지원대상자의 건강상태 확인만으로 사회보장급여 제공을 결정할 수 있는 경우
3. 그 밖에 보장기관의 장이 소득 · 재산 · 근로능력 및 취업상태에 관한 조사가 필요하지 아니하다고 인정하는 경우다.

건물 · 건강보험 · 국민연금 · 고용보험 · 산업재해보상보험 · 출입국 · 병무 · 보훈급여 · 교정 등 대통령령으로 정하는 관련 전산망 또는 자료를 이용하고자 하는 경우에는 관계 중앙행정기관, 법원행정처, 지방자치단체, 관련 기관 및 단체에 협조를 요청할 수 있다. 이 경우 자료의 제출을 요청받은 기관 및 단체는 정당한 사유가 없으면 이에 따라야 한다.

⑤ 보장기관의 장은 제1항에 따른 조사 과정에서 지원대상자에게 의견을 진술할 기회를 제공하여야 한다.

⑥ 제1항에 따른 조사의 내용 · 절차 · 방법 등에 관하여 이 법에서 정하는 사항을 제외하고는 「행정조사기본법」에서 정하는 바를 따른다.

급여 관련 조사에서, 신청인은 관련 정보를 제출하여야 의무가 발생하고 있으며, 유 · 불리를 막론하고 자신의 의견을 제시할 권리를 가짐을 알 수 있다. 이는 「사회보장기본법」에서 제시된 수급권자의 권리 · 의무조치와도 맞닿아 있다.

3) 동의에 의한 정보제공

사회보장급여는 요구만으로 제공될 수 없다. 요구상황에 따른 자격을 갖추었는지 판단하여야 한다. 이러한 자격판단에 적용되는 각종 정보들은, 신청인의 사전 동의에 의해 수집됨을 원칙으로 하여야 하는바, 사회보장급여법은 제8조에서 정보제공에 따른 절차와 동의원칙을 따르도록 하고 있다.

먼저 금융정보의 경우, 중앙행정기관의 장 또는 지방자치단체의 장은 다음 사항에 대해 신청인의 반드시 서면으로 사전 동의를 받아야만 한다(법 제8조 제1항).

1. 「금융실명거래 및 비밀보장에 관한 법률」 제2조 제2호 및 제3호

의 금융자산 및 금융거래의 내용에 대한 자료 또는 정보 중 예금의 평균잔액과 그 밖에 대통령령으로 정하는 자료 또는 정보(이하 이 조에서 '금융정보'라 한다.)

2. 「신용정보의 이용 및 보호에 관한 법률」 제2조 제1호의 신용정보 중 채무액과 그 밖에 대통령령으로 정하는 자료 또는 정보(이하 이 조에서 '신용정보'라 한다.)
3. 「보험업법」 제4조 제1항에 따른 보험에 가입하여 낸 보험료와 그 밖에 대통령령으로 정하는 자료 또는 정보(이하 이 조에서 '보험정보'라 한다.)

만약 사전 동의 서면이 전자문서 형태로 제출되었다면, 보건복지부장관은 금융기관 등(「금융실명거래 및 비밀보장에 관한 법률」 제2조 제1호의 금융회사 등, 「신용정보의 이용 및 보호에 관한 법률」 제2조 제6호의 신용정보집중기관을 말한다. 이하 '금융기관 등'이라 한다.)의 장에게 금융정보 · 신용정보 또는 보험정보(이하 '금융정보 등'이라 한다.)의 제공을 요청할 수 있도록 하고 있다(법 제 8조 제2항).

사회보장급여 적정성 확인 조사를 위해 필요하다고 인정된다면, 보건복지부장관은 「금융실명거래 및 비밀보장에 관한 법률」 제4조 제1항 및 「신용정보의 이용 및 보호에 관한 법률」 제32조 제1항에도 불구하고 대통령령으로 정하는 기준에 따라 인적사항을 적은 문서 또는 정보통신망으로 금융기관등의 장에게 수급자와 부양의무자의 금융정보 등을 제공하도록 요청할 수 있다(법 제8조 제3항).

이러한 절차에 의해 금융정보 등의 제공을 요청받은 금융기관 등의 장은 「금융실명거래 및 비밀보장에 관한 법률」 제4조 및 「신용정보의 이용 및 보호에 관한 법률」 제32조에도 불구하고 명의인의 금융정보 등을 제공하여야 하며(법 제8조 제4항), 금융정보 등을 제공한 금융기관 등의 장은 금융정보등의 제공 사실을 명의인에게 통보하여야 한다. 다만, 명의인이 동의한 경우에는 「금융실명거래 및 비밀보장에 관한 법률」 제4조의2 제1항 및 「신용정보의 이용 및 보호에 관한 법률」 제35조에도 불구하고 통보하지 아니할 수 있다(법 제8조 제5항).

정보를 제공을 요청하고 제출받는 경로의 경우, 임의 혹은 개인적 경로를 철저히 배제하고 있다. 법 제8조 제6항에서는 금융정보등의 제공요청 및 제공은 「정보통신망 이용촉진 및 정보보호 등에 관한 법률」 제2조 제1항 제1호의 정보통신망을 이용하여야 한다고 규정한바, 법적 경로와 절차에 의한 수집을 명시했다.[6]

4) 급여의 결정

사회보장급여는 신청, 동의, 정보제공에 의한 조사의 단계를 거친 후 결정된다. 결정단계에서 보장기관이 실시해야 하는 사항으로서 중복급여 방지, 보장기관의 의견청취의무, 급여결정 여부에 대한 고지의무를 정하고 있다.

먼저 중복급여 방지를 보면, 보장기관의 장이 조사를 실시한 경우에는 사회보장급여의 제공 여부 및 제공 유형을 결정하되, 제공하고자 하는 사회보장급여는 지원대상자가 현재 제공받고 있는 사회보장급여와 보장내용이 중복되도록 하여서는 아니 된다(법 제9조 제1항). 의견청취와 고지의무에 대해서도 법 제9조를 통해 규정하고 있는바, 의견청취의 범위는 지원대상자 본인뿐만 아니라, 그 친족, 그 밖의 관계인까지 범위를 확대해 두고 있다. 급여결정에 관련된 고지는 서면(전자문서)으로 진행되며, 필요한 경우 구두 등의 방법을 병행할 수 있다(법 제9조 제3항).

급여제공이 결정된 자를 자신의 가정에서 돌보는 사람에 대해, 보장기관의 장은 이 사람의 부담을 줄이기 위하여 상담을 실시하거나 금전적 지원 등을 할 수 있다(법 제18조).

---

6) 다만, 정보통신망의 손상 등 불가피한 사유가 있는 경우에는 그러하지 아니하다.

5 지원대상자의 발굴과 수급권자 등의 지원

1) 대상자의 발굴

사회복지법이 아무리 정교하게 만들어져 있다고 하더라도, 권리를 행사해야 할 국민 당사자가 이를 알지 못한다면 국민의 생존권은 온전히 보장된다고 보기 어려울 것이다. 이 점에서 사회보장급여법은 국민 누구나 자신의 상황과 욕구에 맞추어 필요한 급여를 신청할 수 있도록, 정보를 알리게 할 의무를 국가와 지방자치단체에게 다음과 같이 부여하였다.

제10조(자료 또는 정보의 제공과 홍보) 보장기관의 장은 지원대상자를 발굴하기 위하여 다음 각 호의 사항에 대한 자료 또는 정보의 제공과 홍보에 노력하여야 한다.
1. 사회보장급여의 내용 및 제공규모
2. 수급자가 되기 위한 요건과 절차
3. 그 밖에 사회보장급여 수급을 위하여 필요한 정보

사회보장급여법의 제정 배경에서 언급했던 것처럼 급여사각지대를 방지하고 사회복지 개별 급여체계 간 정보 연계를 통한 대상자 발굴과 관리 등은 이 법의 핵심 기능이다. 그 취지를 반영하여 사회보장급여법은 정보 공유 등의 의무가 있는 기관 · 시설 등을 다음과 같이 명시하였다(법 제11조).

1. 「사회복지사업법」 제2조 제3호와 제4호에 따른 사회복지법인 및 사회복지시설
2. 「국민연금법」 제24조에 따른 국민연금공단
3. 「국민건강보험법」 제13조에 따른 국민건강보험공단

4. 「지역보건법」 제10조에 따른 보건소
5. 「초 · 중등교육법」 제2조 각 호의 학교
6. 「경찰법」 제2조에 따른 경찰서
7. 「소방기본법」 제2조 제5호의 소방대
8. 그 밖에 대통령령으로 정하는 기관 · 법인 · 단체 · 시설[7)]

급여사각지대를 방지하기 위해 원칙적으로 누구든지 보장기관에 알릴 수 있음을 전제로 두었으나 지원대상자와 관련된 업무에 종사하는 자에 대한 대상자 발굴 의무를 한층 더 강조하고 있다. 이 법에 의해 대상자 발견에 따른 신고의무를 갖는 자는 다음과 같다(법 제13조 제2항).

1. 「사회복지사업법」 제35조 및 제35조의2에 따른 사회복지시설의 장과 그 종사자
2. 「장애인활동 지원에 관한 법률」 제20조에 따른 활동지원기관의 장 및 그 종사자와 같은 법 제16조에 따른 활동지원인력
3. 「의료법」 제2조 및 제3조의 의료인과 의료기관의 장
4. 「의료기사 등에 관한 법률」 제1조의2의 의료기사
5. 「응급의료에 관한 법률」 제36조의 응급구조사
6. 「소방기본법」 제34조에 따른 구조대 및 구급대의 대원

---

7) 동법 시행령 제7조(지원대상자 발굴을 위한 정보공유 등의 협조기관 등) 법 제11조 제8호에서 "대통령령으로 정하는 기관 · 법인 · 단체 · 시설"이란 다음 각 호의 기관 · 법인 · 단체 · 시설을 말한다.
1. 「도시가스사업법」 제2조 제2호에 따른 도시가스사업자
2. 「수도법」 제3조 제21호에 따른 수도사업자
3. 「한국가스공사법」 제2조에 따른 한국가스공사
4 「한국전력공사법」 제2조에 따른 한국전력공사
5. 그 밖에 지원대상자 발굴을 위하여 법 제28조 제2항에 따른 사회보장정보협의체(이하 '사회보장정보협의체'라 한다.)의 협의를 거쳐 보장기관의 장이 정하는 기관 · 법인 · 단체 · 시설

7. 「국가공무원법」 제2조 제2항 제2호에 따른 경찰공무원
8. 「지방공무원법」 제2조 제2항 제2호에 따른 자치경찰공무원
9. 「정신건강증진 및 정신질환자 복지서비스 지원에 관한 법률」 제3조 제3호에 따른 정신건강복지센터의 장과 그 종사자
10. 「영유아보육법」 제10조에 따른 어린이집의 원장 등 보육교직원
11. 「유아교육법」 제20조에 따른 교직원 및 같은 법 제23조에 따른 강사 등
12. 「초 · 중등교육법」 제19조에 따른 교직원, 같은 법 제19조의2에 따른 전문상담교사 등 및 같은 법 제22조에 따른 산학겸임교사 등
13. 「학원의 설립 · 운영 및 과외교습에 관한 법률」 제6조에 따른 학원의 운영자 · 강사 · 직원 및 같은 법 제14조에 따른 교습소의 교습자 · 직원
14. 「성폭력방지 및 피해자보호 등에 관한 법률」 제10조에 따른 성폭력피해상담소의 장과 그 종사자 및 같은 법 제12조에 따른 성폭력피해자보호시설의 장과 그 종사자
15. 「성매매방지 및 피해자보호 등에 관한 법률」 제10조에 따른 지원시설의 장과 그 종사자 및 같은 법 제17조에 따른 성매매피해상담소의 장과 그 종사자
16. 「가정폭력방지 및 피해자보호 등에 관한 법률」 제5조에 따른 가정폭력 관련 상담소의 장과 그 종사자 및 같은 법 제7조에 따른 가정폭력피해자 보호시설의 장과 그 종사자
17. 「건강가정기본법」 제35조에 따른 건강가정지원센터의 장과 그 종사자
18. 「노인장기요양보험법」 제31조에 따른 장기요양기관의 장과 그 종사자 및 같은 법 제32조에 따른 재가장기요양기관의 장과 종사자
19. 「지역보건법」 제11조 제1항 제5호 사목에 따른 보건소의 방문간호 업무 종사자

20. 「다문화가족지원법」 제12조에 따른 다문화가족지원센터의 장과 그 종사자
21. 「지방자치법」 제4조의2 제4항에 따른 행정리의 이장 및 같은 조 제5항에 따른 행정동의 하부조직으로 두는 통의 통장

앞의 조항에서 보듯이 사회복지시설종사자로부터 이장 · 통장에 이르기까지 지원대상자와 연결될 수 있는 대부분의 사회보장 관련 업무 수행자에게 대상자 발굴과 신고의 의무가 주어져 있다. 이러한 조치는 사각지대 해소를 위한 민 · 관협력의 중요성을 반영한 것으로도 볼 수 있는바, 사회보장급여법은 그동안 당위적으로 여겨졌던 민 · 관협력을 다음과 같이 규정하여 대상자의 발굴과 급여 전반에서 민 · 관협력이 이뤄지도록 하고 있다(법 제14조).

① 보장기관과 관계 기관 · 법인 · 단체 · 시설은 지역사회 내 사회보장이 필요한 지원대상자를 발굴하고, 가정과 지역공동체의 자발적인 협조가 이루어질 수 있도록 노력하여야 한다.
② 특별자치시장 및 시장(「제주특별자치도 설치 및 국제자유도시 조성을 위한 특별법」 제11조 제2항에 따른 행정시장을 포함한다. 이하 같다.) · 군수 · 구청장(자치구의 구청장을 말한다. 이하 같다.)은 지원대상자의 발굴 및 지역사회보호체계의 구축을 위하여 필요한 경우 제41조에 따른 지역사회보장협의체(특별자치시의 경우에는 제40조에 따른 시 · 도사회보장위원회를 말한다.)에 관계 기관 · 법인 · 단체 · 시설의 장 및 그 밖에 사각지대 발굴과 관련한 기관 · 법인 · 단체 · 시설의 장 등을 포함시켜 운영할 수 있다.
③ 특별자치시장 및 시장 · 군수 · 구청장은 제1항에 따른 지역사회 내 지원대상자를 발굴하는 활동을 촉진하기 위하여 예산의 범위에서 필요한 비용을 지원할 수 있다.

2) 수급권자 등의 지원

(1) 지원계획 수립 관련 조치

보장기관의 장은 법 제9조 제1항에 따라 사회보장급여의 제공을 결정한 때에는 필요한 경우 다음 각 호의 사항이 포함된 수급권자별 사회보장급여 제공계획(이하 이 조에서 '지원계획'이라 한다.)을 수립하여야 한다. 이 경우 수급권자 또는 그 친족이나 그 밖의 관계인의 의견을 고려하여야 한다(법 제15조 제1항).

1. 사회보장급여의 유형 · 방법 · 수량 및 제공기간
2. 사회보장급여를 제공할 기관 및 단체
3. 동일한 수급권자에 대하여 사회보장급여를 제공할 보장기관 또는 관계 기관 · 법인 · 단체 · 시설이 둘 이상인 경우 상호 간 연계방법
4. 사회보장 관련 민간 법인 · 단체 · 시설이 제공하는 복지혜택과 연계가 필요한 경우 그 연계방법

이 조항에 의해 보장기관은 사회보장급여 제공계획을 수립해야 한다. 이뿐만 아니라 법 제15조는 보장기관의 장에 대해 다음과 같은 의무도 함께 이행하게끔 규정하고 있다. 먼저 보장기관은 지원계획에 따라 사회보장급여가 제공될 수 있도록 노력하여야 하며, 필요한 경우 사회보장급여 제공결과를 정기적으로 평가하고 그 결과에 따라 지원계획을 변경할 수 있다. 그리고 보장기관의 장은 수급권자의 지원계획 수립 · 변경 시 사회보장정보시스템을 통하여 수급자격을 확인할 수 있고, 지원계획의 실행을 위하여 필요하다고 판단되는 최소한의 정보를 관계 보장기관과 공유할 수 있으며, 필요한 경우 수급권자의 동의를 받아 대통령령으로 정하는 법인 · 단체 ·

시설과 공유할 수 있다.[8] 보장기관의 장은 지원계획 수립 · 이행 등의 전문성 향상을 지원하기 위하여 교육, 컨설팅 등 필요한 업무를 「공공기관의 운영에 관한 법률」에 따른 공공기관 등 관계 기관에 위탁할 수 있다(법 제15조 제2~5항).

(2) 수급권자 관련 상담 등 조치

사회보장급여법은 국민의 알 권리를 보장하기 위한 기본 조치를 규정하고 있다. 이는 법 제16조에서 나타나 있다. 보장기관의 업무담당자는 수급권자 또는 지원대상자(이하 '수급권자 등'이라 한다.)가 필요한 사회보장급여를 편리하게 이용할 수 있도록 사회보장급여의 명칭, 수급권자의 선정기준, 보장내용 및 신청방법 등에 관한 사항을 상담하고 안내하여야 하며, 이를 위하여 사회보장정보시스템에서 지원하는 정보를 최대한 활용하여야 한다(법 제16조 제1항).

또한 보장기관의 업무담당자는 수급권자 등이 필요로 하는 사회보장급여의 이용이 다른 보장기관의 권한에 속한다고 판단되는 경우 신청인 또는 수급권자등에게 제1항에 따른 사항과 해당 보장기관을 안내하고, 필요한 경우 해당 보장기관 또는 관계 기관 · 법인 · 단체 · 시설에 사회보장급여 또는 복지혜택 · 서비스의 제공을 의뢰하여야 한다(법 제16조 제2항).

보건복지부장관은 위 절차에 따른 상담 · 안내 · 의뢰가 사회보장정보시스템을 통하여 효율적으로 이루어질 수 있도록 하여야 하며(법 제16조 제3항), 보장기관의 장은 수급권자 등에게 사회보장급여의 이용 및 제공에 필요한 사항을 종합적으로 상담 · 안내 · 의뢰하는 등의 업무를 수행하기 위하여

---

8) 이때 "대통령령으로 정하는 법인 · 단체 · 시설"이란 다음 각 호의 법인 · 단체 · 시설을 말한다.

1. 「사회복지사업법」 제2조에 따른 사회복지법인, 사회복지시설 및 사회복지관
2. 그 밖에 지원계획의 이행을 위하여 사회보장정보협의체의 협의를 거쳐 보장기관의 장이 정하는 법인 · 단체 · 시설(동법 시행규칙 제9조 제3항)

전화상담센터 등을 설치 · 운영할 수 있다(법 제16조 제4항).

6 급여 관리

1) 수급자의 의무

사회보장급여를 제공받는 수급자는 거주지, 세대원, 소득 · 재산 상태, 근로능력, 다른 급여의 수급이력 등 제7조 제1항 각 호의 사항이 변동되었을 때에는 지체 없이 관할 보장기관의 장에게 신고하여야 한다(법 제20조).

2) 급여 변경 및 중지

보장기관의 장은 법 제19조에 따른 사회보장급여의 적정성 확인조사 및 제20조에 따른 수급자의 변동신고에 따라 수급자 및 그 부양의무자의 인적사항, 가족관계, 소득 · 재산 상태, 근로능력 등에 변동이 있는 경우에는 직권 또는 수급자나 그 친족, 그 밖의 관계인의 신청에 따라 수급자에 대한 사회보장급여의 종류 · 지급방법 등을 변경할 수 있다. 이에 따른 변동으로 수급자에 대한 사회보장급여의 전부 또는 일부가 필요 없게 된 때에는, 보장기관의 장은 사회보장급여의 전부 또는 일부를 중지하거나 그 종류 · 지급방법 등을 변경하여야 한다. 이러한 절차에 의해 사회보장급여가 변경 또는 중지될 때는 서면(수급자의 동의에 의한 전자문서를 포함한다.)으로 그 이유를 명시하여 수급자에게 통지하여야 하며, 필요한 경우 구두 등의 방법을 병행할 수 있다(이상 법 제21조).

3) 사회보장급여의 환수

수급자가 법 제20조에 따른 신고를 고의로 회피하거나 속임수 등의 부정한 방법으로 사회보장급여를 받거나 타인으로 하여금 사회보장급여를 받게 한 경우에는 사회보장급여를 제공한 보장기관의 장은 그 사회보장급여의 전부 또는 일부를 그 사회보장급여를 받거나 받게 한 자(이하 '부정수급자'라 한다.)로부터 환수할 수 있다.

보장기관의 장은 수급권이 없는 자에게 사회보장급여를 제공하거나 그 변경 · 중지로 인하여 수급자에게 이미 제공한 사회보장급여 중 과잉지급분이 발생한 경우에는 즉시 이를 제공받은 사람에 대하여 그 전부 또는 일부의 반환을 명하여야 한다. 다만, 이를 이미 소비하였거나 그 밖에 수급자에게 부득이한 사유가 있는 때에는 그 반환을 면제할 수 있다. 이에 따라 환수 또는 반환받을 금액은 각각 부정수급자 또는 사회보장급여를 제공받은 사람에게 통지하여 이를 환수하거나 반환받고, 이에 응하지 아니하는 경우 국세 체납처분의 예 또는 「지방세외수입금의 징수 등에 관한 법률」에 따라 징수한다. 아울러 환수 및 반환명령의 대상, 범위, 방법 등은 대통령령으로 정한다(이상 법 제22조).

7 사회보장정보의 처리 및 사회보장정보 관련 체계 운영

1) 사회보장정보의 처리, 정확성 및 표준화 조치

법 제23조는 사회보장정보의 처리에 대해 다룬다. 이 조항에서는 사회보장정보의 처리 범위를 명시하는데, 구체적으로 보면 보건복지부장관은 보장기관이 수급권자의 선정 및 급여 관리 등에 관한 업무를 효율적으로 수행할 수 있도록 사회보장정보시스템을 통하여 다음에 해당하는 자료 또는 정보(이하 '사회보장정보'라 한다.)를 처리할 수 있다(이하 법 제23조).

1. 근거 법령, 보장대상 및 내용, 예산 등 사회보장급여 현황에 관한 자료 또는 정보
2. 법 제5조부터 법 제22조까지에 따른 상담, 신청, 조사 및 자격의 변동관리에 필요한 인적사항 · 소득 · 재산 등에 관한 자료 또는 정보
3. 사회보장급여 수급이력에 관한 자료 또는 정보
4. 법 제51조에 따라 보건복지부장관이 위임 · 위탁받은 업무를 수행하는 데 필요한 자료 또는 정보
5. 사회보장정보와 관련된 법령 등에 따른 상담, 신청(제25조 제3항에 따른 신청을 포함한다.), 조사, 결정, 제공, 환수 등의 업무처리 내역에 관한 자료 또는 정보
6. 사회보장 관련 민간 법인 · 단체 · 시설의 사회보장급여 제공 현황 및 보조금 수급이력에 관한 자료 또는 정보
7. 그 밖에 사회보장급여의 제공 · 관리 및 사회보장정보시스템 구축 · 운영에 필요한 정보로서 대통령령으로 정하는 자료 또는 정보[9](같은 조 제1항)

---

9) 이 정보는 동법 시행령 제12조에서 다음과 같이 제한하고 있다.

1. 법 제12조 및 이 영 제8조 제2항에 따른 지원대상자의 발굴을 위하여 필요한 전화번호, 전자우편 주소 등 연락처 등에 관한 정보
2. 법 제24조에 따른 사회보장정보시스템(「사회보장기본법」 제37조에 따른 사회보장정보시스템을 말한다. 이하 같다.)의 이용기관 및 이용자에 관한 정보
3. 법 제47조에 따른 지방자치단체에 대한 지원금에 관한 정보
4. 「노인장기요양보험법」 제15조 제2항에 따른 등급판정의 결과에 관한 자료
5. 「노인장기요양보험법」 제37조에 따른 장기요양기관 지정의 취소 등에 관한 정보
6. 「사회복지사업법」 제45조에 따른 후원금 관리에 관한 정보
7. 「사회복지사업법」 제51조에 따른 지도 · 감독 등에 관한 정보
8. 그 밖에 보건복지부장관이 사회보장급여의 제공 · 관리 및 사회보장정보시스템의 구축 · 운영에 필요하다고 인정하여 고시하는 정보이다.

사회보장정보 처리에 필요한 자료 요청에 대한 권한은 같은 조 제2항에 규정된바, 보건복지부장관은 사회보장정보를 처리하기 위하여 관계 중앙행정기관, 지방자치단체, 관계 기관·법인·단체·시설의 장에게 필요한 자료 또는 정보를 요청할 수 있고, 이 경우 관계 중앙행정기관의 장 등은 정당한 사유가 없으면 그 요청에 따라야 한다. 또한 사회보장정보가 수집되는 과정에서 사회보장 관련 민간 법인·단체·시설의 장에게 사회보장정보시스템이 원활히 운영될 수 있도록 적극 협력할 의무가 있음을 명시하였다(같은 조 제3항). 수집된 사회보장정보에 대해 보건복지부장관은 사회보장정보를 사회보장 관련 예측조사, 연구개발 등에 활용할 수 있도록 지원할 수 있다(같은 조 제4항).

사회보장정보는 국민의 복지욕구의 예측, 관련 예산의 편성과 집행 등에서 중요한 기준이 된다. 따라서 「사회보장급여법」은 사회보장정보의 정확성과 표준화에 대한 조치규정을 두고 있다. 먼저 정확성 유지에 대해 법 제26조는 다음과 같이 명시한다.

> ① 정보보유기관의 장은 사회보장정보의 정확성을 유지하기 위하여 노력하여야 한다.
> ② 보건복지부장관은 사회보장정보를 주기적으로 갱신하여야 하며, 그 정보에 오류가 있다고 판단되는 경우에는 원천 자료 또는 정보를 제공한 정보보유기관의 장에게 해당 자료 또는 정보의 수정 또는 보완을 요구할 수 있다.
> ③ 제2항에 따라 자료 또는 정보의 수정 또는 보완을 요구받은 정보보유기관의 장은 그에 따른 조치결과를 보건복지부장관에게 통보하여야 한다. 다만, 정보보유기관이 「공공기관의 운영에 관한 법률」에 따른 공공기관 등의 기관인 경우에는 조치결과를 제출하기 전에 관계 중앙행정기관 또는 지방자치단체의 장과 미리 협의하여야 한다.

앞의 규정에서 나타나듯이, 현행법에서는 자료의 정확성과 주기적 갱신에 대해 집중하고 있음을 알 수 있다.

사회보장정보의 표준화와 관련하여 보건복지부장관은 사회보장정보의 공동 활용을 통하여 국민이 사회보장급여의 이용을 편리하게 할 수 있도록 사회보장정보와 관련된 각종 기준, 절차, 방법, 서식 등을 표준화하여 보장기관의 장에게 제시할 수 있다. 이 경우 보장기관의 장은 정당한 사유가 없으면 이에 따라야 한다(법 제27조).

사회보장정보를 운영하는 과정에서 협의가 필요한 경우, 법 제28조를 적용한다. 법에 의하면, ① 보장기관의 장 또는 관계 중앙행정기관의 장이 제23조에 따른 사회보장정보의 처리 등, 제24조에 따른 사회보장정보시스템의 이용, 제27조에 따른 사회보장정보의 표준화, 제51조에 따른 업무의 위임 · 위탁 등에 관하여 의견이 있는 경우에는 보건복지부장관과 협의하고, 협의가 이루어지지 아니할 경우 「사회보장기본법」 제20조에 따른 사회보장위원회(이하 '사회보장위원회'라 한다.)가 이를 조정한다. ② 보건복지부장관은 제1항에 따른 협의를 원활히 진행하기 위하여 사회보장정보협의체를 운영할 수 있으며, 사회보장정보협의체의 역할 및 운영 등에 필요한 사항은 대통령령으로 정한다고 규정된바, 사회보장정보협의체가 법석 지위를 갖고 활동할 수 있음을 유의하여야 한다.

2) 사회보장정보시스템의 이용권한과 정보 공개 및 운영

사회보장정보는 국민 개인정보를 다루는 만큼, 그 이용권한의 범위는 이 법 목적에 맞추어져야 하며, 본 정보의 공개에 대한 사항 역시 행정기관의 재량 · 임의적 판단이 아닌 법규에 의해 정해져야 한다. 사회보장급여법에서는 법 제24조에서 이를 다루고 있다.

① 보장기관의 장은 제5조부터 제22조까지에 따른 업무를 효율적으

로 수행하기 위하여 사회보장정보시스템을 이용하거나 관할 업무시스템과 사회보장정보시스템을 연계하여 이용할 수 있다. 이 경우 보장기관의 장은 사회보장정보시스템을 이용하여 처리하고자 하는 자료 또는 정보와 그 범위, 처리 목적 · 방식, 해당 자료 또는 정보의 보유기관(이하 '정보보유기관'이라 한다.) 등을 특정하여 보건복지부장관과 협의하여야 한다.

② 보건복지부장관은 사회보장의 사각지대를 해소하기 위하여 사회보장정보시스템을 통하여 처리된 정보를 보장기관의 장에게 제공할 수 있으며, 보장기관의 장은 필요한 경우 지원대상자의 동의를 받아 대통령령으로 정하는 법인 · 단체 · 시설의 장[10]이 활용할 수 있도록 지원할 수 있다.

③ 보장기관의 장은 사회보장정보시스템을 통한 사회보장정보를 이 법에서 정한 목적 외의 용도로 이용하여서는 아니 된다.

④ 제2항에 따라 보건복지부장관이 사회보장정보를 제공하는 경우에는 이용 목적을 고려하여 필요 최소한의 사회보장정보를 제공하여야 한다.

⑤ 제1항부터 제4항까지에 규정된 사항 외에 사회보장정보시스템의 이용 범위 · 방법 및 절차 등은 대통령령으로 정한다(이상 법 제24조).

「사회보장급여법」에서는 사회보장정보시스템의 운영에 필요한 전담기구를 명시한바, 법 제29조에 의해 사회보장정보원에게 그 운영책임이 맡겨져 있다. 사회보장정보원의 수행업무 범위 등과 관련된 사항도 함께 규정되어 있다(이하 법 제29조).

---

10) 동법 시행령 제14조 제6항에 따라, 다음 각 호를 말한다.

1. 「사회복지사업법」 제2조에 따른 사회복지법인, 사회복지시설 및 사회복지관
2. 그 밖에 사각지대 해소를 위하여 사회보장정보협의체의 협의를 거쳐 보건복지부장관이 정하는 법인 · 단체 · 시설

① 사회보장정보시스템의 운영 · 지원을 위하여 사회보장정보원(이하 '사회보장정보원'이라 한다.)을 설립한다.
② 사회보장정보원은 법인으로 한다.
③ 사회보장정보원은 제51조 제2항에 따른 위탁 등을 받아 다음 각 호의 업무를 수행한다.
1. 사회보장정보시스템의 구축 및 유지 · 기능개선 · 관리 등 운영에 관한 사항
2. 제12조 제1항에 따른 자료 또는 정보의 처리 및 사회보장정보의 처리
3. 사회보장급여의 수급과 관련된 법령 등에 따른 신청, 접수, 조사, 결정, 환수 등 업무의 전자적 처리지원
4. 「사회서비스 이용 및 이용권 관리에 관한 법률」 등 관계 법령 등에 따른 사회서비스이용권의 이용 · 지급 및 정산 등에 필요한 정보시스템의 운영, 사회서비스이용권을 통하여 사회서비스를 제공하는 사업의 관리에 관한 사항
5. 사회보장 관련 민간 법인 · 단체 · 시설에 대한 전자화 지원
6. 사회보장제도의 운영에 필요한 정책정보 및 통계정보의 생산 · 분석, 제공과 사회보장정책 지원을 위한 조사 · 연구
7. 제25조에 따른 대국민 포털의 운영에 관한 사항
8. 그 밖에 이 법 또는 다른 법령에 따라 보건복지부장관, 국가 또는 지방자치단체로부터 위탁받은 업무

사회보장정보원의 효율적인 운영을 위해 정부는 사회보장급여의 이용 및 제공이 원활히 이루어질 수 있도록 사회보장정보원의 설립 · 운영에 필요한 비용을 출연하거나 지원할 수 있다. 아울러 사회보장정보원에 관하여 이 법에서 규정한 사항 외에는 「민법」 중 재단법인에 관한 규정을 준용하며 사회보장정보원의 설립 및 운영 등에 필요한 사항은 대통령령에서 규

정된다. 특이할 점은 사회보장정보원의 임직원은 「형법」 제129조부터 제132조까지의 규정을 적용할 때에는 공무원으로 본다는 점이다. 이 조항에 의해 사회보장정보원 소속 직원은 형법 해당 조항에 적용될 시, 공무원으로 의제(擬制)된다. 아울러 비밀보장의 의무로서, 사회보장정보원의 임직원이나 임직원으로 재직하였던 사람은 그 직무상 알게 된 비밀을 누설하거나 다른 용도로 사용하여서는 안 된다(법 제49조).

8 대국민 포털 구축 등

보건복지부장관은 사회보장급여가 필요한 국민에게 사회보장 관련 자료 또는 정보의 검색, 조회 등 온라인 서비스를 제공하는 인터넷 기반의 대국민 포털을 구축・관리하고 그 활용을 촉진하여야 한다(법 제25조 제1항).

보건복지부장관 및 보장기관의 장은 제1항에 따른 대국민 포털 등 첨단정보통신기술을 활용하여 필요한 국민이 사회보장정보를 활용할 수 있도록 노력하여야 한다(법 제25조 제2항).

국민이 대국민 포털 등을 통하여 사회보장급여를 신청한 경우에도 제5조에 따른 신청으로 보고, 제6조부터 제22조까지를 준용한다(법 제25조 제3항).

제1항에 따른 대국민 포털의 구축 및 관리 등에 필요한 사항은 대통령령으로 정한다(법 제25조 제4항).

9 사회보장정보의 보호조치

1) 사회보장정보의 보호대책 수립 · 시행

보건복지부장관은 사회보장정보시스템의 사회보장정보를 안전하게 보호하기 위하여 물리적 · 기술적 대책을 포함한 보호대책을 수립 · 시행하여야 한다.

사회보장정보원의 장은 제1항에 따른 보호대책을 시행하기 위한 실행계획을 매년 수립하여 보건복지부장관에게 제출하여야 한다.

사회보장정보시스템을 이용하는 보장기관의 장은 보안에 관한 업무를 총괄하는 자(이하 이 항에서 '정보보호책임자'라 한다.)를 지정하여 보건복지부장관에게 통보하여야 하며, 정보보호책임자의 지정 및 업무 등에 필요한 사항은 대통령령으로 정한다(이상 법 제30조).

2) 사회보장정보 침해행위 등의 금지

누구든지 사회보장정보를 처리할 때 다음 각 호의 어느 하나에 해당하는 행위를 하여서는 아니 된다(법 제31조).

1. 사회보장정보의 처리업무를 방해할 목적으로 사회보장정보를 위조 · 변경 · 훼손하거나 말소하는 행위
2. 정당한 사유 없이 사회보장정보를 위조 · 변경 · 훼손 · 말소 · 유출하거나 그 방법 또는 프로그램을 공개 · 유포 · 사용하는 행위
3. 정당한 사유 없이 사회보장정보시스템을 위조 · 변경 · 훼손하거나 이용하는 행위
4. 정당한 권한이 없거나 허용된 권한을 초과하여 사회보장정보를 처리하는 행위

3) 사회보장정보시스템의 복구조치

사회보장정보원의 장 및 사회보장정보시스템을 이용하는 보장기관의 장은 사회보장정보시스템에 제31조에 따른 침해행위가 발생한 때에는 사회보장정보시스템의 피해복구 및 보호에 필요한 조치를 신속히 취하고 보건복지부장관에게 즉시 통보하여야 한다. 이때 보건복지부장관은 제1항에 따른 피해복구가 신속히 이루어질 수 있도록 필요한 지원을 하여야 한다(법 제32조).

4) 사회보장정보 등에 대한 침해행위의 시정요구

보건복지부장관은 사회보장정보 또는 사회보장정보시스템에 대한 침해행위가 발생하였다고 판단할 상당한 근거가 있고 이를 방치할 경우 회복하기 어려운 피해가 발생할 우려가 있다고 인정되면 침해행위를 한 자에 대하여 다음 각 호에 해당하는 조치를 요구할 수 있다. 이 경우 요구를 받은 자는 이에 따라야 한다(법 제33조).

1. 사회보장정보 또는 사회보장정보시스템 침해행위의 중지
2. 정보처리의 일시적인 정지
3. 그 밖에 사회보장정보의 보호 및 침해행위 방지를 위하여 필요한 조치

5) 사회보장정보의 파기

보장기관의 장 및 사회보장정보원의 장은 사회보장정보를 5년이 지나면 파기하여야 한다. 다만, 대통령령으로 정하는 지원대상자의 보호에 필요

한 사회보장정보는 5년을 초과하여 보유할 수 있다.[11)]

10 지역사회보장 관련 조치[12)]

1) 지역사회보장에 관한 계획

지역사회보장계획 수립 의무가 있는 자는 특별시장 · 광역시장 · 특별자치시장 · 도지사 · 특별자치도지사(이하 '시 · 도지사'라 한다.) 및 시장 · 군수 · 구청장이다. 이들은 지역사회보장에 관한 계획(이하 '지역사회보장계획'이라 한다.)을 4년마다 수립하고, 매년 지역사회보장계획에 따라 연차별 시행계획을 수립하여야 한다. 이 경우 「사회보장기본법」 제16조에 따른 사회보장에 관한 기본계획과 연계되도록 하여야 한다(법 제35조 제1항).

지역사회보장계획 수립에 따른 지방자치단체별 이행업무를 보면, 먼저

---

11) 시행령 제19조는 본 단서 조항에 해당하는 경우를 다음과 같이 한정하고 있다.
1. 사회보장급여 수급자 및 그 부양의무자에 관한 정보
2. 사회보장급여 중지 이후 재수급 시 고려할 필요성이 있는 사회보장급여 수급 이력에 관한 정보
3. 사회복지시설 퇴소 이후 사회보장급여 재수급 또는 사회복지시설 재입소 시 고려할 필요성이 있는 사회복지시설의 입소 이력에 관한 정보
4. 사회복지시설 종사자 및 대표자 정보
5. 장애인, 의사상자, 사할린 한인 등 보장기관에 등록된 인적정보로서 관련 사회보장급여 지급에 있어 필수적인 정보
6. 제1호부터 제5호까지의 자료보존대상자와 가족관계로 함께 사회보장급여를 수급한 자의 정보

12) 과거 「사회복지사업법」에서 지역복지계획으로 규정했던 내용들은 「사회보장급여법」이 제정됨에 따라 「사회복지사업법」에서 삭제되었다. 관련 내용들은 「사회보장급여법」으로 편입되어 이 법의 목적에 맞게 지역사회보장계획으로 새롭게 구성되었다.

시장 · 군수 · 구청장은 해당 시(「제주특별자치도 설치 및 국제자유도시 조성을 위한 특별법」 제10조 제2항에 따른 행정시를 포함한다. 이하 같다.) · 군 · 구(자치구를 말한다. 이하 같다.)의 지역사회보장계획(연차별 시행계획을 포함한다. 이하 이 조에서 같다.)을 지역주민 등 이해관계인의 의견을 들은 후 수립하고, 제41조에 따른 지역사회보장협의체의 심의와 해당 시 · 군 · 구 의회의 보고(보고의 경우 「제주특별자치도 설치 및 국제자유도시 조성을 위한 특별법」에 따른 행정시장은 제외한다.)를 거쳐 시 · 도지사에게 제출하여야 한다(법 제35조 제2항). 시 · 도지사(특별자치시장은 제외한다.)는 제2항에 따라 제출받은 시 · 군 · 구의 지역사회보장계획을 지원하는 내용 등을 포함한 해당 특별시 · 광역시 · 도 · 특별자치도의 지역사회보장계획을 수립하여야 한다(법 제35조 제3항). 특별자치시장은 지역주민 등 이해관계인의 의견을 들어 지역사회보장계획을 수립하여야 한다(법 제35조 제4항). 시 · 도지사는 제3항 및 제4항에 따른 지역사회보장계획을 제40조에 따른 시 · 도사회보장위원회의 심의와 해당 특별시 · 광역시 · 특별자치시 · 도 · 특별자치도(이하 '시 · 도'라 한다.) 의회의 보고를 거쳐 보건복지부장관에게 제출하여야 한다. 이 경우 보건복지부장관은 제출된 계획을 사회보장위원회에 보고하여야 한다(법 제35조 제5항).

지역사회보장계획을 수립할 때, 시 · 도지사 또는 시장 · 군수 · 구청장은 필요하다고 인정하는 경우에는 사회보장 관련 기관 · 법인 · 단체 · 시설에 자료 또는 정보의 제공과 협력을 요청할 수 있다(법 제35조 제6항). 또한 보장기관의 장은 지역사회보장계획의 수립 및 지원 등을 위하여 지역 내 사회보장 관련 실태와 지역주민의 사회보장에 관한 인식 등에 관하여 필요한 조사(이하 '지역사회보장조사'라 한다.)를 실시할 수 있으며, 시 · 도지사 및 시장 · 군수 · 구청장은 지역사회보장계획 수립 시 지역사회보장조사 결과를 반영할 수 있다(법 제35조 제7항).

한편, 보건복지부장관 또는 시 · 도지사는 지역사회보장계획의 내용이 대통령령으로 정하는 사유에 해당하는 경우에는 시 · 도지사 또는 시장 ·

군수 · 구청장에게 그 조정을 권고할 수 있다. 이 경우 보건복지부장관은 관계 중앙행정기관의 장의 의견을 들을 수 있다(법 제35조 제8항).

2) 지역사회보장계획의 내용

시 · 군 · 구 지역사회보장계획은 다음 각 호의 사항을 포함하여야 한다(법 제36조 제1항).

1. 지역사회보장 수요의 측정, 목표 및 추진전략
2. 지역사회보장의 목표를 점검할 수 있는 지표(이하 '지역사회보장 지표'라 한다.)의 설정 및 목표
3. 지역사회보장의 분야별 추진전략, 중점 추진사업 및 연계협력 방안
4. 지역사회보장 전달체계의 조직과 운영
5. 사회보장급여의 사각지대 발굴 및 지원 방안
6. 지역사회보장에 필요한 재원의 규모와 조달 방안
7. 지역사회보장에 관련한 통계 수집 및 관리 방안
8. 그 밖에 대통령령으로 정하는 사항

특별시 · 광역시 · 도 · 특별자치도 지역사회보장계획은 다음 각 호의 사항을 포함하여야 한다(법 제36조 제2항).

1. 시 · 군 · 구의 사회보장이 균형적이고 효과적으로 추진될 수 있도록 지원하기 위한 목표 및 전략
2. 지역사회보장지표의 설정 및 목표
3. 시 · 군 · 구에서 사회보장급여가 효과적으로 이용 및 제공될 수 있는 기반 구축 방안
4. 시 · 군 · 구 사회보장급여 담당 인력의 양성 및 전문성 제고 방안

5. 지역사회보장에 관한 통계자료의 수집 및 관리 방안
6. 그 밖에 지역사회보장 추진에 필요한 사항

마지막으로, 특별자치시 지역사회보장계획은 다음 각 호의 사항을 포함하여야 한다(법 제36조 제3항).

1. 제1항 각 호의 사항
2. 사회보장급여가 효과적으로 이용 및 제공될 수 있는 기반 구축 방안
3. 사회보장급여 담당 인력의 양성 및 전문성 제고 방안
4. 그 밖에 지역사회보장 추진에 필요한 사항

3) 지역사회보장계획의 시행, 변경, 평가

지역사회보장계획의 시행 의무는 시 · 도지사 또는 시장 · 군수 · 구청장에게 있다. 또한 시 · 도지사 또는 시장 · 군수 · 구청장은 지역사회보장계획을 시행할 때 필요하다고 인정하는 경우에는 사회보장 관련 민간 법인 · 단체 · 시설에 인력, 기술, 재정 등의 지원을 할 수 있다(법 제37조).

시 · 도지사 또는 시장 · 군수 · 구청장은 사회보장의 환경 변화, 「사회보장기본법」 제16조에 따른 사회보장에 관한 기본계획의 변경 등이 있는 경우에는 지역사회보장계획을 변경할 수 있으며, 그 변경 절차는 제35조를 준용한다(법 제38조).

지역사회보장계획 시행결과의 평가의 경우, 이원화되어 있다. 먼저 보건복지부장관은 시 · 도 지역사회보장계획의 시행결과를 평가한다. 그리고 시 · 도지사는 시 · 군 · 구 지역사회보장계획의 시행결과를 각각 보건복지부령으로 정하는 바에 따라 평가할 수 있다. 이때 시 · 도지사의 평가는 그 결과를 보건복지부장관에게 제출하여야 하며 보건복지부장관은 이를 종합 · 검토하여 사회보장위원회에 보고하여야 한다. 이러한 평가결과

에 대해 보건복지부장관 또는 시 · 도지사는 필요한 경우 제1항에 따른 평가결과를 지방자치단체에 대한 지원에 반영할 수 있다(법 제39조).

11 지역사회보장 운영체계

사회보장급여법에서는 지역사회보장계획의 원활한 운영을 위해 각 지방자치단체에 관련 기구를 두도록 하고 있다.

1) 시 · 도사회보장위원회

시 · 도지사는 시 · 도의 사회보장 증진을 위하여 시 · 도사회보장위원회를 두어야 하며, 시 · 도사회보장위원회는 다음 각 호의 업무를 심의 · 자문한다(법 제40조 제1항 및 제2항).

1. 시 · 도의 지역사회보장계획 수립 · 시행 및 평가에 관한 사항
2. 시 · 도의 지역사회보장조사 및 지역사회보장지표에 관한 사항
3. 시 · 도의 사회보장급여 제공에 관한 사항
4. 시 · 도의 사회보장 추진과 관련한 중요 사항
5. 제41조 제7항에 따른 읍 · 면 · 동 단위 지역사회보장협의체의 구성 및 운영에 관한 사항(특별자치시에 한정한다.)
6. 사회보장과 관련된 서비스를 제공하는 관계 기관 · 법인 · 단체 · 시설과의 연계 · 협력 강화에 관한 사항(특별자치시에 한정한다.)
7. 그 밖에 위원장이 필요하다고 인정되는 사항

시 · 도사회보장위원회의 위원의 자격은 다음 각 호와 같고, 이 자격을 갖

춘 자 가운데 시 · 도지사가 임명 또는 위촉한 사람으로 구성한다(법 제40조 제3항).

1. 사회보장에 관한 전문적 지식이나 경험을 가진 사람
2. 사회보장 관련 기관 및 단체의 대표자
3. 사회보장을 필요로 하는 사람의 이익 등을 대표하는 사람
4. 제41조 제3항에 따른 지역사회보장협의체의 대표자
5. 「비영리민간단체지원법」 제2조의 비영리민간단체에서 추천한 사람
6. 「사회복지공동모금회법」 제14조에 따른 사회복지공동모금지회에서 추천한 사람
7. 제41조 제7항에 따른 읍 · 면 · 동 단위 지역사회보장협의체의 위원장(특별자치시에 한정하며, 공동위원장이 있는 경우에는 민간위원 중에서 선출된 공동위원장을 말한다.)
8. 사회보장에 관한 업무를 담당하는 공무원

사회보장급여법에서는 위원의 자격뿐만 아니라, 위원의 자격을 득할 수 없는 경우 역시 규정했다. 다음 각 호의 어느 하나에 해당하는 사람은 시 · 도사회보장위원회의 위원이 될 수 없다(법 제40조 제4항).

1. 미성년자
2. 피성년후견인, 피한정후견인
3. 파산선고를 받고 복권되지 아니한 사람
4. 법원의 판결에 따라 자격이 상실되거나 정지된 사람
5. 금고 이상의 실형을 선고받고 그 집행이 끝나거나(집행이 끝난 것으로 보는 경우를 포함한다.) 집행이 면제된 날부터 3년이 지나지 아니한 사람

6. 금고 이상의 형의 집행유예를 선고받고 그 유예기간 중에 있는 사람
7. 제5호 및 제6호에도 불구하고 「사회복지사업법」 제2조 제1호의 사회복지사업(이하 '사회복지사업'이라 한다.) 또는 그 직무와 관련하여 「아동복지법」 제71조, 「보조금 관리에 관한 법률」 제40조부터 제42조까지 또는 「형법」 제28장 · 제40장(제360조는 제외한다.)의 죄를 범하거나 이 법을 위반하여 다음 각 목의 어느 하나에 해당하는 사람
   가. 100만 원 이상의 벌금형을 선고받고 그 형이 확정된 후 5년이 지나지 아니한 사람
   나. 금고 이상의 형의 집행유예를 선고받고 그 유예기간이 끝난 날부터 7년이 지나지 아니한 사람
   다. 금고 이상의 실형을 선고받고 그 집행이 끝나거나(집행이 끝난 것으로 보는 경우를 포함한다.) 집행이 면제된 날부터 7년이 지나지 아니한 사람
8. 제5호부터 제7호까지에도 불구하고 「성폭력범죄의 처벌 등에 관한 특례법」 제2조의 성폭력범죄(「성폭력범죄의 처벌 등에 관한 특례법」 제2조 제1항 제1호는 제외한다.) 또는 「아동 · 청소년의 성보호에 관한 법률」 제2조 제2호의 아동 · 청소년대상 성범죄를 저지른 사람으로서 형 또는 치료감호를 선고받고 확정된 후 그 형 또는 치료감호의 전부 또는 일부의 집행이 끝나거나(집행이 끝난 것으로 보는 경우를 포함한다.) 집행이 면제되거나 집행의 유예기간이 끝난 날부터 10년이 지나지 아니한 사람

이 밖에 시 · 도사회보장위원회의 조직 · 운영에 필요한 사항은 보건복지부령으로 정하는 바에 따라 해당 시 · 도의 조례로 정한다(법 제40조 제5항).

2) 지역사회보장협의체

시장 · 군수 · 구청장은 지역의 사회보장을 증진하고, 사회보장과 관련된 서비스를 제공하는 관계 기관 · 법인 · 단체 · 시설과 연계 · 협력을 강화하기 위하여 해당 시 · 군 · 구에 지역사회보장협의체를 둔다(법 제41조 제1항). 지역사회보장협의체는 다음 각 호의 업무를 심의 · 자문한다(법 제41조 제2항).

1. 시 · 군 · 구의 지역사회보장계획 수립 · 시행 및 평가에 관한 사항
2. 시 · 군 · 구의 지역사회보장조사 및 지역사회보장지표에 관한 사항
3. 시 · 군 · 구의 사회보장급여 제공에 관한 사항
4. 시 · 군 · 구의 사회보장 추진에 관한 사항
5. 읍 · 면 · 동 단위 지역사회보장협의체의 구성 및 운영에 관한 사항
6. 그 밖에 위원장이 필요하다고 인정하는 사항

지역사회보장협의체의 위원의 자격은 다음 각 호와 같고, 이 자격을 갖춘 사람 중 시장 · 군수 · 구청장이 임명 또는 위촉한다. 다만, 제40조 제4항에 해당되는 사람은 위원이 될 수 없다(법 제41조 제3항).

1. 사회보장에 관한 학식과 경험이 풍부한 사람
2. 지역의 사회보장 활동을 수행하거나 서비스를 제공하는 기관 · 법인 · 단체 · 시설의 대표자
3. 「비영리민간단체지원법」 제2조의 비영리민간단체에서 추천한 사람
4. 제7항에 따른 읍 · 면 · 동 단위 지역사회보장협의체의 위원장(공동위원장이 있는 경우에는 민간위원 중에서 선출된 공동위원장

을 말한다.)

5. 사회보장에 관한 업무를 담당하는 공무원

지역사회보장협의체의 업무를 효율적으로 수행하기 위하여 지역사회보장협의체에 실무협의체를 두며(법 제41조 제4항), 보장기관의 장은 지역사회보장협의체의 효율적 운영을 위하여 필요한 인력 및 운영비 등 재정을 지원할 수 있다(법 제41조 제5항). 또한 법 제41조 제1항부터 제5항까지에 규정된 사항 외에 지역사회보장협의체 및 실무협의체의 조직 · 운영에 필요한 사항은 보건복지부령으로 정하는 바에 따라 해당 시 · 군 · 구의 조례(「제주특별자치도 설치 및 국제자유도시 조성을 위한 특별법」 제10조 제2항에 따른 행정시의 경우에는 특별자치도의 조례를 말한다. 이하 같다.)로 정한다(법 제41조 제6항).

특별자치시장 및 시장 · 군수 · 구청장은 읍 · 면 · 동 단위로 읍 · 면 · 동의 사회보장 관련 업무의 원활한 수행을 위하여 해당 읍 · 면 · 동에 읍 · 면 · 동 단위 지역사회보장협의체를 두며(법 제41조 제7항), 제7항에 따른 읍 · 면 · 동 단위 지역사회보장협의체의 조직 · 운영에 필요한 사항은 보건복지부령으로 정하는 바에 따라 해당 특별자치시 및 시 · 군 · 구의 조례로 정한다(법 제41조 제8항).

3) 사회보장사무 전담기구

특별자치시장 및 시장 · 군수 · 구청장은 사회보장에 관한 업무를 효율적으로 수행하기 위하여 관련 조직, 인력, 관계 기관 간 협력체계 등을 마련하여야 하며, 필요한 경우에는 사회보장에 관한 사무를 전담하는 기구(이하 '사회보장사무 전담기구'라 한다.)를 별도로 설치할 수 있다(법 제42조

제1항).[13] 사회보장 전담기구의 설치는 각 지방자치단체장의 판단에 의할 수 있는바, 강행의무가 주어져 있는 것은 아니다.

사회보장사무 전담기구는 사회보장정보시스템을 활용하여 수급권자에게 필요한 정보를 종합 안내하고, 사회보장급여에 대한 신청 등이 편리하게 이루어질 수 있도록 운영되어야 한다(법 제42조 제2항). 사회보장사무 전담기구의 사무 범위, 조직 및 운영 등에 필요한 사항은 해당 특별자치시 및 시 · 군 · 구의 조례로 정한다(법 제42조 제3항).

4) 통합사례관리

사회보장급여법 제정 배경에서 언급한 것처럼, 이 법은 대상자에 대한 맞춤형 급여를 지향하고 있다. 이를 위해 법에서는 통합사례관리를 규정하여, 대상자 관리체계를 수립하였다.

이에 대해, 보건복지부장관, 시 · 도지사 및 시장 · 군수 · 구청장은 지원대상자의 사회보장 수준을 높이기 위하여 지원대상자의 다양하고 복합적인 특성에 따른 상담과 지도, 사회보장에 대한 욕구조사, 서비스 제공계획의 수립을 실시하고, 그 계획에 따라 지원대상자에게 보건 · 복지 · 고용 · 교육 등에 대한 사회보장급여 및 민간 법인 · 단체 · 시설 등이 제공하는 서비스를 종합적으로 연계 · 제공하는 통합사례관리를 실시할 수 있다(법 제42조의2 제1항). 제1항에 따른 통합사례관리를 실시하기 위하여 필요한 경우에는 특별자치시 및 시 · 군 · 구에 통합사례관리사를 둘 수 있고(제42조

---

13) 과거 「사회복지사업법」에서는 사회복지사업에 관한 업무를 효율적으로 운영하기 위하여 필요한 경우 시 · 군 · 구 또는 읍 · 면 · 동에 복지사무를 전담하는 기구를 따로 설치할 수 있도록 규정했었다. 이는 구 「사회복지사업법」 제15조에 의해 '복지사무전담기구'로서 명명되었다. 구 법에서도 이 기구의 설치는 필수 규정이 아니었고, 조례에 의해 설치근거를 확보한 경우, 운영될 수 있었다. 「사회보장급여법」이 제정되면서 해당 사항은 구 「사회복지사업법」에서 전면 삭제되었다.

의2 제2항), 보건복지부장관은 통합사례관리 사업의 전문적인 지원을 위하여 해당 업무를 공공 또는 민간 기관 · 단체 등에 위탁하여 실시할 수 있다(제42조의2 제3항). 특히 이 조항은 통합사례관리사업의 민간위탁의 근거로 적용된다. 아울러 통합사례관리사의 자격 · 업무 등 운영에 필요한 사항은 보건복지부령으로 정하도록 한바(제42조의2 제4항), 통합사례관리사의 자격과 업무는 다음과 같다.

〈표 10-1〉 통합사례관리사의 자격과 업무

자격	업무
1. 사회복지사 1급 자격증을 취득한 후 사회복지 분야 근무 경력이 2년 이상인 사람 2. 사회복지사 2급 자격증을 취득한 후 사회복지 분야 근무 경력이 4년 이상인 사람 3. 정신건강사회복지사 2급 이상 자격증을 취득한 후 사회복지 분야 또는 보건 분야 근무경력이 2년 이상인 사람 4. 간호사 면허증을 취득한 후 사회복지 분야 또는 보건 분야 근무경력이 2년 이상인 사람	1. 지원대상자에 대한 상담 · 지도 및 사회보장에 대한 욕구조사 2. 서비스 제공계획의 수립과 그에 따른 사회보장급여 및 서비스의 연계 3. 보장기관과 민간 법인 · 단체 · 시설 등이 제공하는 서비스의 관리 · 점검 4. 그 밖에 통합사례관리에 필요한 사항으로서 보건복지부장관이 정하는 사항

출처: 「사회보장급여의 이용 · 제공 및 수급권자 발굴에 관한 법률 시행규칙」 제7조의2.

5) 사회복지전담공무원

사회복지사업에 관한 업무를 담당하게 하기 위하여 시 · 도, 시 · 군 · 구, 읍 · 면 · 동 또는 사회보장사무 전담기구에 사회복지전담공무원을 둘 수 있다. 이때 사회복지전담공무원은 「사회복지사업법」 제11조에 따른 사회복지사의 자격을 가진 사람으로 하며, 그 임용 등에 필요한 사항은 대통령령으로 정한다. 아울러 사회복지전담공무원은 사회보장급여에 관한 업무 중 취약계층에 대한 상담과 지도, 생활실태의 조사 등 보건복지부령으로 정하는 사회복지에 관한 전문적 업무를 담당한다. 국가는 사회복지전담공무원의 보수 등에 드는 비용의 전부 또는 일부를 보조할 수 있다. 또한 시·도지사 및 시장·군수·구청장은 「지방공무원 교육훈련법」 제3조에 따라 사회복지전담공무원의 교육훈련에 필요한 시책을 수립·시행하여야 한다(이상 법 제43조).

우리나라 사회복지전담공무원은 2016년 통계 기준 20,307명(정원기준)으로, 2006년(10,110명)보다 두 배 이상 늘었으며, 이 중 사회복지사 자격증 소지자는 1급 12,370명(60.9%), 2급 6,819명(33.6%) 등이다.

〈표 10-2〉 사회복지전담 공무원 현황

(단위: 명)

		2006	2010	2011	2012	2013	2014	2015	2016
정 원		10,110	11,634	11,170	13,290	14,700	16,475	17,717	20,307
사회복지사	1급	8,446	8,921	8,991	10,168	10,518	11,719	11,988	12,370
	2급	1,312	1,522	1,603	2,682	3,571	4,491	5,257	6,819
	3급	47	53	45	57	95	59	124	69

출처: 2017년 12월 29일자 보건복지부 배포 보도참고자료.

6) 그 밖의 조치 및 기구

중앙행정기관의 장 및 시·도지사는 시·도 및 시·군·구 간 사회보장 수준의 차이를 최소화하기 위하여 예산 배분, 사회보장급여의 제공 기관 등의 배치 등에 필요한 조치를 하여야 한다(법 제45조). 이는 지역사회보장의 균형발전을 꾀하기 위한 목적이다.

한편, 보건복지부장관은 시·도 및 시·군·구의 사회보장 추진 현황 분석, 지역사회보장계획의 평가, 지역 간 사회보장의 균형발전 지원 등의 업무를 효과적으로 수행하기 위하여 지역사회보장균형발전지원센터를 설치·운영할 수 있다. 이때 보건복지부장관은 지역사회보장균형발전지원센터의 운영을 관련 전문기관에 위탁할 수 있으며 지역사회보장균형발전지원센터의 설치·운영과 운영의 위탁 등에 필요한 사항은 보건복지부령에 의한다(법 제46조).

지역사회보장과 관련된 기구로서 이 법은 사회보장 특별지원구역을 명시하였다. 이와 관련하여 중앙행정기관의 장 또는 시·도지사는 「공공주택 특별법」에 따른 영구임대주택단지, 저소득층 밀집 거주지, 그 밖에 보건, 복지, 고용, 주거, 문화 등 특정 분야의 서비스가 취약한 지역을 사회보장 특별지원구역으로 선정하여 지원할 수 있다. 이 경우 중앙행정기관의 장 또는 시·도지사는 사회보장 특별지원구역을 선정할 때 관계 행정기관의 장과 협의하여야 하며, 사회보장 특별지원구역의 선정 및 지원 등에 필요한 사항은 대통령령으로 정하게 된다(법 제48조).

12 권리구제와 벌칙

1) 권리구제

「사회보장급여법」은 수급권자에 대한 권리구제로서 이의신청을 보장하고 있다.

먼저 이 법에 따른 처분에 이의가 있는 수급권자 등은 그 처분을 받은 날로부터 90일 이내에 처분을 결정한 보장기관의 장에게 이의신청을 할 수 있다. 다만, 정당한 사유로 인하여 그 기간 내에 이의신청을 할 수 없음을 증명한 때에는 그 사유가 소멸한 때부터 60일 이내에 이의신청을 할 수 있다(법 제17조 제1항).

보장기관의 장은 이의신청을 받은 날부터 10일 이내에 그 이의신청에 대하여 결정하고 그 결과를 신청인에게 지체 없이 통지하여야 한다. 다만, 부득이한 사유로 정하여진 기간 이내에 결정할 수 없을 때에는 그 기간의 만료일 다음 날부터 기산하여 10일 이내의 범위에서 연장할 수 있으며, 연장 사유를 신청인에게 통지하여야 한다(법 제17조 제2항). 제1항 또는 제2항에 따른 이의신청의 방법 및 절차 등에 관하여 필요한 사항은 대통령령으로 정해진다(법 제17조 제3항).

2) 벌칙

이 법을 위반한 자에 대한 형벌적 조치로서 벌칙은 다음과 같다.

먼저 제31조 제1호[14]를 위반한 사람은 10년 이하의 징역 또는 1억 원 이하의 벌금에 처한다. 이는 사회보장급여법에서 가장 무거운 처벌조항에 해당한다. 다음으로 아래 각 호의 어느 하나에 해당하는 사람은 5년 이하의 징역 또는 5천만 원 이하의 벌금에 처한다.

1. 제29조 제8항[15] 또는 제49조[16]를 위반한 사람
2. 제31조 제2호[17]를 위반한 사람
3. 제31조 제3호[18]를 위반한 사람

---

14) 사회보장정보의 처리업무를 방해할 목적으로 사회보장정보를 위조 · 변경 · 훼손하거나 말소하는 행위.

15) 사회보장정보원의 임직원이나 임직원으로 재직하였던 사람은 그 직무상 알게 된 비밀을 누설하거나 다른 용도로 사용하여서는 아니 된다.

16) 제49조는 비밀유지의무다.

17) 정당한 사유 없이 사회보장정보를 위조 · 변경 · 훼손 · 말소 · 유출하거나 그 방법 또는 프로그램을 공개 · 유포 · 사용하는 행위.

18) 정당한 사유 없이 사회보장정보시스템을 위조 · 변경 · 훼손하거나 이용하는 행위.

4. 제31조 제4호[19]를 위반한 사람

③ 제22조 제1항에 따른 부정수급자에 대하여는 1년 이하의 징역 또는 1천만 원 이하의 벌금에 처한다(이상 법 제54조).

한편, 행정벌적 조치로서 과태료의 경우, 법 제7조 제1항에 따른 조사범위를 초과하여 개인정보를 수집한 자에게는 5천만 원 이하의 과태료를 부과한다. 그리고 다음 각 호의 어느 하나에 해당하는 사람에게는 3천만 원 이하의 과태료를 부과한다(법 제55조).

1. 제33조[20]에 따른 시정요구에 따르지 아니한 사람
2. 제34조[21]에 따른 파기를 하지 아니한 사람

---

19) 정당한 권한이 없거나 허용된 권한을 초과하여 사회보장정보를 처리하는 행위.

20) 제33조는 사회보장정보 등에 대한 침해행위의 시정요구다.

21) 제34조는 사회보장정보의 파기에 대한 사항이다.

요약

「사회보장급여의 이용 · 제공 및 수급권자 발굴에 관한 법률」은 기존 복지전달체계가 중앙행정기관별 · 지방자치단체별로 분절 운영되어 서비스의 효율적 연계를 기대하기 어렵고, 중복제공 및 사각지대 문제가 동시에 발생하는 것과 같은 문제를 해결하기 위해 제정논의가 시작되었다. 뿐만 아니라 「사회보장기본법」 개정을 통해 사회서비스 개념 도입과 맞춤형 사회보장제도 운영이 규정된 만큼, 이를 실현하기 위한 세부적인 실행방안과 절차가 필요한 상황에서 이 법은 등장하게 되었다.
「사회보장급여의 이용 · 제공 및 수급권자 발굴에 관한 법률」은 국민이 자신에게 적합한 복지혜택을 선택할 수 있도록 하는 맞춤형 서비스를 제공함으로써 국민의 복지체감도를 향상시키고자 하는 데 목적을 둔다.

핵심어

- 사회보장급여
- 사회보장정보
- 수급권자 지원
- 사회보장에 관한 지역계획

제11장
국민기초생활 보장법

망령되게 움직이지 말고 조용하고 무겁기를 산과 같이 하라.

勿令妄動 靜重如山

- 이순신(1545~1598) -

1 개요

1) 입법배경

1990년대 말, 한국은 사상 최악의 경제위기를 맞이했다. 이른바 'IMF 사태'로 불렸던 이 사건은 우리나라 사회 · 경제 전반의 변화를 가져왔다. 사회복지 분야도 예외가 아니었다. 기존 안전망으로부터 보호받지 못하는 청 · 장년 근로빈곤인구가 가파르게 늘어나면서, 인구사회학적 기준을 철저히 적용하고 있었던 공공부조법체계는 대대적인 개편을 요구받았다. 무엇보다 「생활보호법」은 전면 수정이 필요한 상황이었다. 근로생활을 하고 있음에도 불구하고 생계유지가 어려운 저소득층이 두드러지게 늘어났다. 복지사각지대 역시 갈수록 커져 나갔다. 더 이상 시장이나 가족의 힘에 의

존할 수 없는 지점까지 다다른 것이다. 국가가 국민의 기본적인 생활보장을 위한 적극적인 역할을 해야 한다는 목소리가 점점 크게 나타나게 되었다. 1998년 45개 시민단체가 '국민기초생활 보장법 제정 추진연대회의'를 구성하여 「생활보호법」을 대신할 수 있는 신법을 제정하도록 청원하였고, 같은 해 10월 「국민기초생활 보장법」이 발의되었다. 이듬해인 1999년, 당시 김대중 정부는 '생산적 복지'를 국정이념으로 채택하면서 「국민기초생활 보장법」의 제정 방침을 내세웠다. 그 후 1999년 7월 「국민기초생활보장법」이 발의되었고 1999년 8월, 국회 본회의 의결을 거쳐 1999년 9월 7일자로 공포되었다.

2) 제정 목적 및 급여 원칙

「국민기초생활 보장법」(이하 '법'이라고 한다.)의 목적은 생활이 어려운 사람에게 필요한 급여를 실시하여 이들의 최저생활을 보장하고 자활을 돕는 것이다(제1조). 인구사회학적 기준에 의해 근로능력 연령대에 있는 경우 어떤 보호도 받지 못했던 지난 문제점을 개선하여, 근로능력이 있는 빈곤자에 대한 자활 역시 이 목적 아래 내재되어 있다.

이 법에 의한 급여는 생계급여 등 여러 가지가 있지만, 이 모든 급여를 아우르는 기본원칙은 수급자 본인의 자활 · 자립의지를 근간으로 하고 있다. 수급자가 자신의 생활의 유지 · 향상을 위하여 그의 소득, 재산, 근로능력 등을 활용하여 최대한 노력하는 것을 전제로 이를 보충 · 발전시키는 것이 기본원칙이다. 부양의무자의 부양과 다른 법에 따른 보호는 이 법에 따른 급여에 우선하여 실시되며, 다만 다른 법령에 따른 보호의 수준이 이 법에서 정하는 수준에 이르지 못할 경우에는 나머지 부분에 관하여 이 법에 따른 급여를 통해 보충될 수 있다(제3조).

〈표 11-1〉 급여 실시에 따른 세부 원칙

가. 최저생활보장의 원칙
- 생활이 어려운 자에게 생계 · 의료 · 주거 · 교육 · 자활 등 필요한 급여를 행하여 최저생활을 보장.

나. 보충급여의 원칙
- 생계급여 수급자에 대한 최저보장수준은 생계급여액과 수급자 가구의 소득인정액을 합한 수준이 생계급여 선정기준 이상이 되도록 지원.

다. 자립지원의 원칙
○ 근로능력이 있는 생계급여 수급자가 근로활동에 종사하지 않는 경우에는 자활사업에 참여할 것을 조건으로 생계급여를 지급.

라. 개별성의 원칙
○ 급여수준을 정함에 있어서 수급자의 개별적 특수 상황을 최대한 반영.
  - 이를 위해 수급자 및 부양의무자의 소득 · 재산, 수급자의 근로능력 · 취업상태 · 자활욕구 등 자활지원계획 수립에 필요한 사항, 기타 수급자의 건강상태 · 가구특성 등 생활실태에 관한 사항 등을 조사.

마. 가족부양 우선의 원칙
○ 급여신청자가 부양의무자로부터 부양될 수 있으면 기초생활보장급여에 우선하여 부양의무자의 보호가 먼저 행해져야 함.
  - 수급자에게 부양능력을 가진 부양의무자가 있음에도, 이 법에 따른 급여를 수급자에게 계속 지급하기로 결정하는 경우에는 부양의무자로부터 지급된 급여만큼 보장비용을 징수할 수 있음.
  - 단, 교육급여는 보편적 서비스에 해당하며 사회적 투자의 개념이 강하므로 부양의무자의 우선보호 원칙을 적용하지 않으며, 교육급여 수급자 가구의 소득인정액만으로 보장 여부를 결정.

바. 타 급여 우선의 원칙
○ 급여신청자가 다른 법령에 따라 보장을 받을 수 있는 경우에는 기초생활보장급여에 우선하여 다른 법령에 따른 보장이 먼저 행해져야 함.

사. 보편성의 원칙
○ 국민기초생활 보장법에 규정된 요건을 충족시키는 국민에 대하여는 성별 · 직업 · 연령 · 교육수준 · 소득원 기타의 이유로 수급권을 박탈하지 아니함.

출처: 2018년 국민기초생활보장사업 안내(보건복지부)

3) 핵심용어 개념 정의(법 제2조)

「국민기초생활 보장법」에서 적용되는 주요 용어와 그 의미는 다음과 같다.

① '수급권자'란 이 법에 따른 급여를 받을 수 있는 자격을 가진 사람을 말한다.

② '수급자'란 이 법에 따른 급여를 받는 사람을 말한다.

③ '수급품'이란 이 법에 따라 수급자에게 지급하거나 대여하는 금전 또는 물품을 말한다.

④ '보장기관'이란 이 법에 따른 급여를 실시하는 국가 또는 지방자치단체를 말한다.

⑤ '부양의무자'란 수급권자를 부양할 책임이 있는 사람으로서 수급권자의 1촌의 직계혈족 및 그 배우자를 말한다. 다만, 사망한 1촌의 직계혈족의 배우자는 제외한다.1)

⑥ '최저보장수준'이란 국민의 소득 · 지출 수준과 수급권자의 가구 유형 등 생활실태, 물가상승률 등을 고려하여 제6조에 따라 급여의 종류별로 공표하는 금액이나 보장수준을 말한다.

⑦ '최저생계비'란 국민이 건강하고 문화적인 생활을 유지하기 위하여 필요한 최소한의 비용으로서 법 제20조의2제4항에 따라 보건복지부장관이 계측하는 금액을 말한다.

⑧ '개별가구'란 이 법에 따른 급여를 받거나 이 법에 따른 자격요건에 부합하는지에 관한 조사를 받는 기본단위로서 수급자 또는 수급권자로 구성된 가구를 말한다. 이 경우 개별가구의 범위 등 구체적인 사항은 대통령령으로 정한다.

⑨ '소득인정액'이란 보장기관이 급여의 결정 및 실시 등에 사용하기

---

1) 과거 이혼, 폭력, 상해, 방임, 유기, 가출, 학대, 약물중독, 미혼출산 등의 사유로 부양의무자에게 유선 연락 또는 공문 송부 시 수급(권)자 및 부양의무자 가구에 문제발생이 예상되는 경우, 조사 생략.

위하여 산출한 개별가구의 소득평가액과 재산의 소득환산액을 합산한 금액을 말한다.

⑩ '차상위계층'이란 수급권자에 해당하지 아니하는 계층으로서 소득인정액이 대통령령으로 정하는 기준 이하인 계층을 말한다.

⑪ '기준 중위소득'이란 보건복지부장관이 급여의 기준 등에 활용하기 위하여 제20조 제2항에 따른 중앙생활보장위원회의 심의·의결을 거쳐 고시하는 국민 가구소득의 중위값을 말한다.

4) 근로능력이 있는 수급권자

근로능력이 있는 수급권자에 대한 조치는 법 제9조에 의해 시행된다. 근로능력이 있는 수급자에 대해 보장기관은 대통령령으로 정하는 바에 따라 자활에 필요한 사업에 참가할 것을 조건으로 하여 생계급여를 실시할 수 있게끔 규정되어 있다(법 제9조).

과거 「생활보호법」과 가장 큰 차이를 보이는 지점이 바로 여기다. 법 제9조 제5항에 따라 자활에 필요한 사업(이하 '자활사업'이라 한다.)에 참가할 것을 조건으로 부과하여 생계급여를 지급받는 사람을 '조건부수급자'로 규정해 두고 있다(시행령 제8조). 조건부수급자의 경우, 급여를 받는 조건으로서 자활사업에 즉시 참여할 것을 전제로 한다. 그러나 의무교육과정, 군복무 등의 종료로 인한 사회환경 변화를 맞고 있는 경우, 적응을 위한 유예기간을 인정하고 있다. 구체적으로 보면 다음 표와 같다.

〈표 11-2〉 조건부수급자의 기준

동법 시행령 제8조
① 법 제9조 제5항에 따라 자활에 필요한 사업(이하 '자활사업'이라 한다.)에 참가할 것을 조건으로 부과하여 생계급여를 지급받는 사람(이하 '조건부수급자'라 한다.)은 제7조에 따른 근로능력이 있는 수급자로 한다.

② 제1항에도 불구하고 시장·군수·구청장은 제7조에 따른 근로능력이 있는 수급자 중 다음 각 호의 어느 하나에 해당하는 사람에게는 제1항에 따른 조건 부과를 유예할 수 있다. 다만, 제3호에 해당하는 사람의 경우에는 그 유예기간을 3개월로 한정한다. 〈개정 2016. 11. 29.〉

1. 개별가구 또는 개인의 여건 등으로 자활사업에 참가하기가 곤란한 다음 각 목의 어느 하나에 해당하는 사람
   가. 미취학 자녀, 질병·부상 또는 장애 등으로 거동이 곤란한 가구원이나 치매 등으로 특히, 보호가 필요한 가구원을 양육·간병 또는 보호하는 수급자(가구별로 1명으로 한정하되, 양육·간병 또는 보호를 할 수 있는 다른 가구원이 있거나 사회복지시설 등에서 보육·간병 또는 보호서비스를 제공받는 경우는 제외한다.)
   나. 「고등교육법」 제2조 각 호(제5호는 제외한다.)에 따른 학교에 재학 중인 사람[2)]
   다. 「장애인고용촉진 및 직업재활법」 제9조에 따른 장애인 직업재활 실시 기관 및 같은 법 제43조에 따른 한국장애인고용공단이 실시하는 고용촉진 및 직업재활 사업에 참가하고 있는 장애인
   라. 임신 중이거나 분만 후 6개월 미만인 여자
   마. 사회복무요원 등 법률상 의무를 이행 중인 사람

---

2) 고등교육법 제2조(학교의 종류) 고등교육을 실시하기 위하여 다음 각 호의 학교를 둔다.
   1. 대학
   2. 산업대학
   3. 교육대학
   4. 전문대학
   5. 방송대학·통신대학·방송통신대학 및 사이버대학(이하 '원격대학'이라 한다.)
   6. 기술대학
   7. 각종학교

2. 근로 또는 사업에 종사하는 대가로 보건복지부장관이 정하여 고시하는 기준을 초과하는 소득을 얻고 있는 사람으로서 다음 각 목의 어느 하나에 해당하는 사람
   가. 주당 평균 3일(1일 6시간 이상 근로에 종사하는 경우만 해당한다.) 이상 근로에 종사하거나 주당 평균 4일 이상의 기간 동안 22시간 이상 근로에 종사하는 사람
   나. 「부가가치세법」 제8조에 따라 사업자등록을 하고 그 사업에 종사하고 있는 사람
3. 환경 변화로 적응기간이 필요하다고 인정되는 다음 각 목 어느 하나에 해당하는 사람
   가. 「병역법」에 따른 입영예정자 또는 전역자
   나. 「형의 집행 및 수용자의 처우에 관한 법률」 및 「치료감호 등에 관한 법률」 등에 따른 교도소, 구치소, 치료감호시설 등에서 출소한 사람
   다. 법 제32조에 따른 보장시설에서 퇴소한 사람[3]

---

3) 보장시설:
1. 「장애인복지법」 제58조 제1항 제1호의 장애인 거주시설
2. 「노인복지법」 제32조 제1항의 노인주거복지시설 및 같은 법 제34조 제1항의 노인의료복지시설
3. 「아동복지법」 제52조 제1항 및 제2항에 따른 아동복지시설 및 통합 시설
4. 「정신건강증진 및 정신질환자 복지서비스 지원에 관한 법률」 제22조에 따른 정신요양시설 및 같은 법 제26조에 따른 정신재활시설
5. 「노숙인 등의 복지 및 자립지원에 관한 법률」 제16조 제1항 제3호 및 제4호의 노숙인재활시설 및 노숙인요양시설
6. 「가정폭력방지 및 피해자보호 등에 관한 법률」 제7조에 따른 가정폭력피해자 보호시설
7. 「성매매방지 및 피해자보호 등에 관한 법률」 제9조 제1항에 따른 성매매피해자등을 위한 지원시설
8. 「성폭력방지 및 피해자보호 등에 관한 법률」 제12조에 따른 성폭력피해자보호시설
9. 「한부모가족지원법」 제19조 제1항의 한부모가족복지시설
10. 「사회복지사업법」 제2조 제4호의 사회복지시설 중 결핵 및 한센병요양시설
11. 그 밖에 보건복지부령으로 정하는 시설

라. 「초 · 중등교육법」 제2조 제3호부터 제5호까지의 규정에 따른 학교 또는 「고등교육법」 제2조 각 호(제5호는 제외한다.)에 따른 학교의 졸업자[4)]
마. 질병 · 부상 등으로 2개월 이상 치료를 받고 회복 중인 사람
4. 그 밖에 자활사업에 참가할 것을 조건으로 하여 생계급여를 지급하는 것이 곤란하다고 보건복지부장관이 정하는 사람
③ 제2항에 따라 조건 부과를 유예받은 사람은 그 유예기간 동안 조건부수급자로 보지 아니한다.

근로연령대에 있지만 실제로 근로능력이 없다고 판정된 경우, 예외적으로 조건부수급자에서 제외되며 이 법에 의한 수급자의 지위를 인정받는다. 이 법에서 근로능력이 없는 수급자로 보는 경우는 다음과 같다.

〈표 11-3〉 근로능력이 없는 수급자에 대한 판단기준

가. 근로능력 없는 수급자
(1) 질병 · 부상 또는 그 후유증으로 치료 또는 요양이 필요한 사람 중에서 근로능력평가를 통해 시장 · 군수 · 구청장이 근로능력이 없다고 판정한 사람

4) 초중등교육법 제2조(학교의 종류) 초 · 중등교육을 실시하기 위하여 다음 각 호의 학교를 둔다.
1. 초등학교 · 공민학교
2. 중학교 · 고등공민학교
3. 고등학교 · 고등기술학교
4. 특수학교
5. 각종학교

- 질병 · 부상자에 대한 근로능력평가용 진단서 등의 제출을 통한 근로능력평가는 생계 · 의료급여 수급(권)자만 적용하며, 주거 · 교육급여 수급(권)자는 적용하지 않음
  ※ 생계급여수급(권)자는 근로능력자에 대한 조건부수급자 지정, 의료급여수급(권)자는 의료급여 종별을 결정하기 위하여 근로능력평가 실시

(2) 그 밖의 근로가 곤란하다고 보건복지부장관이 정하는 사람

(가) 20세 미만의 중 · 고교 재학생(재학증명서 첨부)
- 만 20세가 되는 날이 속한 달의 다음달 1일 근로능력자로 전환
  ※ 한겨레중고등학교(북한이탈주민자녀)에 재학 중인 20세 이상 재학생은 근로 곤란자로 판단

(나) 「장애인복지법」 제2조 제2항 및 「동법 시행령」 제2조 제2항에 따른 4급 이내 장애인

(다) 「국가유공자 등 예우 및 지원에 관한 법률 시행령」 제14조 제3항에 따른 상이등급에 해당하는 자 중 3급 이상의 상이등급 해당 자

(라) 「노인장기요양보험법 시행령」 제7조에 따른 장기요양 1~5등급 판정자

(마) 보건복지부 고시 의료급여수가의 기준 및 일반기준(제2016-114호) 별표2의 희귀난치성질환 해당자 및 건강보험의 본인일부부담 산정특례에 관한 기준(제2016-117호) 별표3의 중증질환(암환자, 중증화상환자만 해당) 등록자
- 산정특례 등록한 본인에 한해 희귀난치성질환자 및 암환자는 5년간, 중증화상환자는 1년(6개월 연장 가능)간 근로능력평가 유예
- 희귀난치성 질환자 등록제에 따른 '의료급여 산정특례 등록신청서' 제출 · 확인
- 신규 급여신청자(신청일 현재 건강보험 가입대상)의 경우 시 · 군 · 구청에서 건강보험공단(지사)에 공문으로 산정특례 등록여부 확인

※ 단, 건강보험공단(지사)에 확인이 어려운 경우에는 신청자에게 의료급여기관에서 '건강보험 산정특례 등록신청서'를 발급받아 제출할 수 있도록 조치

– 인체 면역 결핍 바이러스 환자(HIV/AIDS, 상병코드 B20~B24)의 경우 최초 급여신청 시에만 '일반진단서'로 확인하고, 이후 유효기간 없이 계속 적용

나. 근로무능력자로만 구성된 가구

(1) '근로능력 없는 수급자'에 해당하는 사람(18세 미만, 65세 이상)과 다음의 (2)~(3)에 해당하는 사람, 18세 미만의 수급(권)자, 65세 이상의 수급(권)자로만 구성된 가구

(2) 근로능력이 있으나 가구원의 양육 · 간병 등의 사유로 근로가 곤란한 자를 포함하는 다음 조건을 만족하는 사람

(가) 미취학 자녀를 종일 양육하여야 하므로 근로가 곤란한 수급(권)자

① 「초 · 중등교육법」 제13조에 따라 취학 의무기간이 도래하지 않은 자녀

② 보육료(양육수당은 제외), 유아학비를 지원받지 않는 경우

③ 양육할 수 있는 다른 가구원이 없는 경우

(나) 질병 · 부상 또는 장애 등으로 거동이 곤란한 가구원이나 치매 등 가구원을 종일 간병 · 보호해야 하므로 근로가 곤란한 수급(권)자

① 간병대상자: 질병 · 부상 등으로 인하여 스스로 일상생활을 수행하기 어려워 타인의 돌봄을 필요로 하는 자

② 보호대상자: 스스로 식사나 용변이 불가능하거나 보장구가 있어도 실내에서의 이동이 불가능한 경우 또는 치매, 정신질환 등 인지능력 결함으로 종일 보호가 필요한 경우

③ 간병 또는 보호할 수 있는 다른 가구원이 없는 경우

④ 월 평균 20일 이상이고 1일 4시간 이상의 사회복지서비스(돌봄서비스, 노인장기요양보험, 시 · 군 · 구 자체사업 등 포함)를 제공받지 않는 경우

출처: 보건복지부(2018: 119-120).

5) 제도 운영: 신청주의 및 직권주의

이 법은 수급권자 본인 및 친족 그리고 기타 관계자의 신청에 근거하여 실시된다. 다만, 취약계층 정보접근성의 어려움 등을 감안하여 사회복지 전담공무원 직권에 의한 신청을 예외적으로 인정하고 있다. 직권신청을 진행할지라도 수급권자의 동의를 구하여야 하며 수급권자의 동의는 수급권자의 신청으로 간주된다(법 제21조 제2항). 기초생활보장을 신청한 수급권자의 생활실태가 긴급복지지원 제도에서 인정하는 위기상황에 해당하는 경우, 수급권자의 신청이 없더라도 시 · 군 · 구청은 긴급복지지원 제도를 안내하고 수급자로 결정되기 전까지 긴급복지지원이 이루어질 수 있도록 연계하고 있다(법 제27조 제2항). 이는 사각지대 방지와 긴급상황 조기 해소를 위한 조치로 볼 수 있다.

2 급여와 수급자 선정기준

1) 급여의 종류

이 법에 따른 급여는 총 7가지이며, 수급자의 필요에 따라 전부 혹은 일부를 실시하게 된다(법 제7조). 급여의 종류와 내용은 다음과 같다.

(1) 생계급여

생계급여는 수급자에게 의복, 음식물 및 연료비와 그 밖에 일상생활에 기본적으로 필요한 금품을 지급하여 그 생계를 유지하게 하는 것으로 한다. 생계급여 수급권자는 부양의무자가 없거나, 부양의무자가 있어도 부양능력이 없거나 부양을 받을 수 없는 사람으로서 그 소득인정액이 법 제

20조 제2항에 따른 중앙생활보장위원회의 심의 · 의결을 거쳐 결정하는 금액(이하 이 조에서 '생계급여 선정기준'이라 한다.) 이하인 사람으로 한다. 이 경우 생계급여 선정기준은 기준 중위소득의 100분의 30 이상으로 한다. 생계급여 최저보장수준은 생계급여와 소득인정액을 포함하여 생계급여 선정기준 이상이 되도록 하여야 한다. 그럼에도 불구하고 보장시설에 위탁하여 생계급여를 실시하는 경우에는 보건복지부장관이 정하는 고시에 따라 그 선정기준 등을 달리 정할 수 있다(제8조).

생계급여는 금전으로 직접 지급함을 원칙으로 한다. 다만, 금전으로 지급할 수 없거나 금전으로 지급하는 것이 적당하지 아니하다고 인정하는 경우에는 현물을 지급할 수 있고, 보장시설이나 타인의 가정에 위탁하여 생계급여를 실시하는 경우에는 그 위탁받은 사람에게 이를 지급할 수 있게끔 예외를 인정하고 있다(법 제9조).

예외적으로 허용되고 있는 현물 · 제3자 지급의 경우, 부당운영이 발견

〈표 11-4〉 2018년도 생계급여 최저보장수준 및 선정기준 (단위: 원)

가구규모 / 2018년	1인 가구	2인 가구	3인 가구	4인 가구	5인 가구	6인 가구	7인 가구
기준 중위소득 (A)	1,672,105	2,847,097	3,683,150	4,519,202	5,355,254	6,191,307	7,027,359
생계급여 선정 및 급여기준 (A의 30%)	501,632	854,129	1,104,945	1,355,761	1,606,576	1,857,392	2,108,208

※ 8인 이상 가구의 선정 및 급여기준: 7인 가구 생계급여 선정기준액에서 6인 가구 생계급여 선정기준액을 차감한 금액인 250,816원을 추가함(8인 가구 생계급여 선정기준액 2,359,024원)

* 생계급여액 산출 예시

○ 소득인정액이 150,000원인 1인 가구의 생계급여액:
1인 가구 생계급여 지급기준 501,632원 − 소득인정액 150,000원 = 351,640원
※ 원단위 올림

출처: 보건복지부(2018).

될 여지가 존재하기 때문에 수급자 본인에 대한 확인이 철저하게 요구된다. 생계급여는 보건복지부장관이 정하는 바에 따라 수급자의 소득인정액 등을 고려하여 차등지급할 수 있다.

아울러 생계급여는 수급자의 주거에서 실시하는 것이 원칙이지만, 수급자가 주거가 없거나 주거가 있어도 그곳에서는 급여의 목적을 달성할 수 없는 경우 또는 수급자가 희망하는 경우에는 수급자를 제32조에 따른 보장시설이나 타인의 가정에 위탁하여 급여를 실시할 수 있다(법 제10조).

(2) 주거급여(제11조)

주거급여는 수급자에게 주거 안정에 필요한 임차료, 수선유지비, 그 밖의 수급품을 지급하는 것으로 한다.

(3) 교육급여(제12조)

교육급여는 수급자에게 입학금, 수업료, 학용품비, 그 밖의 수급품을 지급하는 것으로 하되, 학교의 종류 · 범위 등에 관하여 필요한 사항은 대통령령으로 정한다. 교육급여는 교육부장관의 소관으로 실시된다. 교육급여 수급권자는 부양의무자가 없거나, 부양의무자가 있어도 부양능력이 없거나 부양을 받을 수 없는 사람으로서 그 소득인정액이 제20조 제2항에 따른 중앙생활보장위원회의 심의 · 의결을 거쳐 결정하는 금액(이하 '교육급여 선정기준'이라 한다.) 이하인 사람으로 한다. 이 경우 교육급여 선정기준은 기준 중위소득의 100분의 50 이상으로 한다.

(4) 의료급여(제12조의3)

의료급여는 수급자에게 건강한 생활을 유지하는 데 필요한 각종 검사 및 치료 등을 지급하는 것으로 한다. 의료급여 수급권자는 부양의무자가 없거나, 부양의무자가 있어도 부양능력이 없거나 부양을 받을 수 없는 사람으로서 그 소득인정액이 법 제20조 제2항에 따른 중앙생활보장위원회의 심의 · 의결을 거쳐 결정하는 금액(이하 이 항에서 '의료급여 선정기준'이라 한다.) 이하인 사람으로 한다. 이 경우 의료급여 선정기준은 기준 중위소득의 100분의 40 이상으로 한다. 의료급여에 필요한 사항은 따로 법률에서 정하고 있는바, 「의료급여법」에 의해 실시된다. 이때 「의료급여법」은 「국민기초생활 보장법」에 대해 특별법적 지위를 갖는다.

(5) 해산급여(제13조)

해산급여는 생계급여, 주거급여, 의료급여 중 하나 이상의 급여를 받는 수급자에게 조산(助産)과 분만 전과 분만 후에 필요한 조치와 보호를 실시하는 것이다. 해산의 범위에는 사산도 포함되어 있다.

(6) 장제급여(제14조)

장제급여는 생계급여, 주거급여, 의료급여 중 하나 이상의 급여를 받는 수급자가 사망한 경우 사체의 검안(檢案) · 운반 · 화장 또는 매장, 그 밖의 장제조치를 실시하는 것이다. 장제급여는 보건복지부령으로 정하는 바에 따라 실제로 장제를 실시하는 사람에게 장제에 필요한 비용을 지급하는 것으로 한다. 다만, 그 비용을 지급할 수 없거나 비용을 지급하는 것이 적당하지 아니하다고 인정하는 경우에는 물품을 지급할 수 있다.[5)]

(7) 자활급여(제15조)

자활급여는 수급자의 자활을 돕기 위한 급여다. 주요 내용을 보면 자활에 필요한 금품의 지급 또는 대여, 자활에 필요한 근로능력의 향상 및 기

---

5) 장제급여를 실시한 경우, 사망자에게 부양의무자가 없을 때에는 시장 · 군수 · 구청장은 사망자가 유류(遺留)한 금전 또는 유가증권으로 그 비용에 충당하고, 그 부족액은 유류물품의 매각대금으로 충당할 수 있다(법 제45조).

능습득의 지원, 취업알선 등 정보의 제공, 자활을 위한 근로기회의 제공, 자활에 필요한 시설 및 장비의 대여, 창업교육, 기능훈련 및 기술 · 경영 지도 등 창업지원, 자활에 필요한 자산형성지원, 그 밖에 대통령령으로 정하는 자활을 위한 각종 지원이 포함되어 있다.

2) 수급자 선정 기준

(1) 기준 중위소득

1 기준 중위소득의 개념

기준 중위소득이란 예전에 사용했던 '최저생계비'를 대체하는 개념으로 보건복지부장관이 급여의 기준 등에 활용하기 위하여 중앙생활보장위원회의 심의 · 의결을 거쳐 고시하는 국민가구소득의 중위 값을 말한다. 기준 중위소득은 급여종류별 선정기준과 생계급여 지급액을 정하는 기준이고, 부양의무자의 부양능력을 판단하는 기준이 된다.[6]

〈표 11-5〉 2018년도 기준 중위소득

(단위: 원)

구분 \ 가구규모	1인 가구	2인 가구	3인 가구	4인 가구	5인 가구	6인 가구	7인 가구
기준 중위소득	1,672,105	2,847,097	3,683,150	4,519,202	5,355,254	6,191,307	7,027,359

※ 8인 이상 가구는 7인 가구 기준 중위소득에서 6인 가구 기준 중위소득의 차액을 7인 가구 기준 중위소득에 더하여 산정

2 기준 중위소득 산정방식

기준 중위소득을 정할 때 고려하는 기준은 다음 3가지다. 첫째, 「통계법」

6) 수급자 선정 및 급여 기준으로 최저생계비 기준을 활용하지 않더라도, 기준 중위소득이 수급자의 최저생활을 보장하는지 여부를 확인하기 위하여 최저생계비를 3년마다 계측하게끔 규정하고 있다.

제27조에 따라 공표되는 우리나라 가구소득 중 '가계동향조사(농어가 포함)', 둘째, 가구소득 증가율(3년간 우리나라 가구소득의 평균 증가율 반영), 셋째, 가구규모 균등화지수(가구원 수의 차이에 따라 가구소득을 조정)다(법 제6조의2 제1항).

(2) 소득인정액의 산정

소득인정액은 소득평가액과 재산의 소득환산액을 합산한 금액으로 결정된다. 법 제6조의3을 근거로 규정되어 있다.

먼저 소득평가액은 개별가구의 실제소득에도 불구하고 보장기관이 급여의 결정 및 실시 등에 사용하기 위하여 산출한 금액을 말한다. 다음 각 호의 소득을 합한 개별가구의 실제소득에서 장애·질병·양육 등 가구 특성에 따른 지출요인, 근로를 유인하기 위한 요인, 그 밖에 추가적인 지출요인에 해당하는 금액을 감하여 산정한다(법 제6조의3 제1항).

1. 근로소득
2. 사업소득
3. 재산소득
4. 이전소득

두 번째, 재산의 소득환산액은 개별가구의 재산가액에서 기본재산액(기초생활의 유지에 필요하다고 보건복지부장관이 정하여 고시하는 재산액을 말한다.) 및 부채를 공제한 금액에 소득환산율을 곱하여 산정한다. 이 경우 소득으로 환산하는 재산의 범위는 다음 각 호와 같다(법 제6조의3 제2항).

1. 일반재산(금융재산 및 자동차를 제외한 재산을 말한다.)
2. 금융재산
3. 자동차

실제소득, 소득평가액 및 재산의 소득환산액의 산정을 위한 구체적 인 범위 · 기준 등은 대통령령으로 정한다(법 제6조의3 제3항).

이 규정에 따른 구체적인 계산방식은 다음과 같다.

○ 소득인정액
= 소득평가액(실제소득 − 가구특성별 지출비용 − 근로소득공제)
+ 재산의 소득환산액 [(재산 − 기본재산액 − 부채) × 소득환산율]
※ 소득평가액 및 재산의 소득환산액이 (−)인 경우는 0원으로 처리

소득인정액이 산출되면, 이를 근거로 '가구규모별 · 급여종류별 선정기준'과 비교하여 급여종류별로 수급자 선정 및 생계 · 주거급여액이 결정된다. 2018년 가구규모별 · 급여종류별 선정기준은 다음과 같다.

〈표 11-6〉 2018년 가구규모별 · 급여종류별 수급자 선정기준

가구규모	1인 가구	2인 가구	3인 가구	4인 가구	5인 가구	6인 가구	7인 가구
생계급여 선정기준 (기준 중위소득 30% 이하)	501,632	854,129	1,104,945	1,355,761	1,606,576	1,857,392	2,108,208
의료급여 선정기준 (기준 중위소득 40% 이하)	668,842	1,138,839	1,473,260	1,807,681	2,142,102	2,476,523	2,810,944
주거급여 선정기준 (기준 중위소득 43% 이하)	719,005	1,224,252	1,583,755	1,943,257	2,302,759	2,662,262	3,021,765
교육급여 선정기준 (기준 중위소득 50% 이하)	836,053	1,423,549	1,841,575	2,259,601	2,677,627	3,095,653	3,513,680

※ 생계급여 수급자 선정기준 기준 중위소득 30%는 동시에 생계급여 지급기준에 해당
※ 8인 이상 가구의 급여별 선정기준: 1인 증가 시마다 7인 가구 기준과 6인 가구 기준의 차이를 7인 가구 기준에 더하여 선정
− 8인 가구 생계급여수급자 선정기준: 2,359,024원 = 2,108,208원(7인 기준)
+ 250,816원(7인 기준 − 6인 기준)

예를 들어, 4인가구의 경우, 소득인정액이 1,355,761원 이하가 되어야 소득인정액 기준을 충족하는 것이다. 만약 이를 초과할 경우 소득인정액 기준을 총족하지 못하므로 생계급여 수급자로 선정될 수 없다.

앞의 〈표 11-6〉에서 볼 수 있듯이 급여의 종류별로 소득인정액 기준이 각각 달리 정해져 있다. 과거 일괄급여 방식으로 실시되었을 당시, 이른바 '전부 아니면 전무(all or nothing)'의 폐단이 지적되어 왔던 것을 반영하여 2014년, 개별급여 형태로 전환하면서 바뀐 변화다.7)

(3) 부양의무자 기준

「국민기초생활 보장법」은 급여신청자가 부양의무자로부터 부양될 수 있으면 기초생활보장급여가 아닌 부양의무자의 보호가 먼저 행해져야 하는 가족부양의 원칙을 기초로 하고 있다. 이에 부양의무자의 유・무 내지 부양능력은 급여 수급 자격 판단에 중요한 기준이 된다. 앞서 정의에서 설명한 것처럼, 부양의무자의 범위는 수급권자의 1촌의 직계혈족 및 그 배우자이다. 부양능력을 구분할 때는, 부양능력없음, 부양능력미약, 부양능력있음의 3가지로 판단한다. 부양능력이 없을 때 원칙적으로 수급자로 결정된다. 단, 부양능력미약의 경우 부양비 부과를 조건으로 하여 수급자로 보장하도록 결정할 수 있다. 물론 이때에도 앞의 소득인정액 기준을 적용했을 때, 수급권자 소득인정액이 급여종류별 선정기준을 초과하는 경우 해당 종류별로 제외될 수 있다.

과거에는 부양의무자와 소득인정액 기준 모두 총족할 것을 조건으로 하고 있었으나, 현행법에서는 생계급여, 의료급여, 주거급여에 대해서만 부양의무자 기준을 적용하며 교육급여의 경우, 부양의무자 기준을 적용하지

7) 이러한 급여방식을 일컬어 맞춤형 급여라고도 한다. 하지만 맞춤형 급여는 법률용어가 아니며, 이전의 통합급여 방식과 구분하기 위해 급여종류별로 선정기준을 달리 두고 있는 현 제도 운영 방식을 의미한다.

않도록 수정되었다(법 제12조의2).

3 자활지원

1) 자활지원센터

이 법에서는 수급자를 대상으로 하는 3가지의 자활조직과, 이 조직 간의 협의체에 대한 규정을 두고 있다. 수급자를 대상으로 하는 조직은 중앙자활센터, 광역자활센터, 지역자활센터다.

중앙자활센터의 설치근거는 법 제15조의2에 있는바, 보장기관은 수급자 및 차상위자의 자활촉진에 필요한 다음 각 호의 사업을 수행하기 위하여 중앙자활센터를 둘 수 있다(법 제15조의2 제1항).

1. 자활지원을 위한 조사 · 연구 · 교육 및 홍보 사업
2. 자활지원을 위한 사업의 개발 및 평가
3. 제15조의3에 따른 광역자활센터, 제16조에 따른 지역자활센터 및 제18조에 따른 자활기업의 기술 · 경영 지도 및 평가
4. 자활 관련 기관 간의 협력체계 및 정보네트워크 구축 · 운영
5. 취업 · 창업을 위한 자활촉진 프로그램 개발 및 지원
6. 제18조의2 제2항 및 제3항에 따른 고용지원서비스 및 사회복지서비스의 대상자 관리
7. 그 밖에 자활촉진에 필요한 사업으로서 보건복지부장관이 정하는 사업

중앙자활센터는 법인으로 하며(법 제15조의2 제2항), 정부는 중앙자활센터의 설치 및 운영에 필요한 경비의 전부 또는 일부를 보조할 수 있다(법 제

15조의2 제3항). 법 제15조의2 제1항 제6호에 따른 대상자 관리를 위한 시스템은 「사회복지사업법」 제6조의2 제2항에 따른 정보시스템과 연계할 수 있다(법 제15조의2 제4항).

중앙과 지역을 연결하는 기능을 갖는 광역자활센터는 법 제15조의3에 의해 규정되어 있는데, 보장기관은 수급자 및 차상위자의 자활촉진에 필요한 다음 각 호의 사업을 수행하게 하기 위하여 사회복지법인, 사회적협동조합 등 비영리법인과 단체(이하 이 조에서 '법인 등'이라 한다.) 등의 신청을 받아 특별시 · 광역시 · 특별자치시 · 도 · 특별자치도(이하 '시 · 도'라 한다.) 단위의 광역자활센터로 지정할 수 있다. 이 경우 보장기관은 법인 등의 지역사회복지사업 및 자활지원사업의 수행 능력 · 경험 등을 고려하여야 한다(법 제15조의3 제1항).

1. 시 · 도 단위의 자활기업 창업지원
2. 시 · 도 단위의 수급자 및 차상위자에 대한 취업 · 창업지원 및 알선
3. 제16조에 따른 지역자활센터 종사자 및 참여자에 대한 교육훈련 및 지원
4. 지역특화형 자활프로그램 개발 · 보급 및 사업개발 지원
5. 제16조에 따른 지역자활센터 및 제18조에 따른 자활기업에 대한 기술 · 경영 지도
6. 그 밖에 자활촉진에 필요한 사업으로서 보건복지부장관이 정하는 사업

보장기관은 광역자활센터의 설치 및 운영에 필요한 경비의 전부 또는 일부를 보조할 수 있으며(법 제15조의3 제2항), 보장기관은 광역자활센터에 대하여 정기적으로 사업실적 및 운영실태를 평가하고 수급자의 자활촉진을 달성하지 못하는 광역자활센터에 대하여는 그 지정을 취소할 수 있다(법 제15조의3 제3항).

이 법에 의해 수급자의 자활에 가장 직접적인 업무수행은 하는 곳은 지역자활센터다. 보장기관은 수급자 및 차상위자의 자활촉진에 필요한 다음 각 호의 사업을 수행하게 하기 위하여 사회복지법인, 사회적협동조합 등 비영리법인과 단체(이하 이 조에서 '법인 등'이라 한다.) 등의 신청을 받아 지역자활센터로 지정할 수 있다.

1. 자활의욕 고취를 위한 교육
2. 자활을 위한 정보제공, 상담, 직업교육 및 취업알선
3. 생업을 위한 자금융자 알선
4. 자영창업 지원 및 기술 · 경영 지도
5. 제18조에 따른 자활기업의 설립 · 운영 지원
6. 그 밖에 자활을 위한 각종 사업

지역자활센터를 지정할 경우 보장기관은 법인등의 지역사회복지사업 및 자활지원사업 수행능력 · 경험 등을 고려하여야 한다(법 제16조 제1항).

보장기관은 법에 따라 지정을 받은 지역자활센터에 대하여 다음 각 호의 지원을 할 수 있다(법 제16조 제2항).

1. 지역자활센터의 설립 · 운영 비용 또는 제1항 각 호의 사업수행 비용의 전부 또는 일부
2. 국유 · 공유 재산의 무상임대
3. 보장기관이 실시하는 사업의 우선 위탁

아울러 보장기관은 지역자활센터에 대하여 정기적으로 사업실적 및 운영실태를 평가하고 수급자의 자활촉진을 달성하지 못하는 지역자활센터에 대하여는 그 지정을 취소할 수 있으며(법 제16조 제3항), 지역자활센터는 수급자 및 차상위자에 대한 효과적인 자활지원과 지역자활센터의 발전을

공동으로 도모하기 위하여 지역자활센터협회를 설립할 수 있다(법 제16조 제4항).

수급자의 자활지원에 대한 직접 사업을 수행하는 것은 아니지만, 자활지원과 관련된 협의체로서 시 · 군 · 구에는 자활기관협의체를 구성하여야 한다. 시장 · 군수 · 구청장은 자활지원사업의 효율적인 추진을 위하여 제16조에 따른 지역자활센터, 「직업안정법」 제2조의2 제1호의 직업안정기관, 「사회복지사업법」 제2조 제4호의 사회복지시설의 장 등과 상시적인 협의체계(이하 '자활기관협의체'라 한다.)를 구축하여야 한다(법 제17조 제1항).

2) 자활기업

전술한 것이 수급자에 대한 자활지원조직이라면, 자활기업은 수급자 당사자들의 자활의지가 반영되어 만들어지는 조직에 해당한다. 수급자 및 차상위자는 상호 협력하여 자활기업을 설립 · 운영할 수 있다(법 제18조 제1항). 자활기업은 조합 또는 「부가가치세법」 상의 사업자로 한다(법 제18조 제1항). 보장기관은 자활기업에게 직접 또는 제15조의2에 따른 중앙자활센터, 제15조의3에 따른 광역자활센터 및 제16조에 따른 지역자활센터를 통하여 다음 각 호의 지원을 할 수 있다(법 제18조 제3항).

1. 자활을 위한 사업자금 융자
2. 국유지 · 공유지 우선 임대
3. 국가나 지방자치단체가 실시하는 사업의 우선 위탁
4. 국가나 지방자치단체의 조달구매 시 자활기업 생산품의 우선 구매
5. 그 밖에 수급자의 자활촉진을 위한 각종 사업

자활기업 사례

(주)청소하는마을, 국무총리 표창 수상

대구수성지역자활센터 자활기업 (주)청소하는 마을이 기획재정부 주관 「2018년 사회적 경제 유공자」 자활기업 부문에서 국무총리 표창을 수상했다.
자활기업 (주)청소하는 마을(대표 박정옥)은 2001년 대구수성지역자활센터 「청소자활사업단」으로 시작하여 2004년 수성구 제1호 자활기업 창업, 2011년 주식회사 전환 및 예비 사회적기업으로 지정되었으며, 2017년과 2018년에는 대구시 사회적경제 육성사업으로 선정되는 등 성과를 이루었다. 자활기업 (주)청소하는 마을은 현재 참여인원 141명, 2017년 연매출 188천만원에 이르는 건실한 기업으로 우뚝 섰다.
자활사업은 근로능력 있는 저소득층이 스스로 자활할 수 있도록 자활능력 배양, 기능습득 지원 및 근로 기회를 제공하는 사업이다. 그중 자활기업은 2인 이상의 수급자 또는 차상위자가 상호협력하여, 조합 또는 사업자의 형태로 탈빈곤을 위한 자활사업을 운영하는 사업체다.
김대권 수성구청장은 "앞으로도 국가에서 지원하는 사회적경제 일자리를 꾸준히 마련하여 어려운 이웃들이 이를 적극 활용하여 삶의 희망과 자신감을 갖고 살 수 있도록 적극 지원하겠다."라고 말했다.

출처: 경북신문(2018. 7. 16.). http://m.kbsm.net/view.php?idx=212041

3) 자산형성지원

보장기관은 수급자 및 차상위자가 자활에 필요한 자산을 형성할 수 있도록 재정적인 지원을 할 수 있다(법 제18조의4 제1항). 또한 보장기관은 수급자 및 차상위자가 자활에 필요한 자산을 형성하는 데 필요한 교육을 실시할 수 있으며(법 제18조의4 제2항), 제1항에 따른 지원으로 형성된 자산은 대통령령으로 정하는 바에 따라 수급자의 재산의 소득환산액 산정 시 이를 포함하지 아니한다(법 제18조의4 제3항).

4) 자활 관련 교육

보건복지부장관, 특별시장 · 광역시장 · 특별자치시장 · 도지사 · 특별자치도지사(이하 '시 · 도지사'라 한다.), 시장 · 군수 · 구청장은 수급자 및 차상위자의 자활촉진을 위하여 교육을 실시할 수 있다(법 제18조의5 제1항). 이 교육을 위해 보건복지부장관은 교육기관을 설치 · 운영하거나, 운영의 전부 또는 일부를 법인 · 단체 등에 위탁할 수 있다(법 제18조의5 제2항). 보건복지부장관은 제2항에 따른 교육기관의 운영을 위탁받은 법인 · 단체 등에 대하여 그 운영에 필요한 비용을 지원할 수 있다(법 제18조의5 제3항).

4 수급자의 권리와 의무

「국민기초생활 보장법」은 국민의 인간다운 최저생활을 보장하기 위한 최후의 제도다. 사회안전망의 최일선에 있는 법인 만큼, 이 법에 따른 급여에는 다양한 보호조치가 있다.

주요 보호조치를 보면 먼저 수급자에 대한 급여는 정당한 사유 없이 수급자에게 불리하게 변경할 수 없다(법 제34조). 수급자에게 지급된 수급품과 이를 받을 권리는 압류할 수 없으며, 급여수급계좌의 예금에 관한 채권 또한 압류할 수 없다(법 제35조). 이러한 조치는 수급자의 생존권을 보장하는 목적을 가진다.

수급자로서의 권리 혹은 보호조치를 행사하기 위한 전제로서, 법적 의무 역시 부가된다. 먼저 수급자는 급여를 받을 권리를 타인에게 양도할 수 없다(법 제 36조). 이 법에 의한 급여는 소득인정액, 부양의무자 등 다양한 기준에 의해 자격 여부가 결정되고 있기 때문에, 이를 판단할 때 적용되는 기준이 변경될 경우, 수급자는 해당 사실을 신고할 의무가 발생한다. 구체적으로 살펴보면 수급자는 거주지역, 세대의 구성 또는 임대차 계약내용이 변동되거나, 부양의무자의 유무 및 부양능력 등 부양의무자와 관련된 사항, 수급권자 및 부양의무자의 소득 · 재산에 관한 사항, 수급권자의 근로능력, 취업상태, 자활욕구 등 자활지원계획 수립에 필요한 사항, 수급권자의 건강상태, 가구 특성 등 생활실태에 관한 사항이 변동되었을 때에는 지체 없이 관할 보장기관에 신고하여야 한다(법 제37조).

이와 관련하여 속임수나 그 밖의 부정한 방법으로 급여를 받거나 타인으로 하여금 급여를 받게 한 자는 1년 이하의 징역, 1천만 원 이하의 벌금, 구류 또는 과료에 처해진다(법 제49조).

5 조직

1) 보장기관

앞서 살펴본 용어 정의에서 나타났듯이 보장기관이란 국가 및 지방자치단체를 의미한다. 다만, 급여 실시에 있어서 보장기관의 구체적인 단위는 법 제19조에서 따로 정해져 있는바, 이 법에 따른 급여는 수급권자 또는 수급자의 거주지를 관할하는 시 · 도지사와 시장 · 군수 · 구청장[제7조 제1항 제4호의 교육급여인 경우에는 특별시 · 광역시 · 특별자치시 · 도 · 특별자치도의 교육감(이하 '시 · 도교육감'이라 한다.)을 말한다. 이하 같다.]이 실시한다. 만약 주거가 일정하지 아니한 경우에는 수급권자 또는 수급자가 실제 거주하는 지역을 관할하는 시장 · 군수 · 구청장이 실시한다(법 제19조 제1항).

이때 주거지가 일정하지 않은 자에 대해 위 기준에도 불구하고 보건복지부장관, 소관 중앙행정기관의 장과 시 · 도지사는 수급자를 각각 국가나 해당 지방자치단체가 경영하는 보장시설에 입소하게 하거나 다른 보장시설에 위탁하여 급여를 실시할 수 있다(법 제19조 제2항).

수급권자나 수급자가 거주지를 변경하는 경우의 처리방법과 보장기관 간의 협조, 그 밖에 업무처리에 필요한 사항은 보건복지부령으로 정한다(법 제19조 제3항).

보장기관은 수급권자 · 수급자 · 차상위계층에 대한 조사와 수급자 결정 및 급여의 실시 등 이 법에 따른 보장업무를 수행하게 하기 위하여 사회복지전담공무원(이하 '사회복지전담공무원'이라 한다.)을 배치하여야 한다. 이 경우 제15조에 따른 자활급여 업무를 수행하는 사회복지전담공무원은 따로 배치하여야 한다(법 제19조 제4항).

2) 생활보장위원회

이 법에 따른 생활보장사업의 기획 · 조사 · 실시 등에 관한 사항을 심의 · 의결하기 위하여 보건복지부와 시 · 도 및 시 · 군 · 구(자치구를 말한다. 이하 같다.)에 각각 생활보장위원회를 둔다. 다만, 시 · 도 및 시 · 군 · 구에 두는 생활보장위원회는 그 기능을 담당하기에 적합한 다른 위원회가 있고 그 위원회의 위원이 제4항에 규정된 자격을 갖춘 경우에는 시 · 도 또는 시 · 군 · 구의 조례로 정하는 바에 따라 그 위원회가 생활보장위원회의 기능을 대신할 수 있다(법 제20조 제1항).

보건복지부에 두는 생활보장위원회(이하 '중앙생활보장위원회'라 한다.)는 다음 각 호의 사항을 심의 · 의결한다(법 제20조 제2항).

1. 제20조의2 제3항에 따른 기초생활보장 종합계획의 수립
2. 소득인정액 산정방식과 기준 중위소득의 결정
3. 급여의 종류별 수급자 선정기준과 최저보장수준의 결정
4. 제20조의2 제2항 및 제4항에 따른 급여기준의 적정성 등 평가 및 실태조사에 관한 사항

5. 급여의 종류별 누락 · 중복, 차상위계층의 지원사업 등에 대한 조정
6. 제18조의3에 따른 자활기금의 적립 · 관리 및 사용에 관한 지침의 수립
7. 그 밖에 위원장이 회의에 부치는 사항

중앙생활보장위원회는 위원장을 포함하여 16명 이내의 위원으로 구성하고 위원은 보건복지부장관이 다음 각 호의 어느 하나에 해당하는 사람 중에서 위촉 · 지명하며 위원장은 보건복지부장관으로 한다(법 제20조 제3항).

1. 공공부조 또는 사회복지와 관련된 학문을 전공한 전문가로서 대학의 조교수 이상인 사람 또는 연구기관의 연구원으로 재직 중인 사람 5명 이내
2. 공익을 대표하는 사람 5명 이내
3. 관계 행정기관 소속 3급 이상 공무원 또는 고위공무원단에 속하는 일반직공무원 5명 이내

시 · 도 및 시 · 군 · 구 생활보장위원회의 위원은 시 · 도지사 또는 시장 · 군수 · 구청장이 다음 각 호의 어느 하나에 해당하는 사람 중에서 위촉 · 지명하며 위원장은 해당 시 · 도지사 또는 시장 · 군수 · 구청장으로 한다. 다만, 다른 위원회가 생활보장위원회의 기능을 대신하는 경우 위원장은 조례로 정한다(법 제20조 제4항).

1. 사회보장에 관한 학식과 경험이 있는 사람
2. 공익을 대표하는 사람
3. 관계 행정기관 소속 공무원

제1항에 따른 생활보장위원회는 심의 · 의결과 관련하여 필요한 경우 보장기관에 대하여 그 소속 공무원의 출석이나 자료의 제출을 요청할 수 있

다. 이 경우 해당 보장기관은 정당한 사유가 없으면 요청에 따라야 한다(법 제20조 제5항).

3) 보장시설

이 법에서 '보장시설'이란 제7조에 규정된 급여를 실시하는 「사회복지사업법」에 따른 사회복지시설로서 다음 각 호의 시설 중 보건복지부령으로 정하는 시설을 말한다(법 제32조).

1. 「장애인복지법」 제58조 제1항 제1호의 장애인 거주시설
2. 「노인복지법」 제32조 제1항의 노인주거복지시설 및 같은 법 제34조 제1항의 노인의료복지시설
3. 「아동복지법」 제52조 제1항 및 제2항에 따른 아동복지시설 및 통합 시설
4. 「정신건강증진 및 정신질환자 복지서비스 지원에 관한 법률」 제22조에 따른 정신요양시설 및 같은 법 제26조에 따른 정신재활시설
5. 「노숙인 등의 복지 및 자립지원에 관한 법률」 제16조 제1항 제3호 및 제4호의 노숙인재활시설 및 노숙인요양시설
6. 「가정폭력방지 및 피해자보호 등에 관한 법률」 제7조에 따른 가정폭력피해자 보호시설
7. 「성매매방지 및 피해자보호 등에 관한 법률」 제9조 제1항에 따른 성매매피해자등을 위한 지원시설
8. 「성폭력방지 및 피해자보호 등에 관한 법률」 제12조에 따른 성폭력피해자보호시설
9. 「한부모가족지원법」 제19조 제1항의 한부모가족복지시설
10. 「사회복지사업법」 제2조 제4호의 사회복지시설 중 결핵 및 한센병요양시설
11. 그 밖에 보건복지부령으로 정하는 시설

보장시설의 장의 의무는 다음과 같다(법 제33조).

① 보장시설의 장은 보장기관으로부터 수급자에 대한 급여를 위탁받은 경우에는 정당한 사유 없이 이를 거부하여서는 아니 된다.
② 보장시설의 장은 위탁받은 수급자에게 보건복지부장관 및 소관 중앙행정기관의 장이 정하는 최저기준 이상의 급여를 실시하여야 한다.
③ 보장시설의 장은 위탁받은 수급자에게 급여를 실시할 때 성별·신앙 또는 사회적 신분 등을 이유로 차별대우를 하여서는 아니 된다.
④ 보장시설의 장은 위탁받은 수급자에게 급여를 실시할 때 수급자의 자유로운 생활을 보장하여야 한다.
⑤ 보장시설의 장은 위탁받은 수급자에게 종교상의 행위를 강제하여서는 아니 된다.

6 급여 실시

이 법에 의한 급여는 신청, 조사, 결정 등의 과정을 거쳐 실시된다. 각 단계별로 살펴보면 다음과 같다.

1) 신청단계

수급권자와 그 친족, 그 밖의 관계인은 관할 시장·군수·구청장에게 수급권자에 대한 급여를 신청할 수 있다. 차상위자가 급여를 신청하려는 경우에도 같으며, 이 경우 신청방법과 절차 및 조사 등에 관하여는 제2항부터 제5항까지, 제22조, 제23조 및 제23조의2를 준용한다(법 제21조 제1항). 사회복지전담공무원은 이 법에 따른 급여를 필요로 하는 사람이 누락되지 아니하도록 하기 위하여 관할지역에 거주하는 수급권자에 대한 급여를 직권으로 신청할 수 있다. 이 경우 수급권자의 동의를 구하여야 하며 수급권자의 동의는 수급권자의 신청으로 볼 수 있다(법 제21조 제2항). 제1항에 따라 급여신청을 할 때나 제2항에 따라 사회복지전담공무원이 급여신청을 하는 것에 수급권자가 동의하였을 때에는 수급권자와 부양의무자는 다음 각 호의 자료 또는 정보의 제공에 대하여 동의한다는 서면을 제출하여야 한다(법 제21조 제3항).

1. 「금융실명거래 및 비밀보장에 관한 법률」 제2조 제2호 및 제3호에 따른 금융자산 및 금융거래의 내용에 대한 자료 또는 정보 중 예금의 평균잔액과 그 밖에 대통령령으로 정하는 자료 또는 정보(이하 '금융정보'라 한다.)
2. 「신용정보의 이용 및 보호에 관한 법률」 제2조 제1호에 따른 신용정보 중 채무액과 그 밖에 대통령령으로 정하는 자료 또는 정보(이하 '신용정보'라 한다.)
3. 「보험업법」 제4조 제1항 각 호에 따른 보험에 가입하여 낸 보험료와 그 밖에 대통령령으로 정하는 자료 또는 정보(이하 '보험정보'라 한다.)

제1항에 따라 수급권자 등이 급여를 신청할 경우 사회복지전담공무원은 신청한 사람이 급여에 관한 정보의 부족 등으로 불리한 입장에 놓이지 아니하도록 수급권자의 선정기준, 급여의 내용 및 신청방법 등을 알기 쉽게 설명하여야 한다(법 제21조 제4항). 이는 알 권리의 보장을 위한 의무에 해당한다. 아울러 시장 · 군수 · 구청장은 신청자에게 급여신청의 철회나 포기를 유도하는 행위를 하여서는 아니 된다(법 제21조 제5항).

2) 조사단계

시장 · 군수 · 구청장은 제21조에 따른 급여신청이 있는 경우에는 사회복지전담공무원으로 하여금 급여의 결정 및 실시 등에 필요한 다음 각 호의 사항을 조사하게 하거나 수급권자에게 보장기관이 지정하는 의료기관에서 검진을 받게 할 수 있다(법 제22조 제1항).

1. 부양의무자의 유무 및 부양능력 등 부양의무자와 관련된 사항
2. 수급권자 및 부양의무자의 소득 · 재산에 관한 사항
3. 수급권자의 근로능력, 취업상태, 자활욕구 등 제28조에 따른 자활 지원계획 수립에 필요한 사항
4. 그 밖에 수급권자의 건강상태, 가구 특성 등 생활실태에 관한 사항

시장 · 군수 · 구청장은 제1항에 따라 신청한 수급권자 또는 그 부양의무자의 소득, 재산 및 건강상태 등을 확인하기 위하여 필요한 자료를 확보하기 곤란한 경우 보건복지부령으로 정하는 바에 따라 수급권자 또는 부양의무자에게 필요한 자료의 제출을 요구할 수 있다(법 제22조 제2항). 시장 · 군수 · 구청장은 급여의 결정 또는 실시 등을 위하여 필요한 경우에는 제1항 각 호의 조사를 관계 기관에 위촉하거나 수급권자 또는 그 부양의무자의 고용주, 그 밖의 관계인에게 이에 관한 자료의 제출을 요청할 수 있다(법 제22조 제3항). 보장기관이 제1항 각 호의 조사를 하기 위하여 금융 · 국세 · 지방세 · 토지 · 건물 · 자동차 · 건강보험 · 국민연금 · 고용보험 · 출입국 · 병무 · 교정 등 관련 전산망 또는 자료를 이용하려는 경우에는 관계 기관의 장에게 협조를 요청할 수 있다. 이 경우 관계 기관의 장은 정당한 사유가 없으면 협조하여야 한다(법 제22조 제4항).

제1항에 따라 조사를 하는 사회복지전담공무원은 그 권한을 표시하는 증표 및 조사기간, 조사범위, 조사담당자, 관계 법령 등 보건복지부령으로

정하는 사항이 기재된 서류를 지니고 이를 관계인에게 보여 주어야 한다(법 제22조 제5항). 이는 반드시 지켜야 할 의무에 해당한다.

보장기관의 공무원 또는 공무원이었던 사람은 법 제22조 제1항부터 제4항까지의 규정에 따라 얻은 정보와 자료를 이 법에서 정한 보장목적 외에 다른 용도로 사용하거나 다른 사람 또는 기관에 제공하여서는 아니 된다(법 제22조 제6항). 보장기관은 제1항부터 제4항까지의 규정에 따른 조사결과를 대장으로 작성하여 갖추어 두어야 하며 그 밖에 조사에 필요한 사항은 보건복지부장관이 정한다. 다만, 전산정보처리조직에 의하여 관리되는 경우에는 전산 파일로 대체할 수 있다(법 제22조 제7항). 보장기관은 수급권자 또는 부양의무자가 제1항 및 제2항에 따른 조사 또는 자료제출 요구를 2회 이상 거부·방해 또는 기피하거나 검진 지시에 따르지 아니하면 급여신청을 각하(却下)할 수 있다. 이 경우 제29조 제2항을 준용한다(법 제22조 제8항). 이는 수급자의 정보제출의무를 명시한 것이다.

3) 조사결과 보고 및 급여결정

법 제22조, 제23조, 제23조의2 및 제24조에 따라 시장·군수·구청장이 수급권자, 수급자, 부양의무자 및 차상위계층을 조사하였을 때에는 보건복지부령으로 정하는 바에 따라 관할 시·도지사에게 보고하여야 하며 보고를 받은 시·도지사는 이를 보건복지부장관 및 소관 중앙행정기관의 장에게 보고하여야 한다. 시·도지사가 조사하였을 때에도 또한 같다(법 제25조).

시장·군수·구청장은 법 제22조에 따라 조사를 하였을 때에는 지체 없이 급여 실시 여부와 급여의 내용을 결정하여야 한다(법 제26조 제1항). 법 제24조에 따라 차상위계층을 조사한 시장·군수·구청장은 법 제27조 제1항 단서에 규정된 급여개시일이 속하는 달에 급여 실시 여부와 급여 내용을 결정하여야 한다(법 제26조 제2항). 시장·군수·구청장은 법 제26조

제1항 및 제2항에 따라 급여 실시 여부와 급여 내용을 결정하였을 때에는 그 결정의 요지, 급여의 종류 · 방법 및 급여의 개시 시기 등을 서면으로 수급권자 또는 신청인에게 통지하여야 한다(법 제26조 제3항). 이는 수급권자의 권리보장에 해당한다.

신청인에 대한 통지는 제21조에 따른 급여의 신청일부터 30일 이내에 하여야 한다. 다만, 다음 각 호의 어느 하나에 해당하는 경우에는 신청일부터 60일 이내에 통지할 수 있다. 이 경우 통지서에 그 사유를 구체적으로 밝혀야 한다(법 제26조 제4항).

1. 부양의무자의 소득 · 재산 등의 조사에 시일이 걸리는 특별한 사유가 있는 경우
2. 수급권자 또는 부양의무자가 제22조 제1항 · 제2항 및 관계 법률에 따른 조사나 자료제출 요구를 거부 · 방해 또는 기피하는 경우

4) 급여 실시

법 제26조 제1항에 따라 급여 실시 및 급여 내용이 결정된 수급자에 대한 급여는 제21조에 따른 급여의 신청일부터 시작한다. 다만, 제6조에 따라 보건복지부장관 또는 소관중앙행정기관의 장이 매년 결정 · 공표하는 급여의 종류별 수급자 선정기준의 변경으로 인하여 매년 1월에 새로 수급자로 결정되는 사람에 대한 급여는 해당 연도의 1월 1일을 그 급여개시일로 한다(법 제27조 제1항).

긴급한 상황에 놓인 수급권자에 대한 지원조치로서, 시장 · 군수 · 구청장은 제26조 제1항에 따른 급여 실시 여부의 결정을 하기 전이라도 수급권자에게 급여를 실시하여야 할 긴급한 필요가 있다고 인정할 때에는 제7조 제1항 각 호에 규정된 급여의 일부를 실시할 수 있다(법 제27조 제2항).

이 법에 의한 급여는 현금 직접 지급을 원칙으로 하는바, 보장기관이 급

여를 금전으로 지급할 때에는 수급자의 신청에 따라 수급자 명의의 지정된 계좌(이하 '급여수급계좌'라 한다.)로 입금하여야 한다. 다만, 정보통신장애나 그 밖에 대통령령으로 정하는 불가피한 사유로 급여수급계좌로 이체할 수 없을 때에는 대통령령으로 정하는 바에 따라 급여를 지급할 수 있다(법 제27조의2 제1항). 급여수급계좌의 해당 금융기관은 이 법에 따른 급여만이 급여수급계좌에 입금되도록 관리하여야 한다(법 제27조의2 제2항). 이는 이 법에 의한 급여의 압류 방지 등과 연결되는 조치다.

5) 기타

시장 · 군수 · 구청장은 수급자의 자활을 체계적으로 지원하기 위하여 보건복지부장관이 정하는 바에 따라 법 제22조, 제23조, 제23조의2 및 제24조에 따른 조사결과를 고려하여 수급자 가구별로 자활지원계획을 수립하고 그에 따라 이 법에 따른 급여를 실시하여야 한다(법 제28조 제1항). 보장기관은 수급자의 자활을 위하여 필요한 경우에는 「사회복지사업법」 등 다른 법률에 따라 보장기관이 제공할 수 있는 급여가 있거나 민간기관 등이 후원을 제공하는 경우 제1항의 자활지원계획에 따라 급여를 지급하거나 후원을 연계할 수 있다(법 제28조 제2항). 시장 · 군수 · 구청장은 수급자의 자활여건 변화와 급여 실시 결과를 정기적으로 평가하고 필요한 경우 자활지원계획을 변경할 수 있다(법 제28조 제3항).

법에 의해 정해진 급여는 다음의 이유로 변경될 수 있다. 먼저 수급자의 소득 · 재산 · 근로능력 등이 변동된 경우에는 직권으로 또는 수급자나 그 친족, 그 밖의 관계인의 신청에 의하여 그에 대한 급여의 종류 · 방법 등이 변경될 수 있다(법 제29조 제1항). 제1항에 따른 급여의 변경은 서면으로 그 이유를 구체적으로 밝혀 수급자에게 통지하여야 한다(법 제29조 제2항).

보장기관은 수급자가 다음 각 호의 어느 하나에 해당하는 경우에는 급여의 전부 또는 일부를 중지하여야 한다(법 제30조 제1항).

1. 수급자에 대한 급여의 전부 또는 일부가 필요 없게 된 경우
2. 수급자가 급여의 전부 또는 일부를 거부한 경우

근로능력이 있는 수급자가 제9조 제5항의 조건을 이행하지 아니하는 경우 조건을 이행할 때까지 제7조 제2항에도 불구하고 근로능력이 있는 수급자 본인의 생계급여의 전부 또는 일부를 지급하지 아니할 수 있다(법 제30조 제2항). 이는 조건부수급의 원칙을 철저히 적용하고자 하는 목적에서 비롯된 것이다.

마지막으로, 보장기관은 제16조 제3항에 따라 지역자활센터의 지정을 취소하려는 경우와 제23조 제3항에 따라 급여의 결정을 취소하려는 경우에는 청문을 하여야 한다(법 제31조).

7 보장비용

이 법을 시행하는 데 소요되는 비용은 누가 부담할까? 공공부조제도의 성격을 안다면 이 질문에 대한 답은 쉽게 나올 수 있을 것이다. 법에서는 제8장 이하 조문에서 보장비용을 명시하고 있는바, 원칙적으로 국가와 지방자치단체로 하여금 부담하도록 하고 있다.

먼저 이 법에서 '보장비용'이란 다음 각 호의 비용을 말한다(법 제42조).

1. 이 법에 따른 보장업무에 드는 인건비와 사무비
2. 제20조에 따른 생활보장위원회의 운영에 드는 비용
3. 제8조, 제11조, 제12조, 제12조의3, 제13조, 제14조, 제15조, 제15조의2, 제15조의3 및 제16조부터 제18조까지의 규정에 따른 급여 실시 비용
4. 그 밖에 이 법에 따른 보장업무에 드는 비용

위 보장비용에 대한 부담은 다음 각 호의 구분에 따른다(법 제 43조 제1항).

1. 국가 또는 시 · 도가 직접 수행하는 보장업무에 드는 비용은 국가 또는 해당 시 · 도가 부담한다.
2. 제19조 제2항에 따른 급여의 실시 비용은 국가 또는 해당 시 · 도가 부담한다.
3. 시 · 군 · 구가 수행하는 보장업무에 드는 비용 중 제42조 제1호 및 제2호의 비용은 해당 시 · 군 · 구가 부담한다.
4. 시 · 군 · 구가 수행하는 보장업무에 드는 비용 중 제42조 제3호 및 제4호의 비용(이하 이 호에서 '시 · 군 · 구 보장비용'이라 한다.)은 시 · 군 · 구의 재정여건, 사회보장비 지출 등을 고려하여 국가, 시 · 도 및 시 · 군 · 구가 다음 각 목에 따라 차등하여 분담한다.
   가. 국가는 시 · 군 · 구 보장비용의 총액 중 100분의 40 이상 100분의 90 이하를 부담한다.
   나. 시 · 도는 시 · 군 · 구 보장비용의 총액에서 가목의 국가부담분을 뺀 금액 중 100분의 30 이상 100분의 70 이하를 부담하고, 시 · 군 · 구는 시 · 군 · 구 보장비용의 총액 중에서 국가와 시 · 도가 부담하는 금액을 뺀 금액을 부담한다. 다만, 특별자치시 · 특별자치도는 시 · 군 · 구 보장비용의 총액 중에서 국가가 부담하는 금액을 뺀 금액을 부담한다.

이에 국가는 매년 이 법에 따른 보장비용 중 국가부담 예정 합계액을 각각 보조금으로 지급하고, 그 과부족(過不足) 금액은 정산하여 추가로 지급하거나 반납하게 한다(법 제43조 제2항). 시 · 도는 매년 시 · 군 · 구에 대하여 제2항에 따른 국가의 보조금에 제1항 제4호에 따른 시 · 도의 부담예정액을 합하여 보조금으로 지급하고 그 과부족 금액은 정산하여 추가로 지급하거나 반납하게 한다(법 제43조 제3항). 한편, 지방자치단체의 조례에 따라 이 법에 따른 급여 범위 및 수준을 초과하여 급여를 실시하는 경우 그 초과

보장비용은 해당 지방자치단체가 부담한다(법 제43조 제5항).

지금까지의 내용이 비용부담의 원칙이었다면, 부양능력을 가진 부양의무자 및 부정수급자 등에 대한 비용징수 역시 예외적으로 규정되어 있다. 먼저 수급자에게 부양능력을 가진 부양의무자가 있음이 확인된 경우에는 보장비용을 지급한 보장기관은 제20조에 따른 생활보장위원회의 심의·의결을 거쳐 그 비용의 전부 또는 일부를 그 부양의무자로부터 부양의무의 범위에서 징수할 수 있다(법 제46조 제1항). 속임수나 그 밖의 부정한 방법으로 급여를 받거나 타인으로 하여금 급여를 받게 한 경우에는 보장비용을 지급한 보장기관은 그 비용의 전부 또는 일부를 그 급여를 받은 사람 또는 급여를 받게 한 자(이하 '부정수급자'라 한다.)로부터 징수할 수 있다(법 제46조 제2항). 제1항 또는 제2항에 따라 징수할 금액은 각각 부양의무자 또는 부정수급자에게 통지하여 징수하고, 부양의무자 또는 부정수급자가 이에 응하지 아니하는 경우 국세 또는 지방세 체납처분의 예에 따라 징수한다(법 제46조 제3항).

보장기관은 급여의 변경 또는 급여의 정지·중지에 따라 수급자에게 이미 지급한 수급품 중 과잉지급분이 발생한 경우에는 즉시 수급자에 대하여 그 전부 또는 일부의 반환을 명하여야 한다. 다만, 이미 이를 소비하였거나 그 밖에 수급자에게 부득이한 사유가 있을 때에는 그 반환을 면제할 수 있다(법 제47조 제1항). 법 제27조 제2항에 따라 시장·군수·구청장이 긴급급여를 실시하였으나 조사결과에 따라 급여를 실시하지 아니하기로 결정한 경우 급여비용의 반환을 명할 수 있다(법 제47조 제2항).

8 이의신청과 권리구제

이 법에 의한 처분의 위법 내지 부당성을 발견될 경우, 이를 구제하기 위해 현행법에서는 권리구제조치를 규정하고 있다. 수급자나 급여 또는 급여 변경을 신청한 자는 시장 · 군수 · 구청장의 처분에 대하여 이의가 있는 경우에는 그 결정의 통지를 받은 날부터 90일 이내에 해당 보장기관을 거쳐 시 · 도지사에게 서면 또는 구두로 이의를 신청할 수 있다. 이 경우 구두로 이의신청을 접수한 보장기관의 공무원은 이의신청서를 작성할 수 있도록 협조하여야 한다. 이의신청을 받은 시장 · 군수 · 구청장은 10일 이내에 의견서와 관계 서류를 첨부하여 시 · 도지사에게 보내야 한다(법 제38조).[8]

이러한 이의신청에 대해 심사기간은 30일 이내로 완료되어야 하며, 해당 심사의 결과는 반드시 서면으로 통지하여야 한다(법 제39조). 이 법에서는 두 번의 권리구제 기회를 명시하고 있는데, 이의신청에 따른 시 · 도지사 처분에 불복할 경우, 해당 처분 등의 통지를 받은 날부터 90일 이내에 시 · 도지사를 거쳐 보건복지부장관(제7조 제1항 제2호 또는 제4호의 주거급여 또는 교육급여인 경우에는 소관 중앙행정기관의 장을 말하며, 보건복지부장관에게 한 이의신청은 소관 중앙행정기관의 장에게 한 것으로 본다.)에게 서면 또는 구두로 이의를 신청할 수 있다. 앞서 절차와 마찬가지로 구두로 이의신청을 접수한 보장기관의 공무원은 이의신청서를 작성할 수 있도록 협조하여야 한다. 시 · 도지사는 이러한 이의신청을 받으면 10일 이내에 의견서와 관계 서류를 첨부하여 보건복지부장관 또는 소관 중앙행정기관의 장(제7조 제1항 제2호 또는 제4호의 주거급여 또는 교육급여인 경우에 한정한다.)에게 보내도록 규정되어 있다(법 제40조).

두 번째 이의신청에 따른 결정 및 통지절차에 대해 살펴보면, 보건복지부장관 또는 소관 중앙행정기관의 장은 이의신청서를 받았을 때 30일 이내에 필요한 심사를 하고 이의신청을 각하 또는 기각하거나 해당 처분의 변경 또는 취소의 결정을 하여야 한다. 아울러 해당 결정결과에 대해 지체 없

8) 과거 이의신청기간이 60일이었으나, 2017년 개정을 통해 90일로 해당 기간이 늘어났다.

이 시 · 도지사 및 신청인에게 각각 서면으로 통지하여야 한다(법 제41조).

이의신청의 제반 절차 등은 국민의 권리와 직결된다. 이 점에서 지난 2017년 본 법 개정을 통해 행정기관의 처분에 대한 이의신청기간이 60일에서 90일로 연장된 것은 기초생활보장급여 수급권의 보장을 강화한 조치로 평가할 수 있다.

9 벌칙

법에서 규정하고 있는 벌칙은 다음과 같다.

먼저 법 제23조의2 제6항을 위반하여 금융정보 등을 사용 · 제공 또는 누설한 자는 5년 이하의 징역 또는 5천만 원 이하의 벌금에 처한다(법 제48조 제1항). 제22조 제6항(제23조 제2항에서 준용하는 경우를 포함한다.)을 위반하여 정보 또는 자료를 사용하거나 제공한 자는 3년 이하의 징역 또는 3천만 원 이하의 벌금에 처한다(법 제48조 제2항).

수급자에 대한 처벌로서, 속임수나 그 밖의 부정한 방법으로 급여를 받거나 타인으로 하여금 급여를 받게 한 자는 1년 이하의 징역, 1천만 원 이하의 벌금, 구류 또는 과료에 처한다(법 제49조).

제33조 제1항 또는 제5항을 위반하여 수급자의 급여 위탁을 정당한 사유 없이 거부한 자나 종교상의 행위를 강제한 자는 300만 원 이하의 벌금, 구류 또는 과료에 처한다(법 제50조).

한편, 법은 양벌규정을 두고 있는바, 법인의 대표자나 법인 또는 개인의 대리인, 사용인, 그 밖의 종업원이 그 법인 또는 개인의 업무에 관하여 제48조 또는 제49조의 위반행위를 하면 그 행위자를 벌하는 외에 그 법인 또는 개인에게도 각 해당 조문의 벌금 또는 과료의 형을 과(科)한다. 다만, 법인 또는 개인이 그 위반행위를 방지하기 위하여 해당 업무에 관하여 상당한 주의와 감독을 게을리하지 아니한 경우에는 그러하지 아니하다(법 제51조). 이는 보장시설을 설립하고 운영하는 주체와 이러한 시설에 종사하면서 위반 행위를 한 개인을 동시에 처벌하는 것으로서 연대책임을 강조한 것이다.

요약

「국민기초생활 보장법」은 경제위기 등으로 인해 어려움을 겪고 있는 국민과, 도시빈민, 실업자 등을 지원하여 빈곤문제에 대한 사회안전망의 기초를 튼튼히 하고자 제정되었다. 특히 대상자 선정을 합리화하기 위해 그 기준을 일원화하고, 빈곤가구별로 자활지원계획을 수립하고 그에 맞는 자활급여를 실시함으로써 빈곤의 장기화 및 세습화를 방지하는 데 목적을 둔다. 개인별 근로욕구과 자활계획에 부합하는 맞춤형 급여를 실시하여 자립과 자활을 지원하는 조치를 규정하고 있다.

핵심어

- 수급권자
- 최저보장수준
- 기준 중위소득
- 맞춤형 급여
- 자활지원
- 보장기관
- 보장비용

제12장
기초연금법의 이해

내가 멀리 볼 수 있었던 것은 오직 거인의 어깨 위에 있었기 때문이다.
If I have seen further it is only by standing on the shoulders of giants.
- 아이작 뉴턴 (Isaac Newton, 1643~1727) -

1 개요

우리나라의 노후보장제도로서 가장 중요한 장치는 국민연금이다. 공무원, 군인 등 일부 특수 직역 종사자를 제외한 모든 국민은 원칙적으로 국민연금에 강제가입하게끔 되어 있다. 1988년 1월 1일, 근로자 10인 이상 사업장에 대해 당연적용한 것을 시작으로 국민연금법이 제정, 시행되고 있지만, 여러 가지 면에서 문제점이 나타나고 있다. 특히 국민연금법의 의한 급여가 실시되고 있음에도 불구하고 노인빈곤문제는 해결되지 않고 있으며, 연금사각지대에 놓인 노인인구는 고령화현상으로 인해 줄어들지 않고 있는 상황이다.

노인빈곤에 대한 개입은 1961년 「생활보호법」 시행 이래 최근의 「국민기초생활 보장법」에 이르기까지 주로 공공부조제도를 수단으로 이뤄졌다. IMF경제위기 이후 2000년대에 이르러 저출산 · 고령화현상이 뚜렷해지기까지 「국민기초생활 보장법」에 의한 경로연금제도가 보충적 · 잔여적 급여로 실시되었다. 그러나 국민연금과 경로연금이라는 방어막으로 노인빈곤을 모두 대응하는 데 한계가 있었다. 이에 2007년, 「기초노령연금법」이 제정되면서, 「국민기초생활 보장법」에서의 경로연금이 기초노령연금제도로 분리, 독립되어 2008년부터 시행되었으며 2014년 이를 확대 개편하여 기초연금제도로 전환하게 됨에 따라, 기존 「기초노령연금법」은 폐지되고, 지금의 「기초연금법」이 새롭게 제정되어 시행중이다.

「기초연금법」은 그 명칭에 '연금'이라는 단어가 사용되고 있지만, 실제 법의 속성은 공공부조다. 「국민연금법」에 의한 노령연금 급여요건을 충족하지 못했으나, 「국민기초생활 보장법」에 의한 생계급여 기준선에 미치지 못하여 생계급여 등 여타의 사회보장급여를 받지 못하는 상태에 있는 노인, 국민연금에 의한 노령연금을 받고 있음에도 불구하고 연금급여액으로서 노후 생활보장이 이뤄지지 못하여 생활고를 겪는 노인 등과 같은 사각지대의 가난한 노인에 대한 보충급여로서 기초연금이 기능하는 만큼, 사회보험이 아닌 공공부조제도의 확대형이라고 보아야 한다. 또한 무기여를 전제로 소득조건을 충족하는 일정 연령 이상의 모든 노인을 대상으로 한다는 점에서도 사회보험과는 거리가 멀다.

「기초연금법」이 사회보험이 아닌 공공부조체계에 속한다는 것은 분명하지만, 국민연금에 의한 노령연금 급여와의 관계 설정은 여전히 숙제로 남는다.

2 목적과 급여대상

「기초연금법」의 목적은 노인에게 기초연금을 지급하여 안정적인 소득 기반을 제공함으로써 노인의 생활안정을 지원하고 복지를 증진하는 것(기초연금법 제1조)이다. 이를 근거로 우리나라 모든 노인은 원칙적으로 기초연금법의 적용대상이다. 기초연금 수급권은 모든 노인에게 주어져 있지만 실제 급여는 요건을 충족하는 자에게 지급되는바, 선별적 장치에 의해 제도가 시행된다고 볼 수 있다.

좀 더 구체적인 급여대상을 살펴보면, 먼저 '기초연금 수급권(受給權)'이란 이 법에 따른 기초연금을 받을 권리를 말하며, '기초연금 수급권자'란 기초연금 수급권을 가진 사람을 말한다(동법 제2조). 기초연금 수급권은 전 국민에게 예외 없이 보장되는 것이지만, 실제 급여를 청구할 수 있는 자격은 구체적인 요건에 부합하여야 한다. 기초연금 수급권자 범위는 다음과 같이 한정된다. 기초연금은 65세 이상인 사람으로서 소득인정액이 보건복지부장관이 정하여 고시하는 금액 이하인 사람에게 지급한다(동법 제3조 제1항).

기초연금 수급권자의 범위를 한정하기 위한 기준으로 소득인정액은 본인 및 배우자의 소득평가액과 재산의 소득환산액을 합산한 금액을 말한다. 이 경우 소득평가액과 재산의 소득환산액을 산정하는 소득 및 재산의 범위는 대통령령으로 정하고, 소득평가액과 재산의 소득환산액의 구체적인 산정방법은 보건복지부령으로 정한다(동법 제2조 제4호).

3 급여의 내용

「기초연금법」에서 제공하는 급여는 기초연금이다. 기초연금액을 산정할 때는 기준연금액[1]과 국민연금 급여액[2] 등을 고려해야 한다. 기준연금액은 보건복지부장관이 그 전년도의 기준연금액에 대통령령으로 정하는 바에 따라 전국소비자물가변동률(「통계법」 제3조에 따라 통계청장이 매년 고시하는 전국소비자물가변동률)을 반영하여 매년 고시하도록 규정되어 있다(동법 제5조).

〈표 12-1〉 2017년 기준연금액 (적용기간: 2017. 4 ~ 2018. 3)

구분		2017. 4. ~ 2018. 3.	비고
기준연금액	50%	103,025원	부가연금액[3]
	100%	206,050원	기준연금액
	150%	309,075원	
	200%	412,100원	
	250%	515,125원	

「기초연금법」은 자칫 소득역전현상을 초래할 수도 있다. 현행법에서도 이러한 현상을 방지하기 위한 조치를 취하도록 규정되어 있다. 국가와 지방자치단체는 기초연금의 지급에 따라 계층 간 소득역전현상이 발생하지

---

1) 기준연금액이란 기초연금 수급권자에게 지급되는 최대금액이다.

2) 이때 국민연금 급여액은 '국민연금 A급여액(소득재분배급여금액, 이하 A급여액)'이다. A급여액이란 국민연금 급여액 중 기초연금적 성격을 가진 부분으로, 개인별 기초연금액을 결정하는 기준이 되는 급여를 말한다. 그 구체적인 금액은 「행복e음」 사이트에서 확인할 수 있다(보건복지부, 2018: 5).

3) 부가연금액: 기준연금액의 50%에 해당하는 금액

아니하고 근로의욕 및 저축유인이 저하되지 아니하도록 최대한 노력하여야 한다(동법 제4조 제3항).

소득역전현상을 방지하기 위한 구체적인 조치로서 법은 기초연금액의 한도(제7조)와 기초연금액의 감액조치(제8조)를 두고 있다. 먼저 법 제5조의 세부기준에 따라 산정한 기초연금액이 기준연금액을 초과하는 경우 기준연금액을 기초연금액으로 보게 하고 있는바, 기초연금액의 한도기준선이다.[4] 한편, 기초연금액의 감액 기준은, ① 본인과 그 배우자가 모두 기초연금 수급권자인 경우에는 각각의 기초연금액에서 기초연금액의 100분의 20에 해당하는 금액을 감액한다. ② 소득인정액과 제5조부터 제7조까지에 따른 기초연금액(제1항이 적용되는 경우에는 그 감액분이 반영된 금액을 말한다.)을 합산한 금액이 선정기준액 이상인 경우에는 선정기준액을 초과하는 금액의 범위에서 기초연금액의 일부를 감액할 수 있다.[5] 이를 근거로 기초연금 급여액을 다음과 같이 구분하여 집행하고 있다.

---

4) 「기초연금법」의 2018년 3월 27일자 개정에 따라, 2018년의 기준연금액은 25만 원으로 정해진다. 이 개정은 2018년 9월 1일부터 실시된다(법 제5조 제3항).

5) 산정된 기초연금액이 20만 6,050원인 단독가구의 소득인정액이 114만 원인 甲의 경우
⇒ ① 산정된 기초연금액: 20만 6,050원
② 소득인정액 114만 원 구간의 금액: 18만 원
이때 甲에게 만약 산정된 기초연금액 206,025원을 그대로 지급하게 되면, 113만 원 미만 가구에 대한 소득역전현상이 발생하게 된다. 이에 甲의 소득인정액으로 산출된 114만 원 구간을 적용하여, 산출된 18만 원을 기초연금액으로 지급한다.

○ 소득역전방지 감액 대상이 아닌 경우

'가구의 기초연금액 + 소득인정액'이 [(단독) 113만 원 미만 / (부부) 181.6만 원 미만] 인 경우

– **(단독가구)** 기초연금액 = 기초연금 급여액

– **(부부가구)** 기초연금액에 부부감액 적용 = 기초연금 급여액

○ 소득역전방지 감액 대상인 경우 적용 예시

– 단독가구

※ 선정기준액과 소득인정액의 차이에 따라 20,000원 단위로 절상

소득인정액 ('18년)	113만 원 미만	113만 원 이상~ 115만 원 미만	115만 원 이상~ 117만 원 미만	117만 원 이상~ 119만 원 미만	119만 원 이상~ 121만 원 미만
선정기준액-소득인정액 (2만 원 단위로 절상)	206,050원	180,000원	160,000원	140,000원	120,000원

소득인정액 ('18년)	121만 원 이상~ 123만 원 미만	123만 원 이상~ 125만 원 미만	125만 원 이상~ 127만 원 미만	127만 원 이상~ 129만 원 미만	129만 원 이상~ 131만 원 미만
선정기준액-소득인정액 (2만 원 단위로 절상)	100,000원	80,000원	60,000원	40,000원	20,000원

[그림 12-1] 기초연금 급여액[6] 구분

출처: 2018년 보건복지부 기초연금사업안내.

6) 기초연금 급여액: 개인별로 산정된 기초연금액을 부부감액 및 소득역전방지 감액을 적용한 금액으로 기초연금 수급권자의 월 급여액을 의미한다.

4 급여신청 절차

기초연금은 원칙적으로 본인의 신청에 의해 지급된다. 다만, 보건복지부령에 의해 정해진 대리인에 한해 대리신청을 허용한다. 본인 및 대리인은 특별자치시장 · 특별자치도지사 · 시장 · 군수 · 구청장(자치구의 구청장을 말함)에게 기초연금의 지급을 신청할 수 있다.

〈표 12-2〉 대리인의 자격

○ 배우자(만 65세 미만 포함) – 배우자가 수급희망자(사실혼 관계에 있는 자* 포함)의 신청권한을 위임받은 것으로 간주하여 위임장 불필요 * 기초연금, 타 복지급여, 국민연금(부양가족연금) 등에서 사실혼이 인정된 경우에 한하여 대리신청 가능, 그 외에는 사실혼 관계 확인조사 후 대리신청 접수 가능 ○ 자녀, 형제자매, 친족(8촌 이내의 혈족, 4촌 이내의 인척), 사회복지시설장[7] 등 – 대리인 신청 시 위임장을 함께 제출하여야 함 ○ 관계공무원 – 관할구역에 주소를 둔 노인 등으로서 거동이 불편한 홀로 사는 노인 등 필요하다고 인정되는 경우 관계공무원이 대신 신청 가능 – 관계공무원이 대신 신청하는 경우에는 수급희망자 본인으로부터 구비서류(신청서, 소득 · 재산 신고서, 금융정보 등 제공 동의서 등)는 모두 받아야 함

출처: 「기초연금법 시행규칙」 제6조. 2018년 보건복지부 기초연금 사업안내.

급여신청기간은 만 65세 생일이 속하는 달의 1개월 전부터 신청 · 접수 가능한데, 수급자로 결정된 경우 신청일이 속한 달부터 연금을 지급한다.

---

7) 사회복지시설장: 개인 및 법인운영 신고시설의 장

한편, 급여신청 처리기한은 30일이며 특별한 사유가 있는 경우 60일 이내 연장가능하다(동법 시행규칙 제8조 제1항).

5 수급자의 권리와 의무

기초연금 운영의 책임은 국가 및 지방자치단체에게 주어져 있다. 바꾸어 말하면 기초연금 수급권은 법적 권리로 보장받고 있다. 권리성이 인정되는 근거는 법 제4조다. 법 제4조에 의해 국가와 지방자치단체에게 기초연금이 이 법의 목적에 따라 노인의 생활안정을 지원하고 복지를 증진하는 데 필요한 수준이 되게끔 최대한 노력하여야 하도록 그 책무가 부여되어 있다(동법 제4조 제1항). 비록 조문은 강제조항이 아닌 임의조항의 형태로 제시되었으나, 재원 마련 등을 비롯한 후속조치에서도 국가와 지방자치단체의 의무를 규정하고 있는 점을 볼 때 기초연금 수급권은 국가와 국민 간의 권리 · 의무관계에서 형성됨을 알 수 있다. 국민의 권리로서 이 법이 시행된다는 점에서 국가와 지방자치단체는 필요한 비용을 부담할 수 있도록 재원(財源)을 조성하여야 하며, 이 경우 「국민연금법」 제101조 제1항에 따라 설치된 국민연금기금은 기초연금 지급을 위한 재원으로 사용할 수 없다(동법 제4조 제2항). 국가와 지방자치단체 간의 비용부담률의 경우, 국가는 지방자치단체의 노인인구 비율 및 재정 여건 등을 고려하여 기초연금의 지급에 드는 비용 중 100분의 40 이상 100분의 90 이하의 범위에서 기초연금법 시행령에서 정한 비율에 해당하는 비용을 부담한다. 이를 제외한 나머지 비용은 특별시 · 광역시 · 특별자치시 · 도 · 특별자치도(이하 '시 · 도'라 한다.)와 시 · 군 · 구(자치구를 말한다.)가 상호 분담한다. 이 경우, 그 부담비율은 노인인구 비율 및 재정여건 등을 고려하여 보건복지부장관과 협의하여 시 · 도의 조례 및 시 · 군 · 구의 조례로 정한다(동법 제25조). 이러한 장치를 통해 안정적인 수급권 보장을 위한 재원확보 조치가 확보되어 있음을 알 수 있다.

「기초연금법」은 수급권자의 관련 서류제출 및 조사순응의 의무를 규정하고 있다. 구체적으로 살펴보면, 보건복지부장관 또는 특별자치시장 · 특별자치도지사 · 시장 · 군수 · 구청장은 신청자에 대해 법에서 정해진 서류나 그 밖에 소득 · 재산 등에 관한 자료의 제출을 요구할 수 있으며, 소속 공무원으로 하여금 기초연금 수급권자등의 집이나 그 밖의 필요한 장소에 방문하여 서류 등을 조사하게 하거나 관계인에게 필요한 질문을 하게 할 수 있다(동법 제11조 제1항). 이때 기초연금 수급희망자, 기초연금 수급권자 또는 기초연금 수급자가 동법 제11조 제1항에 따른 서류 또는 자료를 제출하지 아니하거나 거짓의 서류 또는 자료를 제출한 경우 또는 조사 · 질문을 거부 · 방해 또는 기피하거나 거짓 답변을 한 경우에는 기초연금 지급의 신청을 각하하거나 기초연금 지급의 결정을 취소하거나 기초연금 지급을 정지할 수 있다.

기초연금 수급자는 법 제18조에 의해 신고의 의무를 갖는다. 신고가 필요한 상황은, ① 법 제16조 제1항 각 호에 따른 기초연금 지급 정지의 사유가 소멸한 경우, ② 법 제17조에 따른 기초연금 수급권 상실의 사유가 있는 경우, ③ 기초연금 수급자 또는 그 배우자의 소득 · 재산의 변동이 발생한 경우, ④ 기초연금 수급자가 결혼 또는 이혼을 하거나 그 배우자가 사망한 경우, ⑤ 그 밖에 보건복지부령으로 정하는 사유가 발생한 경우다.

6 보호와 권리구제

기초연금 수급권에 대한 보호조치로는 사회복지급여 수급권의 일반적인 보호조치와 일치한다. 즉, 기초연금 수급권은 양도하거나 담보로 제공할 수 없으며, 압류 대상으로 할 수 없다. 기초연금으로 지급받은 금품 또한 압류할 수 없다(동법 제21조). 아울러 기초연금 수급권은 임의로 상실되지 않는데, 법 제17조는, ① 사망한 때, ② 국적을 상실하거나 국외로 이주한 때, ③ 법 제3조에 따른 기초연금 수급권자에 해당하지 아니하게 된 때에 한해서만 상실됨을 명시하고 있다.

「기초연금법」은 이의신청을 통한 법적 권리구제조치를 규정하고 있다. 기초연금 지급의 결정 등이나, 이 법에 따른 처분에 이의가 있는 사람은 특별자치시장 · 특별자치도지사 · 시장 · 군수 · 구청장에게 이의신청을 할 수 있다. 이의신청기간은 그 처분이 있음을 안 날부터 90일 이내에 서면으로 하여야 한다. 다만, 정당한 사유로 인하여 그 기간 이내에 이의신청을 할 수 없었음을 증명한 때에는 그 사유가 소멸한 때부터 60일 이내에 이의신청을 할 수 있다(동법 제22조).

7 벌칙

기초연금 수급자는 법이 정한 의무를 성실히 이행해야 한다. 의무이행의 강제력은 단지 개인의 자발적인 행동에만 기대어 있는 것이 아니다. 의무위반에 대한 제재조치를 통해 강제력이 구체적으로 보장되어 있다.

첫째, 부정 · 부당수급에 대한 제재조치로서 거짓이나 그 밖의 부정한 방법으로 기초연금을 지급받은 사람은 1년 이하의 징역 또는 1천만 원 이하의 벌금에 처한다(동법 제29조 제3항).

둘째, 자료 미제출 및 조사 불응에 제재로서, 정당한 사유 없이 법 제11조 제1항에 따른 서류나 그 밖에 소득 · 재산 등에 관한 자료를 제출하지 아니하거나 거짓의 서류 또는 자료를 제출한 자 또는 조사 · 질문을 거부 · 방해 또는 기피하거나 거짓 답변을 한 자에게는 20만 원 이하의 과태료를 부과한다(동법 제31조 제1항).

셋째, 각종 신고의무 미이행에 대한 제재로서, 정당한 사유 없이 법 제18조에 따른 신고를 하지 아니한 사람에게는 10만 원 이하의 과태료를 부과한다.

요약

「기초연금법」은 국가재정의 지속가능성을 확보하면서 노인세대를 위한 안정적인 공적연금제도를 마련하고자 만들어진 법이다. 65세 이상의 노인 중 소득기반이 취약한 노인에 대해 기초연금을 지급함으로써, 노인빈곤문제를 해소하고 노인의 생활안정과 복지 증진에 기여하는 데 목적을 갖고 있다.

핵심어

- 기초연금
- 기초연금 수급권자
- 연금신청절차
- 기초연금 수급자 관리

참고문헌

감정기, 최원규, 진재문(2008). 사회복지의 역사. 경기: 나남.

강대성(1997). 법과 생활. 서울: 삼영사.

곽영식(1999). 민법총식. 서울: 박영사.

국가기록원(2016). 국가기록원 소장 주요정책기록해설집Ⅲ-복지편. 국가기록원 기록서비스부 콘텐츠기획과.

권영성(2002). 헌법학원론. 경기: 법문사.

김광병, 김수정(2012). 사회복지법의 실체적 권리 분석에 관한 연구. 한국사회복지행정학, 14(3), 53-77.

김근조(1994). 사회복지법론. 서울: 광은기획.

김남식, 최건식(2010). 우리나라 사회복지법체계에 관한 小考. 21세기사회복지연구, 7(2), 5-29.

김만두(1991). 사회복지법제론. 서울: 홍익재.

김영규, 김정환, 나달숙, 박영준, 박종선, 안은진, 이우진, 최호진, 하정철(2013). 법학개론. 서울: 박영사.

김영화, 박태정, 장경은(2008). 사회정의 실현을 위한 사회복지정책론. 경기: 공동체.

김용섭(2008). 행정소송 전단계의 권리구제방법 및 절차. 저스티스, 105, 189-219.

김유성(1992). 사회보장법론. 경기: 법문사.

김정환(2004). 아동복지행정법의 법리에 관한 연구. 연세대학교 석사학위논문(미간행).

김정희(2009). 차상위계층 여성의 빈곤에 대한 인식과 공공부조 수급 경험. 사회복지정책, 36(1), 143-171.

김철수(2005). 헌법학개론. 서울: 박영사.

김춘원(2003). 행정소송의 현대적 과제. 토지공법연구, 19, 481-501.

김춘환(2001). 사회보장행정에 관한 법적 문제점. 토지공법연구, 11, 247-266.

김혁기(2009). 법의 명확성에 대한 개념적 고찰. 성균관법학, 21(2), 517-543.

김훈(2006). 사회복지법제론. 서울: 학지사.
문종욱(2010). 현대 법학에 있어서 법의 발견과 법사회학. 법학연구, 38, 373-392.
박능후(2008). 국민기초생활보장제도 수급권 배제 원인 분석. 사회복지정책, 35, 271-295.
박보영(2004). 미군정 구호정책의 성격과 그 한계: 1945~1948. 제4회 '사회연구 학술상' 수상논문집.
박석돈, 김병찬, 김욱, 김용주, 박연희, 박현식, 이양훈(2013). 사회복지법제론. 경기: 양서원.
박석돈(1994). 사회복지서비스법. 서울: 명인.
박수곤(2013). 법원(法源)으로서의 관행. 저스티스, 139, 345-371.
박태정(2014). 사회복지역사탐구. 서울: 학지사.
보건복지부(2016). 중장기 사회보장 재정추계.
빈곤사회연대(2009). 기초생활수급가구 실태조사 결과발표 토론회 자료집.
성낙인(2014). 헌법학입문. 경기: 법문사.
성희자(2005). 인간다운 생활의 보장으로서 국민기초생활보장제도에 관한 소고. 사회복지정책, 23, 213-234.
송기민, 고수경, 박다진(2006). 현행 사회보험 권리구제제도의 문제점 및 개선방안. 사회보장연구, 22(2), 183-207.
송석윤(2013). 바이마르헌법과 경제민주화. 헌법학연구, 19(2), 29-68.
신법률학사전편찬위원회(1985). 신법률학사전. 경기: 국민서관.
신섭중 외 5인(1993). 한국사회복지법개설. 서울: 대학출판사.
유병화(1990). 법학개론. 경기: 법문사.
윤찬영(2007). 사회복지법제론(4판). 경기: 나남.
윤찬영(2010). 사회복지법제론(5판). 경기: 나남.
윤찬영(2017). 사회복지법제론(7판). 경기: 나남.
이명현(2001). 사회복지에서 부양의무에 관한 연구-한국과 일본의부양의무제도 적용과 문제점을 중심으로. 한국사회정책, 8(2), 79-81.
이상광(1988). 사회법. 서울: 박영사.
이상광(2002). 사회법. 서울: 박영사.
이상태(2003). 제척기간의 본질에 관한 연구. 저스티스, 72, 107-136.

이신용(2008). 국민기초생활보장제도와 의회의 책임성. 사회복지정책, 34, 35-61.
이일세(2001). 행정쟁송의 제기기간에 관한 고찰. 강원법학, 13, 33-60.
이준일(2015). 인권법. 서울: 박영사.
이중호(2015). 사회복지법의 개념과 법체계의 개선방안. 동아법학, 68(8), 435-476.
이헌석(1998). 사회보장수급권과 사회보장청구권. 공법연구, 26, 229-244.
이호용(2002). 사회보장의 실현을 위한 공법학의 과제. 한양법학, 14, 217-229.
임홍수(2005). 국민기초생활보장제도의 근로연계복지 프로그램의 도시와 농촌간 비교연구. 사회복지정책, 23, 133-158.
장동일(1998). 한국사회복지법체계에 관한 연구. 협성논총, 9, 67-69.
장동일(2008). 한국사회복지법제론. 서울: 동문사.
전귀연, 이성기(2006). 부산지역 국민기초생활보장 수급가정 청소년의 빈곤문화에 관한 연구. 사회복지정책, 25, 27-51.
정인영(2007). 공공부조제도 국가 간 비교 연구: 한국과 OECD 8개국을 중심으로. 사회복지정책, 31, 7-33.
정인영(2009). OECD 9개국의 공공부조패키지 비교 연구. 사회복지정책, 36(1), 279-305.
정준현(1996). 법규명령에 대한 권리구제의 소고. 토지공법연구, 3, 123-139.
정진경(2006). 사회복지법 관련 헌법재판소 판례 분석: 1987~2004년 헌법판례 현황과 내용을 중심으로, 58(1), 395-423.
정호경(2008). 행정소송과 헌법재판의 관계에 관한 고찰-항고소송. 헌법소원, 쟁의심판을 중심으로. 행정법연구, 22, 54-80.
조효제(2015). 인권 달성의 근본조건, 민주주의와 인권, 15(3), 229-273.
채우석(2001). 사회보장권과 행정상의 권리구제. 토지공법연구, 14, 365-384.
최봉석(2003). 사회복지법제의 형성과 변천에 관한 비교법적 일고, 토지공법연구, 19, 641-676.
최종고(2010). 법학통론. 서울: 박영사.
한견우(1995). 행정법 I. 서울: 홍문사.
한상우(2013). 대한민국 법체계의 발전방향. 법제논단, 78-105.
한승훈(2002). 복지행정상 법률관계에 관한 연구. 조선대학교 박사학위논문(미간행).
한승훈(2004). 우리나라 사회보험 행정상 심급적 행정심판을 위한 법제적 고찰. 사회보장연구, 20(3), 201-228.
함순용, 김광선, 남현우(1999). 법학개론. 경기: 법문사.
허영(2010). 한국헌법론. 서울: 박영사.
현외성(2003). 한국사회복지법제론. 경기: 양서원.
현외성(2011). 한국사회복지법제론. 경기: 양서원.
홍성찬(2013). 법학원론. 서울: 박영사.
홍영선(2010). 행정법입문. 서울: 박영사.
홍완식(2008). 사회복지 관련법의 입법동향. 입법동향과 평가, 1, 26-36.
황태윤(2012). 민법 제1조와 不文民法의 法源性. 전북대학교 동북아법연구, 6(2), 143-164.

Haas, M. (2014). *International Human Rights: A Comprehensive Introduction* (2nd ed.). New York: Routledge
United Nations (1948). *The Universal Declaration of Human Rights*.

부록

- 경제적 · 사회적 및 문화적 권리에 관한 국제규약(A규약)
- 시민적 및 정치적 권리에 관한 국제규약(B규약)
- 사회보장기본법

경제적 · 사회적 및 문화적 권리에 관한 국제규약(A규약)

[발효일 1990. 7. 10.] [다자조약, 제1006호, 1990. 6. 13.]

1989년 10월 5일 제39회 국무회의의 심의를 거치고 1990년 3월 16일 제148회 국회(임시)의 동의를 얻어 1990년 4월 10일 국제연합사무총장에게 최호중 외무부장관 명의의 가입서를 기탁함으로써 1990년 7월 10일부터 대한민국에 대하여 효력을 발생하는 "경제적, 사회적 및 문화적 권리에 관한 국제규약"을 이에 공포한다.

대통령 노태우 (인)

1990년 6월 13일

국무총리 강영훈

국무위원 외무부장관 최호중

⊙ 조약 제1006호

경제적, 사회적 및 문화적 권리에 관한 국제규약

이 규약의 당사국은, 국제연합헌장에 선언된 원칙에 따라 인류사회의 모든 구성원의 고유의 존엄성 및 평등하고 양도할 수 없는 권리를 인정하는 것이 세계의 자유, 정의 및 평화의 기초가 됨을 고려하고, 이러한 권리는 인간의 고유한 존엄성으로부터 유래함을 인정하며, 세계인권선언에 따라 공포와 결핍으로부터의 자유를 향유하는 자유 인간의 이상은 모든 사람이 자신의 시민적, 정치적 권리 뿐만 아니라 경제적, 사회적 및 문화적 권리를 향유할 수 있는 여건이 조성되는 경우에만 성취될 수 있음을 인정하며, 인권과 자유에 대한 보편적 존중과 준수를 촉진시킬 국제연합헌장상의 국가의 의무를 고려하며, 타 개인과 자기가 속한 사회에 대한 의무를 지고 있는 개인은, 이 규약에서 인정된 권리의 증진과 준수를 위하여 노력하여야할 책임이 있음을 인식하여, 다음 조문들에 합의한다.

제1부

제1조

1. 모든 인민은 자결권을 가진다. 이 권리에 기초하여 모든 인민은 그들의 정치적 지위를 자유로이 결정하고, 또한 그들의 경제적, 사회적 및 문화적 발전을 자유로이 추구한다.
2. 모든 인민은, 호혜의 원칙에 입각한 국제경제협력으로부터 발생하는 의무 및 국제법상의 의무에 위반하지 아니하는 한, 그들 자신의 목적을 위하여 그들의 천연의 부와 자원을 자유로이 처분할 수 있다. 어떠한 경우에도 인민은 그들의 생존수단을 박탈당하지 아니한다.
3. 비자치지역 및 신탁통치지역의 행정책임을 맡고 있는 국가들을 포함하여 이 규약의 당사국은 국제연합헌장의 규정에 따라 자결권의 실현을 촉진하고 동 권리를 존중하여야 한다.

제2부

제2조

1. 이 규약의 각 당사국은 특히 입법조치의 채택을 포함한 모든 적절한 수단에 의하여 이 규약에서 인정된 권리의 완전한 실현을 점진적으로 달성하기 위하여, 개별적으로 또한 특히 경제적, 기술적인 국제지원과 국제협력을 통하여, 자국의 가용 자원이 허용하는 최대한도까지

조치를 취할 것을 약속한다.

2. 이 규약의 당사국은 이 규약에서 선언된 권리들이 인종, 피부색, 성, 언어, 종교, 정치적 또는 기타의 의견, 민족적 또는 사회적 출신, 재산, 출생 또는 기타의 신분등에 의한 어떠한 종류의 차별도 없이 행사되도록 보장할 것을 약속한다.
3. 개발도상국은, 인권과 국가 경제를 충분히 고려하여 이 규약에서 인정된 경제적 권리를 어느 정도까지 자국의 국민이 아닌 자에게 보장할 것인가를 결정할 수 있다.

제3조 이 규약의 당사국은 이 규약에 규정된 모든 경제적, 사회적 및 문화적 권리를 향유함에 있어서 남녀에게 동등한 권리를 확보할 것을 약속한다.

제4조 이 규약의 당사국은, 국가가 이 규약에 따라 부여하는 권리를 향유함에 있어서, 그러한 권리의 본질과 양립할 수 있는 한도 내에서, 또한 오직 민주 사회에서의 공공복리증진의 목적으로 반드시 법률에 의하여 정하여지는 제한에 의해서만, 그러한 권리를 제한할 수 있음을 인정한다.

제5조

1. 이 규약의 어떠한 규정도 국가, 집단 또는 개인이 이 규약에서 인정되는 권리 및 자유를 파괴하거나, 또는 이 규약에서 규정된 제한의 범위를 넘어 제한하는 것을 목적으로 하는 활동에 종사하거나 또는 그와 같은 것을 목적으로 하는 행위를 행할 권리를 가지는 것으로 해석되지 아니한다.
2. 이 규약의 어떠한 당사국에서 법률, 협정, 규칙 또는 관습에 의하여 인정되거나 또는 현존하고 있는 기본적 인권에 대하여는, 이 규약이 그러한 권리를 인정하지 아니하거나 또는 그 인정의 범위가 보다 협소

하다는 것을 구실로 동 권리를 제한하거나 또는 훼손하는 것이 허용되지 아니한다.

제3부

제6조

1. 이 규약의 당사국은, 모든 사람이 자유로이 선택하거나 수락하는 노동에 의하여 생계를 영위할 권리를 포함하는 근로의 권리를 인정하며, 동 권리를 보호하기 위하여 적절한 조치를 취한다.
2. 이 규약의 당사국이 근로권의 완전한 실현을 달성하기 위하여 취하는 제반조치에는 개인에게 기본적인 정치적, 경제적 자유를 보장하는 조건하에서 착실한 경제적, 사회적, 문화적 발전과 생산적인 완전고용을 달성하기 위한 기술 및 직업의 지도, 훈련계획, 정책 및 기술이 포함되어야 한다.

제7조 이 규약의 당사국은 특히 다음사항이 확보되는 공정하고 유리한 근로조건을 모든 사람이 향유할 권리를 가지는 것을 인정한다.

(a) 모든 근로자에게 최소한 다음의 것을 제공하는 보수

(i) 공정한 임금과 어떠한 종류의 차별도 없는 동등한 가치의 노동에 대한 동등한 보수, 특히 여성에게 대하여는 동등한 노동에 대한 동등한 보수와 함께 남성이 향유하는 것보다 열등하지 아니한 근로조건의 보장

(ii) 이 규약의 규정에 따른 근로자 자신과 그 가족의 품위 있는 생활

(b) 안전하고 건강한 근로조건

(c) 연공서열 및 능력이외의 다른 고려에 의하지 아니하고, 모든 사람이 자기의 직장에서 적절한 상위직으로 승진할 수 있는 동등한 기회

(d) 휴식, 여가 및 근로시간의 합리적 제한, 공휴일에 대한 보수와 정기적인 유급휴일

제8조

1. 이 규약의 당사국은 다음의 권리를 확보할 것을 약속한다.
   (a) 모든 사람은 그의 경제적, 사회적 이익을 증진하고 보호하기 위하여 관계단체의 규칙에만 따를 것을 조건으로 노동조합을 결성하고, 그가 선택한 노동조합에 가입하는 권리. 그러한 권리의 행사에 대하여는 법률로 정하여진 것 이외의 또한 국가안보 또는 공공질서를 위하여 또는 타인의 권리와 자유를 보호하기 위하여 민주사회에서 필요한 것 이외의 어떠한 제한도 과할 수 없다.
   (b) 노동조합이 전국적인 연합 또는 총연합을 설립하는 권리 및 총연합이 국제노동조합조직을 결성하거나 또는 가입하는 권리
   (c) 노동조합은 법률로 정하여진 것 이외의 또한 국가안보, 공공질서를 위하거나 또는 타인의 권리와 자유를 보호하기 위하여 민주사회에서 필요한 제한이외의 어떠한 제한도 받지 아니하고 자유로이 활동할 권리
   (d) 특정국가의 법률에 따라 행사될 것을 조건으로 파업을 할 수 있는 권리
2. 이 조는 군인, 경찰 구성원 또는 행정관리가 전기한 권리들을 행사하는 것에 대하여 합법적인 제한을 부과하는 것을 방해하지 아니한다.
3. 이 조의 어떠한 규정도 결사의 자유 및 단결권의 보호에 관한 1948년의 국제노동기구협약의 당사국이 동 협약에 규정된 보장을 저해하려는 입법조치를 취하도록 하거나, 또는 이를 저해하려는 방법으로 법률을 적용할 것을 허용하지 아니한다.

제9조 이 규약의 당사국은 모든 사람이 사회보험을 포함한 사회보장에 대한 권리를 가지는 것을 인정한다.

제10조 이 규약의 당사국은 다음 사항을 인정한다.

1. 사회의 자연적이고 기초적인 단위인 가정에 대하여는, 특히 가정의 성립을 위하여 그리고 가정이 부양 어린이의 양육과 교육에 책임을 맡고 있는 동안에는 가능한 한 광범위한 보호와 지원이 부여된다. 혼인은 혼인의사를 가진 양 당사자의 자유로운 동의하에 성립된다.
2. 임산부에게는 분만전후의 적당한 기간 동안 특별한 보호가 부여된다. 동 기간중의 근로 임산부에게는 유급휴가 또는 적당한 사회보장의 혜택이 있는 휴가가 부여된다.
3. 가문 또는 기타 조건에 의한 어떠한 차별도 없이, 모든 어린이와 연소자를 위하여 특별한 보호와 원조의 조치가 취하여 진다. 어린이와 연소자는 경제적, 사회적 착취로부터 보호된다. 어린이와 연소자를 도덕 또는 건강에 유해하거나 또는 생명에 위험하거나 또는 정상적 발육을 저해할 우려가 있는 노동에 고용하는 것은 법률에 의하여 처벌할 수 있다. 당사국은 또한 연령제한을 정하여 그 연령에 달하지 않은 어린이에 대한 유급노동에의 고용이 법률로 금지되고 처벌될 수 있도록 한다.

제11조

1. 이 규약의 당사국은 모든 사람이 적당한 식량, 의복 및 주택을 포함하여 자기 자신과 가정을 위한 적당한 생활수준을 누릴 권리와 생활조건을 지속적으로 개선할 권리를 가지는 것을 인정한다. 당사국은 그러한 취지에서 자유로운 동의에 입각한 국제적 협력의 본질적인 중요성을 인정하고, 그 권리의 실현을 확보하기 위한 적당한 조치를 취한다.

2. 이 규약의 당사국은 기아로부터의 해방이라는 모든 사람의 기본적인 권리를 인정하고, 개별적으로 또는 국제협력을 통하여 아래 사항을 위하여 구체적 계획을 포함하는 필요한 조치를 취한다.
   (a) 과학 · 기술 지식을 충분히 활용하고, 영양에 관한 원칙에 대한 지식을 보급하고, 천연자원을 가장 효율적으로 개발하고 이용할 수 있도록 농지제도를 발전시키거나 개혁함으로써 식량의 생산, 보존 및 분배의 방법을 개선할 것.
   (b) 식량수입국 및 식량수출국 쌍방의 문제를 고려하여 필요에 따라 세계식량공급의 공평한 분배를 확보할 것.

제12조

1. 이 규약의 당사국은 모든 사람이 도달 가능한 최고 수준의 신체적 · 정신적 건강을 향유할 권리를 가지는 것을 인정한다.
2. 이 규약당사국이 동 권리의 완전한 실현을 달성하기 위하여 취할 조치에는 다음 사항을 위하여 필요한 조치가 포함된다.
   (a) 사산율과 유아사망율의 감소 및 어린이의 건강한 발육
   (b) 환경 및 산업위생의 모든 부문의 개선
   (c) 전염병, 풍토병, 직업병 및 기타 질병의 예방, 치료 및 통제
   (d) 질병 발생시 모든 사람에게 의료와 간호를 확보할 여건의 조성

제13조

1. 이 규약의 당사국은 모든 사람이 교육에 대한 권리를 가지는 것을 인정한다. 당사국은 교육이 인격과 인격의 존엄성에 대한 의식이 완전히 발전되는 방향으로 나아가야 하며, 교육이 인권과 기본적 자유를 더욱 존중하여야 한다는 것에 동의한다. 당사국은 나아가서 교육에 의하여 모든 사람이 자유사회에 효율적으로 참여하며, 민족 간에 있어서나 모든 인종적, 종족적 또는 종교적 집단간에 있어서 이해, 관용 및

친선을 증진시키고, 평화유지를 위한 국제연합의 활동을 증진시킬 수 있도록 하는 것에 동의한다.

2. 이 규약의 당사국은 동 권리의 완전한 실현을 달성하기 위하여 다음 사항을 인정한다.
   (a) 초등교육은 모든 사람에게 무상 의무교육으로 실시된다.
   (b) 기술 및 직업 중등교육을 포함하여 여러가지 형태의 중등 교육은, 모든 적당한 수단에 의하여, 특히 무상교육의 점진적 도입에 의하여 모든 사람이 일반적으로 이용할 수 있도록 하고, 또한 모든 사람에게 개방된다.
   (c) 고등교육은, 모든 적당한 수단에 의하여, 특히 무상교육의 점진적 도입에 의하여, 능력에 기초하여 모든 사람에게 동등하게 개방된다.
   (d) 기본교육은 초등교육을 받지 못하였거나 또는 초등교육의 전기간을 이수하지 못한 사람들을 위하여 가능한 한 장려되고 강화된다.
   (e) 모든 단계에 있어서 학교제도의 발전이 적극적으로 추구되고, 적당한 연구 · 장학제도가 수립되며, 교직원의 물질적 처우는 계속적으로 개선된다.
3. 이 규약의 당사국은 부모 또는 경우에 따라서 법정후견인이 그들 자녀를 위하여 공공기관에 의하여 설립된 학교 이외의 학교로서 국가가 정하거나 승인하는 최소한도의 교육수준에 부합하는 학교를 선택하는 자유 및 그들의 신념에 따라 자녀의 종교적, 도덕적 교육을 확보할 수 있는 자유를 존중할 것을 약속한다.
4. 이 조의 어떠한 부분도 항상 이 조 제1항에 규정된 원칙을 준수하고, 그 교육기관에서의 교육이 국가가 결정하는 최소한의 기준에 일치한다는 요건하에서, 개인과 단체가 교육기관을 설립, 운영할 수 있는 자유를 간섭하는 것으로 해석되지 아니한다.

제14조 이 규약의 당사국이 되는 때 그 본토나 자국 관할내에 있는 기타 영토에서 무상으로 초등의무교육을 확보할 수 없는 각 당사국은 계획상에 정해질 합리적인 연한이내에 모든 사람에 대한 무상의무교육 원칙을 점진적으로 시행하기 위한 세부실천계획을 2년 이내에 입안, 채택할 것을 약속한다.

제15조

1. 이 규약의 당사국은 모든 사람의 다음 권리를 인정한다.
   (a) 문화생활에 참여할 권리
   (b) 과학의 진보 및 응용으로부터 이익을 향유할 권리
   (c) 자기가 저작한 모든 과학적, 문학적 또는 예술적 창작품으로부터 생기는 정신적, 물질적 이익의 보호로부터 이익을 받을 권리
2. 이 규약의 당사국이 그러한 권리의 완전한 실현을 달성하기 위하여 취하는 조치에는 과학과 문화의 보존, 발전 및 보급에 필요한 제반조치가 포함된다.
3. 이 규약의 당사국은 과학적 연구와 창조적 활동에 필수불가결한 자유를 존중할 것을 약속한다.
4. 이 규약의 당사국은 국제적 접촉의 장려와 발전 및 과학과 문화분야에서의 협력으로부터 이익이 초래됨을 인정한다.

제4부

제16조

1. 이 규약의 당사국은 규약에서 인정된 권리의 준수를 실현하기 위하여 취한 조치와 성취된 진전사항에 관한 보고서를 이 부의 규정에 따라 제출할 것을 약속한다.

2. (a) 모든 보고서는 국제연합사무총장에게 제출된다. 사무총장은 이 규약의 규정에 따라, 경제사회이사회가 심의할 수 있도록 보고서 사본을 동 이사회에 송부한다.
   (b) 국제연합사무총장은 이 규약의 당사국으로서 국제연합전문기구의 회원국인 국가가 제출한 보고서 또는 보고서 내용의 일부가 전문기구의 창설규정에 따라 동 전문기구의 책임에 속하는 문제와 관계가 있는 경우, 동 보고서 사본 또는 그 내용 중의 관련 부분의 사본을 동 전문기구에 송부한다.

제17조

1. 이 규약의 당사국은 경제사회이사회가 규약당사국 및 관련 전문기구와 협의한 후, 이 규약의 발효 후 1년 이내에 수립하는 계획에 따라, 자국의 보고서를 각 단계별로 제출한다.
2. 동 보고서는 이 규약상의 의무의 이행정도에 영향을 미치는 요소 및 장애를 지적할 수 있다.
3. 이 규약의 당사국이 이미 국제연합 또는 전문기구에 관련 정보를 제출한 경우에는, 동일한 정보를 다시 작성하지 않고 동 정보에 대한 정확한 언급으로서 족하다.

제18조 경제사회이사회는 인권과 기본적 자유의 분야에서의 국제연합헌장상의 책임에 따라, 전문기구가 동 기구의 활동영역에 속하는 이 규약 규정의 준수를 달성하기 위하여 성취된 진전사항을 이사회에 보고하는 것과 관련하여, 당해 전문기구와 협정을 체결할 수 있다. 그러한 보고서에는 전문기구의 권한있는 기관이 채택한 규정의 행에 관한 결정 및 권고의 상세를 포함할 수 있다.

제19조 경제사회이사회는 제16조 및 제17조에 따라 각국이 제출하는 인권에 관한 보고서 및 제18조에 따라 전문기구가 제출하는 인권에 관한 보고서중 국제연합 인권위원회의 검토, 일반적 권고, 또는 정보를 위하여 적당한 보고서를 인권위원회에 송부할 수 있다.

제20조 이 규약의 당사국과 관련 전문기구는 제19조에 의한 일반적 권고에 대한 의견 또는 국제연합인권위원회의 보고서 또는 보고서에서 언급된 어떠한 문서에서도 그와 같은 일반적 권고에 대하여 언급하고 있는 부분에 관한 의견을 경제사회이사회에 제출할 수 있다.

제21조 경제사회이사회는 일반적 성격의 권고를 포함하는 보고서와 이 규약에서 인정된 권리의 일반적 준수를 달성하기 위하여 취한 조치 및 성취된 진전사항에 관하여 이 규약의 당사국 및 전문기구로부터 입수한 정보의 개요를 수시로 총회에 제출할 수 있다.

제22조 경제사회이사회는 이 규약의 제4부에서 언급된 보고서에서 생기는 문제로서, 국제연합의 타 기관, 그 보조기관 및 기술원조의 제공에 관여하는 전문기구가 각기 그 권한내에서 이 규약의 효과적, 점진적 실시에 기여할 수 있는 국제적 조치의 타당성을 결정하는데 도움이 될 수 있는 문제에 대하여 그들의 주의를 환기시킬 수 있다.

제23조 이 규약의 당사국은 이 규약에서 인정된 권리의 실현을 위한 국제적 조치에는 협약의 체결, 권고의 채택, 기술원조의 제공 및 관계정부와 협력하여 조직된 협의와 연구를 목적으로 하는 지역별 회의 및 기술적 회의의 개최와 같은 방안이 포함된다는 것에 동의한다.

제24조 이 규약의 어떠한 규정도 이 규약에서 취급되는 문제에 관하여 국

제연합의 여러 기관과 전문기구의 책임을 각각 명시하고 있는 국제연합 헌장 및 전문기구헌장의 규정을 침해하는 것으로 해석되지 아니한다.

제25조 이 규약의 어떠한 규정도 모든 사람이 그들의 천연적 부와 자원을 충분히, 자유로이 향유하고, 이용할 수 있는 고유의 권리를 침해하는 것으로 해석되지 아니한다.

제5부

제26조

1. 이 규약은 국제연합의 모든 회원국, 전문기구의 모든 회원국, 국제사법재판소 규정의 모든 당사국 또한 국제연합총회가 이 규약에 가입하도록 초청한 기타 모든 국가들의 서명을 위하여 개방된다.
2. 이 규약은 비준되어야 한다. 비준서는 국제연합사무총장에게 기탁된다.
3. 이 규약은 이 조 제1항에서 언급된 모든 국가들의 가입을 위하여 개방된다.
4. 가입은 가입서를 국제연합사무총장에게 기탁함으로써 이루어진다.
5. 국제연합사무총장은 이 규약에 서명 또는 가입한 모든 국가들에게 각 비준서 또는 가입서의 기탁을 통보한다.

제27조

1. 이 규약은 35번째의 비준서 또는 가입서가 국제연합사무총장에게 기탁된 날로부터 3개월 후에 발효한다.
2. 35번째 비준서 또는 가입서의 기탁후에 이 규약을 비준하거나 또는 이 규약에 가입하는 국가에 대하여는, 이 규약은 그 국가의 비준서 또

는 가입서가 기탁된 날로부터 3개월 후에 발효한다.

제28조 이 규약의 규정은 어떠한 제한이나 예외 없이 연방국가의 모든 지역에 적용된다.

제29조

1. 이 규약의 당사국은 개정안을 제안하고 이를 국제연합사무총장에게 제출할 수 있다. 사무총장은 개정안을 접수하는 대로, 각 당사국에게 동 제안을 심의하고 표결에 회부하기 위한 당사국회의 개최에 찬성하는지에 관한 의견을 사무총장에게 통보하여 줄 것을 요청하는 것과 함께, 개정안을 이 규약의 각 당사국에게 송부한다. 당사국 중 최소 3분의1이 당사국회의 개최에 찬성하는 경우, 사무총장은 국제연합의 주관하에 동 회의를 소집한다. 동 회의에 출석하고 표결한 당사국의 과반수에 의하여 채택된 개정안은 그 승인을 위하여 국제연합총회에 제출된다.
2. 개정안은 국제연합총회의 승인을 얻고, 각기 자국의 헌법절차에 따라 이 규약당사국의 3분의 2의 다수가 수락하는 때 발효한다.
3. 개정안은 발효 시 이를 수락한 당사국을 구속하며, 여타 당사국은 계속하여 이 규약의 규정 및 이미 수락한 그 이전의 모든 개정에 의하여 구속된다.

제30조 제26조 제5항에 의한 통보에 관계없이, 국제연합사무총장은 동조 제1항에서 언급된 모든 국가에 다음을 통보한다.

(a) 제26조에 의한 서명, 비준 및 가입

(b) 제27조에 의한 이 규약의 발효일자 및 제29조에 의한 모든 개정의 발효일자

제31조

1. 이 규약은 중국어, 영어, 불어, 러시아어 및 서반아어본이 동등히 정본이며, 국제연합 문서보존소에 기탁된다.
2. 국제연합사무총장은 제26조에서 언급된 모든 국가들에게 이 규약의 인증등본을 송부한다.

이상의 증거로, 하기 서명자들은 각자의 정부에 의하여 정당히 권한을 위임받아 일천구백육십육년 십이월 십구일 뉴욕에서 서명을 위하여 개방된 이 규약에 서명하였다.

시민적 및 정치적 권리에 관한 국제규약(B규약)

[발효일 1990. 7. 10.] [다자조약, 제1007호, 1990. 6. 13.]

1989년 10월5일 제39회 국무회의의 심의를 거치고 1990년 3월 16일 제148회 국회(임시)의 동의를 얻어 1990년 4월 10일 국제연합사무총장에게 제14조5항, 제14조7항, 제22조 및 제23조4항을 유보하고 제41조의 수락을 선언한 최호중 외무부장관 명의의 가입서를 기탁함으로써 상기 유보조항을 제외하고 1990년 7월 10일부터 대한민국에 대하여 효력을 발생하는 "시민적 및 정치적 권리에 관한 국제규약"을 이에 공포한다.

대통령 노태우 (인)

1990년 6월 13일

국무총리 강영훈

국무위원 외무부장관 최호중

⊙조약 제1007호

시민적 및 정치적 권리에 관한 국제규약

이 규약의 당사국은, 국제연합헌장에 선언된 원칙에 따라 인류사회의 모든 구성원의 고유의 존엄성 및 평등하고 양도할 수 없는 권리를 인정하는 것이 세계의 자유, 정의 및 평화의 기초가 됨을 고려하고, 이러한 권리는 인간의 고유한 존엄성으로부터 유래함을 인정하며, 세계인권선언에 따라 시민적, 정치적 자유 및 공포와 결핍으로부터의 자유를 향유하는 자유인간의 이상은 모든 사람이 자신의 경제적, 사회적 및 문화적 권리뿐만 아니라 시민적 및 정치적 권리를 향유할 수 있는 여건이 조성되는 경우에만 성취될 수 있음을 인정하며, 인권과 자유에 대한 보편적 존중과 준수를 촉진시킬 국제연합헌장상의 국가의 의무를 고려하며, 타 개인과 자기가 속한 사회에 대한 의무를 지고 있는 개인은 이 규약에서 인정된 권리의 증진과 준수를 위하여 노력하여야 할 책임이 있음을 인식하여 다음의 조문들에 합의한다.

제1부

제1조

1. 모든 사람은 자결권을 가진다. 이 권리에 기초하여 모든 사람은 그들의 정치적 지위를 자유로이 결정하고, 또한 그들의 경제적, 사회적 및 문화적 발전을 자유로이 추구한다.
2. 모든 사람은, 호혜의 원칙에 입각한 국제적 경제협력으로부터 발생하는 의무 및 국제법상의 의무에 위반하지 아니하는 한, 그들 자신의 목적을 위하여 그들의 천연의 부와 자원을 자유로이 처분할 수 있다. 어떠한 경우에도 사람은 그들의 생존수단을 박탈당하지 아니한다.
3. 비자치지역 및 신탁통치지역의 행정책임을 맡고 있는 국가들을 포함하여 이 규약의 당사국은 국제연합헌장의 규정에 따라 자결권의 실현을 촉진하고 동 권리를 존중하여야 한다.

제2부

제2조

1. 이 규약의 각 당사국은 자국의 영토내에 있으며, 그 관할권하에 있는 모든 개인에 대하여 인종, 피부색, 성, 언어, 종교, 정치적 또는 기타의

의견, 민족적 또는 사회적 출신, 재산, 출생 또는 기타의 신분 등에 의한 어떠한 종류의 차별도 없이 이 규약에서 인정되는 권리들을 존중하고 확보할 것을 약속한다.

2. 이 규약의 각 당사국은 현행의 입법조치 또는 기타 조치에 의하여 아직 규정되어 있지 아니한 경우, 이 규약에서 인정되는 권리들을 실현하기 위하여 필요한 입법조치 또는 기타 조치를 취하기 위하여 자국의 헌법상의 절차 및 이 규약의 규정에 따라 필요한 조치를 취할 것을 약속한다.
3. 이 규약의 각 당사국은 다음의 조치를 취할 것을 약속한다.
   (a) 이 규약에서 인정되는 권리 또는 자유를 침해당한 사람에 대하여, 그러한 침해가 공무집행중인 자에 의하여 자행된 것이라 할지라도 효과적인 구제조치를 받도록 확보할 것.
   (b) 그러한 구제조치를 청구하는 개인에 대하여, 권한있는 사법, 행정 또는 입법 당국 또는 당해 국가의 법률제도가 정하는 기타 권한있는 당국에 의하여 그 권리가 결정될 것을 확보하고, 또한 사법적 구제조치의 가능성을 발전시킬 것.
   (c) 그러한 구제조치가 허용되는 경우, 권한있는 당국이 이를 집행할 것을 확보할 것.

제3조 이 규약의 당사국은 이 규약에서 규정된 모든 시민적 및 정치적 권리를 향유함에 있어서 남녀에게 동등한 권리를 확보할 것을 약속한다.

제4조

1. 국민의 생존을 위협하는 공공의 비상사태의 경우에 있어서 그러한 비상사태의 존재가 공식으로 선포되어 있을 때에는 이 규약의 당사국은 당해 사태의 긴급성에 의하여 엄격히 요구되는 한도내에서 이 규약상의 의무를 위반하는 조치를 취할 수 있다. 다만, 그러한 조치는 당해국

의 국제법상의 여타 의무에 저촉되어서는 아니되며, 또한 인종, 피부색, 성, 언어, 종교 또는 사회적 출신만을 이유로 하는 차별을 포함하여서는 아니된다.

2. 전항의 규정은 제6조, 제7조, 제8조(제1항 및 제2항), 제11조, 제15조, 제16조 및 제18조에 대한 위반을 허용하지 아니한다.
3. 의무를 위반하는 조치를 취할 권리를 행사하는 이 규약의 당사국은, 위반하는 규정 및 위반하게 된 이유를, 국제연합사무총장을 통하여 이 규약의 타 당사국들에게 즉시 통지한다. 또한 당사국은 그러한 위반이 종료되는 날에 동일한 경로를 통하여 그 내용을 통지한다.

제5조

1. 이 규약의 어떠한 규정도 국가, 집단 또는 개인이 이 규약에서 인정되는 권리 및 자유를 파괴하거나, 또는 이 규약에서 규정된 제한의 범위를 넘어 제한하는 것을 목적으로 하는 활동에 종사하거나 또는 그와 같은 것을 목적으로 하는 행위를 행할 권리를 가지는 것으로 해석되지 아니한다.
2. 이 규약의 어떠한 당사국에서 법률, 협정, 규칙 또는 관습에 의하여 인정되거나 또는 현존하고 있는 기본적 인권에 대하여는, 이 규약이 그러한 권리를 인정하지 아니하거나 또는 그 인정의 범위가 보다 협소하다는 것을 구실로 동 권리를 제한하거나 또는 훼손하여서는 아니된다.

제3부

제6조

1. 모든 인간은 고유한 생명권을 가진다. 이 권리는 법률에 의하여 보호

된다. 어느 누구도 자의적으로 자신의 생명을 박탈당하지 아니한다.

2. 사형을 폐지하지 아니하고 있는 국가에 있어서 사형은 범죄 당시의 현행법에 따라서 또한 이 규약의 규정과 집단살해죄의 방지 및 처벌에 관한 협약에 저촉되지 아니하는 법률에 의하여 가장 중한 범죄에 대해서만 선고될 수 있다. 이 형벌은 권한있는 법원이 내린 최종판결에 의하여서만 집행될 수 있다.
3. 생명의 박탈이 집단살해죄를 구성하는 경우에는 이 조의 어떠한 규정도 이 규약의 당사국이 집단살해죄의 방지 및 처벌에 관한 협약의 규정에 따라 지고 있는 의무를 어떠한 방법으로도 위반하는 것을 허용하는 것은 아니라고 이해한다.
4. 사형을 선고받은 사람은 누구나 사면 또는 감형을 청구할 권리를 가진다. 사형선고에 대한 일반사면, 특별사면 또는 감형은 모든 경우에 부여될 수 있다.
5. 사형선고는 18세미만의 자가 범한 범죄에 대하여 과하여져서는 아니되며, 또한 임산부에 대하여 집행되어서는 아니된다.
6. 이 규약의 어떠한 규정도 이 규약의 당사국에 의하여 사형의 폐지를 지연시키거나 또는 방해하기 위하여 원용되어서는 아니된다.

제7조 어느 누구도 고문 또는 잔혹한, 비인도적인 또는 굴욕적인 취급 또는 형벌을 받지 아니한다. 특히 누구든지 자신의 자유로운 동의없이 의학적 또는 과학적 실험을 받지 아니한다.

제8조

1. 어느 누구도 노예상태에 놓여지지 아니한다. 모든 형태의 노예제도 및 노예매매는 금지된다.
2. 어느 누구도 예속상태에 놓여지지 아니한다.
3. (a) 어느 누구도 강제노동을 하도록 요구되지 아니한다.

(b) 제3항 "'(a)"의 규정은 범죄에 대한 형벌로 중노동을 수반한 구금형을 부과할 수 있는 국가에서, 권한있는 법원에 의하여 그러한 형의 선고에 따른 중노동을 시키는 것을 금지하는 것으로 해석되지 아니한다.

(c) 이 항의 적용상 "강제노동"이라는 용어는 다음 사항을 포함하지 아니한다.

(ⅰ) "(b)"에서 언급되지 아니한 작업 또는 역무로서 법원의 합법적 명령에 의하여 억류되어 있는 자 또는 그러한 억류로부터 조건부 석방중에 있는 자에게 통상적으로 요구되는 것

(ⅱ) 군사적 성격의 역무 및 양심적 병역거부가 인정되고 있는 국가에 있어서는 양심적 병역거부자에게 법률에 의하여 요구되는 국민적 역무

(ⅲ) 공동사회의 존립 또는 복지를 위협하는 긴급사태 또는 재난시에 요구되는 역무

(ⅳ) 시민으로서 통상적인 의무를 구성하는 작업 또는 역무

제9조

1. 모든 사람은 신체의 자유와 안전에 대한 권리를 가진다. 누구든지 자의적으로 체포되거나 또는 억류되지 아니한다. 어느 누구도 법률로 정한 이유 및 절차에 따르지 아니하고는 그 자유를 박탈당하지 아니한다.
2. 체포된 사람은 누구든지 체포시에 체포이유를 통고받으며, 또한 그에 대한 피의 사실을 신속히 통고받는다.
3. 형사상의 죄의 혐의로 체포되거나 또는 억류된 사람은 법관 또는 법률에 의하여 사법권을 행사할 권한을 부여받은 기타 관헌에게 신속히 회부되어야 하며, 또한 그는 합리적인 기간내에 재판을 받거나 또는 석방될 권리를 가진다. 재판에 회부되는 사람을 억류하는 것이 일반

적인 원칙이 되어서는 아니되며, 석방은 재판 기타 사법적 절차의 모든 단계에서 출두 및 필요한 경우 판결의 집행을 위하여 출두할 것이라는 보증을 조건으로 이루어질 수 있다.

4. 체포 또는 억류에 의하여 자유를 박탈당한 사람은 누구든지, 법원이 그의 억류의 합법성을 지체없이 결정하고, 그의 억류가 합법적이 아닌 경우에는 그의 석방을 명령할 수 있도록 하기 위하여, 법원에 절차를 취할 권리를 가진다.
5. 불법적인 체포 또는 억류의 희생이 된 사람은 누구든지 보상을 받을 권리를 가진다.

제10조

1. 자유를 박탈당한 모든 사람은 인도적으로 또한 인간의 고유한 존엄성을 존중하여 취급된다.
2. (a) 피고인은 예외적인 사정이 있는 경우를 제외하고는 기결수와 격리되며, 또한 유죄의 판결을 받고 있지 아니한 자로서의 지위에 상응하는 별도의 취급을 받는다.
   (b) 미성년 피고인은 성인과 격리되며 또한 가능한 한 신속히 재판에 회부된다.
3. 교도소 수감제도는 재소자들의 교정과 사회복귀를 기본적인 목적으로 하는 처우를 포함한다. 미성년 범죄자는 성인과 격리되며 또한 그들의 연령 및 법적 지위에 상응하는 대우가 부여된다.

제11조 어느 누구도 계약상 의무의 이행불능만을 이유로 구금되지 아니한다.

제12조

1. 합법적으로 어느 국가의 영역내에 있는 모든 사람은, 그 영역내에서

이동의 자유 및 거주의 자유에 관한 권리를 가진다.

2. 모든 사람은 자국을 포함하여 어떠한 나라로부터도 자유로이 퇴거할 수 있다.
3. 상기 권리는 법률에 의하여 규정되고, 국가안보, 공공질서, 공중보건 또는 도덕 또는 타인의 권리와 자유를 보호하기 위하여 필요하고, 또한 이 규약에서 인정되는 기타 권리와 양립되는 것을 제외하고는 어떠한 제한도 받지 아니한다.
4. 어느 누구도 자국에 돌아올 권리를 자의적으로 박탈당하지 아니한다.

제13조 합법적으로 이 규약의 당사국의 영역내에 있는 외국인은, 법률에 따라 이루어진 결정에 의하여서만 그 영역으로부터 추방될 수 있으며, 또한 국가안보상 불가피하게 달리 요구되는 경우를 제외하고는 자기의 추방에 반대하는 이유를 제시할 수 있고 또한 권한있는 당국 또는 동 당국에 의하여 특별히 지명된 자에 의하여 자기의 사안이 심사되는 것이 인정되며, 또한 이를 위하여 그 당국 또는 사람앞에서 다른 사람이 그를 대리하는 것이 인정된다.

제14조

1. 모든 사람은 재판에 있어서 평등하다. 모든 사람은 그에 대한 형사상의 죄의 결정 또는 민사상의 권리 및 의무의 다툼에 관한 결정을 위하여 법률에 의하여 설치된 권한있는 독립적이고 공평한 법원에 의한 공정한 공개심리를 받을 권리를 가진다. 보도기관 및 공중에 대하여서는, 민주 사회에 있어서 도덕, 공공질서 또는 국가안보를 이유로 하거나 또는 당사자들의 사생활의 이익을 위하여 필요한 경우, 또는 공개가 사법상 이익을 해할 특별한 사정이 있는 경우 법원의 견해로 엄격히 필요하다고 판단되는 한도에서 재판의 전부 또는 일부를 공개하지 않을 수 있다. 다만, 형사소송 기타 소송에서 선고되는 판결은 미

성년자의 이익을 위하여 필요한 경우 또는 당해 절차가 혼인관계의 분쟁이나 아동의 후견문제에 관한 경우를 제외하고는 공개된다.

2. 모든 형사피의자는 법률에 따라 유죄가 입증될 때까지 무죄로 추정받을 권리를 가진다.
3. 모든 사람은 그에 대한 형사상의 죄를 결정함에 있어서 적어도 다음과 같은 보장을 완전 평등하게 받을 권리를 가진다.
   (a) 그에 대한 죄의 성질 및 이유에 관하여 그가 이해하는 언어로 신속하고 상세하게 통고받을 것
   (b) 변호의 준비를 위하여 충분한 시간과 편의를 가질 것과 본인이 선임한 변호인과 연락을 취할 것
   (c) 부당하게 지체됨이 없이 재판을 받을 것
   (d) 본인의 출석하에 재판을 받으며, 또한 직접 또는 본인이 선임하는 자의 법적 조력을 통하여 변호할 것. 만약 법적 조력을 받지 못하는 경우 변호인의 조력을 받을 권리에 대하여 통지를 받을 것. 사법상의 이익을 위하여 필요한 경우 및 충분한 지불수단을 가지고 있지 못하는 경우 본인이 그 비용을 부담하지 아니하고 법적 조력이 그에게 주어지도록 할 것.
   (e) 자기에게 불리한 증인을 신문하거나 또는 신문받도록 할 것과 자기에게 불리한 증인과 동일한 조건으로 자기를 위한 증인을 출석시키도록 하고 또한 신문받도록 할 것.
   (f) 법정에서 사용되는 언어를 이해하지 못하거나 또는 말할 수 없는 경우에는 무료로 통역의 조력을 받을 것.
   (g) 자기에게 불리한 진술 또는 유죄의 자백을 강요 당하지 아니할 것.
4. 미성년자의 경우에는 그 절차가 그들의 연령을 고려하고 또한 그들의 갱생을 촉진하고자 하는 요망을 고려한 것이어야 한다.
5. 유죄판결을 받은 모든 사람은 법률에 따라 그 판결 및 형벌에 대하여 상급 법원에서 재심을 받을 권리를 가진다.

6. 어떤 사람이 확정판결에 의하여 유죄판결을 받았으나, 그후 새로운 사실 또는 새로 발견된 사실에 의하여 오심이 있었음을 결정적으로 입증함으로써 그에 대한 유죄판결이 파기되었거나 또는 사면을 받았을 경우에는 유죄판결의 결과 형벌을 받은 자는 법률에 따라 보상을 받는다. 다만, 그 알지 못한 사실이 적시에 밝혀지지 않은 것이 전체적으로 또는 부분적으로 그에게 책임이 있었다는 것이 증명된 경우에는 그러하지 아니한다.
7. 어느 누구도 각국의 법률 및 형사절차에 따라 이미 확정적으로 유죄 또는 무죄선고를 받은 행위에 관하여서는 다시 재판 또는 처벌을 받지 아니한다.

제15조

1. 어느 누구도 행위시의 국내법 또는 국제법에 의하여 범죄를 구성하지 아니하는 작위 또는 부작위를 이유로 유죄로 되지 아니한다. 또한 어느 누구도 범죄가 행하여진 때에 적용될 수 있는 형벌보다도 중한 형벌을 받지 아니한다. 범죄인은 범죄가 행하여진 후에 보다 가벼운 형을 부과하도록 하는 규정이 법률에 정해진 경우에는 그 혜택을 받는다.
2. 이 조의 어떠한 규정도 국제사회에 의하여 인정된 법의 일반원칙에 따라 그 행위시에 범죄를 구성하는 작위 또는 부작위를 이유로 당해인을 재판하고 처벌하는 것을 방해하지 아니한다.

제16조 모든 사람은 어디에서나 법앞에 인간으로서 인정받을 권리를 가진다.

제17조

1. 어느 누구도 그의 사생활, 가정. 주거 또는 통신에 대하여 자의적이거나 불법적인 간섭을 받거나 또는 그의 명예와 신용에 대한 불법적인

비난을 받지 아니한다.

2. 모든 사람은 그러한 간섭 또는 비난에 대하여 법의 보호를 받을 권리를 가진다.

第18조

1. 모든 사람은 사상, 양심 및 종교의 자유에 대한 권리를 가진다. 이러한 권리는 스스로 선택하는 종교나 신념을 가지거나 받아들일 자유와 단독으로 또는 다른 사람과 공동으로, 공적 또는 사적으로 예배, 의식, 행사 및 선교에 의하여 그의 종교나 신념을 표명하는 자유를 포함한다.
2. 어느 누구도 스스로 선택하는 종교나 신념을 가지거나 받아들일 자유를 침해하게 될 강제를 받지 아니한다.
3. 자신의 종교나 신념을 표명하는 자유는, 법률에 규정되고 공공의 안전, 질서, 공중보건, 도덕 또는 타인의 기본적 권리 및 자유를 보호하기 위하여 필요한 경우에만 제한받을 수 있다.
4. 이 규약의 당사국은 부모 또는 경우에 따라 법정 후견인이 그들의 신념에 따라 자녀의 종교적, 도덕적 교육을 확보할 자유를 존중할 것을 약속한다.

第19조

1. 모든 사람은 간섭받지 아니하고 의견을 가질 권리를 가진다.
2. 모든 사람은 표현의 자유에 대한 권리를 가진다. 이 권리는 구두, 서면 또는 인쇄, 예술의 형태 또는 스스로 선택하는 기타의 방법을 통하여 국경에 관계없이 모든 종류의 정보와 사상을 추구하고 접수하며 전달하는 자유를 포함한다.
3. 이 조 제2항에 규정된 권리의 행사에는 특별한 의무와 책임이 따른다. 따라서 그러한 권리의 행사는 일정한 제한을 받을 수 있다. 다만, 그 제한은 법률에 의하여 규정되고 또한 다음 사항을 위하여 필요한 경

우에만 한정된다.

(a) 타인의 권리 또는 신용의 존중

(b) 국가안보 또는 공공질서 또는 공중보건 또는 도덕의 보호

제20조

1. 전쟁을 위한 어떠한 선전도 법률에 의하여 금지된다.
2. 차별, 적의 또는 폭력의 선동이 될 민족적, 인종적 또는 종교적 증오의 고취는 법률에 의하여 금지된다.

제21조 평화적인 집회의 권리가 인정된다. 이 권리의 행사에 대하여는 법률에 따라 부과되고, 또한 국가안보 또는 공공의 안전, 공공질서, 공중보건 또는 도덕의 보호 또는 타인의 권리 및 자유의 보호를 위하여 민주사회에서 필요한 것 이외의 어떠한 제한도 과하여져서는 아니된다.

제22조

1. 모든 사람은 자기의 이익을 보호하기 위하여 노동조합을 결성하고 이에 가입하는 권리를 포함하여 다른 사람과의 결사의 자유에 대한 권리를 갖는다.
2. 이 권리의 행사에 대하여는 법률에 의하여 규정되고, 국가안보 또는 공공의 안전, 공공질서, 공중보건 또는 도덕의 보호 또는 타인의 권리 및 자유의 보호를 위하여 민주사회에서 필요한 것 이외의 어떠한 제한도 과하여져서는 아니된다. 이 조는 군대와 경찰의 구성원이 이 권리를 행사하는 데 대하여 합법적인 제한을 부과하는 것을 방해하지 아니한다.
3. 이 조의 어떠한 규정도 결사의 자유 및 단결권의 보호에 관한 1948년의 국제노동기구협약의 당사국이 동 협약에 규정하는 보장을 저해하려는 입법조치를 취하도록 하거나 또는 이를 저해하려는 방법으로 법

률을 적용할 것을 허용하는 것은 아니다.

제23조

1. 가정은 사회의 자연적이며 기초적인 단위이고, 사회와 국가의 보호를 받을 권리를 가진다.
2. 혼인적령의 남녀가 혼인을 하고, 가정을 구성할 권리가 인정된다.
3. 혼인은 양당사자의 자유롭고 완전한 합의 없이는 성립되지 아니한다.
4. 이 규약의 당사국은 혼인기간중 및 혼인해소시에 혼인에 대한 배우자의 권리 및 책임의 평등을 확보하기 위하여 적절한 조치를 취한다. 혼인해소의 경우에는 자녀에 대한 필요한 보호를 위한 조치를 취한다.

제24조

1. 모든 어린이는 인종, 피부색, 성, 언어, 종교, 민족적 또는 사회적 출신, 재산 또는 출생에 관하여 어떠한 차별도 받지 아니하고 자신의 가족, 사회 및 국가에 대하여 미성년자로서의 지위로 인하여 요구되는 보호조치를 받을 권리를 가진다.
2. 모든 어린이는 출생후 즉시 등록되고, 성명을 가진다.
3. 모든 어린이는 국적을 취득할 권리를 가진다.

제25조 모든 시민은 제2조에 규정하는 어떠한 차별이나 또는 불합리한 제한도 받지 아니하고 다음의 권리 및 기회를 가진다.

(a) 직접 또는 자유로이 선출한 대표자를 통하여 정치에 참여하는 것.

(b) 보통, 평등 선거권에 따라 비밀투표에 의하여 행하여 지고, 선거인의 의사의 자유로운 표명을 보장하는 진정한 정기적 선거에서 투표하거나 피선되는 것.

(c) 일반적인 평등 조건하에 자국의 공무에 취임하는 것.

제26조 모든 사람은 법앞에 평등하고 어떠한 차별도 없이 법의 평등한 보호를 받을 권리를 가진다. 이를 위하여 법률은 모든 차별을 금지하고, 인종, 피부색, 성, 언어, 종교, 정치적, 또는 기타의 의견, 민족적 또는 사회적 출신, 재산, 출생 또는 기타의 신분 등의 어떠한 이유에 의한 차별에 대하여도 평등하고 효과적인 보호를 모든 사람에게 보장한다.

제27조 종족적, 종교적 또는 언어적 소수민족이 존재하는 국가에 있어서는 그러한 소수민족에 속하는 사람들에게 그 집단의 다른 구성원들과 함께 그들 자신의 문화를 향유하고, 그들 자신의 종교를 표명하고 실행하거나 또는 그들 자신의 언어를 사용할 권리가 부인되지 아니한다.

제4부

제28조

1. 인권이사회(이하 이 규약에서 이사회라 한다)를 설치한다. 이사회는 18인의 위원으로 구성되며 이하에 규정된 임무를 행한다.
2. 이사회는 고매한 인격을 가지고 인권분야에서 능력이 인정된 이 규약의 당사국의 국민들로 구성하고, 법률적 경험을 가진 약간명의 인사의 참여가 유익할 것이라는 점을 고려한다.
3. 이사회의 위원은 개인적 자격으로 선출되고, 직무를 수행한다.

제29조

1. 이사회의 위원은 제28조에 규정된 자격을 가지고 이 규약의 당사국에 의하여 선거를 위하여 지명된 자의 명단중에서 비밀투표에 의하여 선출된다.
2. 이 규약의 각 당사국은 2인이하의 자를 지명할 수 있다. 이러한 자는

지명하는 국가의 국민이어야 한다.

3. 동일인이 재지명받을 수 있다.

第30조

1. 최초의 선거는 이 규약의 발효일로부터 6개월 이내에 실시된다.
2. 국제연합사무총장은, 제34조에 따라 선언된 결원의 보충선거를 제외하고는, 이사회의 구성을 위한 각 선거일의 최소 4개월 전에, 이 규약당사국이 3개월 이내에 위원회의 위원후보 지명을 제출하도록 하기 위하여 당사국에 서면 초청장을 발송한다.
3. 국제연합사무총장은, 이와 같이 지명된 후보들을 지명국 이름의 명시와 함께 알파벳 순으로 명단을 작성하여 늦어도 선거일 1개월 전에 동 명단을 이 규약당사국에게 송부한다.
4. 이사회 위원의 선거는 국제연합사무총장이 국제연합 본부에서 소집한 이 규약당사국회합에서 실시된다. 이 회합은 이 규약당사국의 3분의 2를 정족수로 하고, 출석하여 투표하는 당사국 대표의 최대다수표 및 절대다수표를 획득하는 후보가 위원으로 선출된다.

第31조

1. 이사회는 동일국가의 국민을 2인이상 포함할 수 없다.
2. 이사회의 선거에 있어서는 위원의 공평한 지리적 안배와 상이한 문명형태 및 주요한 법률체계가 대표되도록 고려한다.

第32조

1. 이사회의 위원은 4년 임기로 선출된다. 모든 위원은 재지명된 경우에 재선될 수 있다. 다만, 최초의 선거에서 선출된 위원 중 9인의 임기는 2년후에 종료된다. 이들 9인 위원의 명단은 최초 선거후 즉시 제30조 제4항에 언급된 회합의 의장에 의하여 추첨으로 선정된다.

2. 임기 만료시의 선거는 이 규약 제4부의 전기 조문들의 규정에 따라 실시된다.

제33조

1. 이사회의 어느 한 위원이 그의 임무를 수행할 수 없는 것이 일시적 성격의 결석이 아닌 다른 이유로 인한 것이라고 다른 위원 전원이 생각할 경우, 이사회의 의장은 국제연합사무총장에게 이를 통보하며, 사무총장은 이때 동 위원의 궐석을 선언한다.
2. 이사회의 위원이 사망 또는 사임한 경우, 의장은 국제연합 사무총장에게 이를 즉시 통보하여야 하며, 사무총장은 사망일 또는 사임의 효력발생일로부터 그 좌석의 궐석을 선언한다.

제34조

1. 제33조에 의해 궐석이 선언되고, 교체될 궐석위원의 잔여임기가 궐석 선언일로부터 6개월 이내에 종료되지 아니할 때에는, 국제연합사무총장은 이 규약의 각 당사국에게 이를 통보하며, 각 당사국은 궐석을 충원하기 위하여 제29조에 따라서 2개월 이내에 후보자의 지명서를 제출할 수 있다.
2. 국제연합사무총장은 이와 같이 지명된 후보들의 명단을 알파벳순으로 작성, 이를 이 규약의 당사국에게 송부한다. 보궐선거는 이 규약 제4부의 관계규정에 따라 실시된다.
3. 제33조에 따라 선언되는 궐석을 충원하기 위하여 선출되는 위원은 동조의 규정에 따라 궐석위원의 잔여임기 동안 재직한다.

제35조 이사회의 위원들은 국제연합총회가 이사회의 책임의 중요성을 고려하여 결정하게 될 조건에 따라, 국제연합의 재원에서 동 총회의 승인을 얻어 보수를 받는다.

제36조 국제연합사무총장은 이 규정상 이사회의 효과적인 기능수행을 위하여 필요한 직원과 편의를 제공한다.

제37조

1. 국제연합사무총장은 이사회의 최초 회의를 국제연합본부에서 소집한다.
2. 최초회의 이후에는, 이사회는 이사회의 절차규칙이 정하는 시기에 회합한다.
3. 이사회는 통상 국제연합본부나 제네바 소재 국제연합사무소에서 회합을 가진다.

제38조 이사회의 각 위원은 취임에 앞서 이사회의 공개석상에서 자기의 직무를 공평하고 양심적으로 수행할 것을 엄숙히 선언한다.

제39조

1. 이사회는 임기2년의 임원을 선출한다. 임원은 재선될 수 있다.
2. 이사회는 자체의 절차규칙을 제정하며 이 규칙은 특히 다음 사항을 규정한다.
   (a) 의사정족수는 위원 12인으로 한다.
   (b) 이사회의 의결은 출석위원 과반수의 투표로 한다.

제40조

1. 이 규약의 당사국은 규약에서 인정된 권리를 실현하기 위하여 취한 조치와 그러한 권리를 향유함에 있어서 성취된 진전사항에 관한 보고서를 다음과 같이 제출할 것을 약속한다.
   (a) 관계당사국에 대하여는 이 규약의 발효후 1년 이내
   (b) 그 이후에는 이사회가 요청하는 때

2. 모든 보고서는 국제연합사무총장에게 제출되며 사무총장은 이를 이사회가 심의할 수 있도록 이사회에 송부한다. 동 보고서에는 이 규약의 이행에 영향을 미치는 요소와 장애가 있을 경우, 이를 기재한다.
3. 국제연합사무총장은 이사회와의 협의후 해당전문기구에 그 전문기구의 권한의 분야에 속하는 보고서 관련 부분의 사본을 송부한다.
4. 이사회는 이 규약의 당사국에 의하여 제출된 보고서를 검토한다. 이사회는 이사회 자체의 보고서와 이사회가 적당하다고 간주하는 일반적 의견을 당사국에게 송부한다. 이사회는 또한 이 규약의 당사국으로부터 접수한 보고서 사본과 함께 동 일반적 의견을 경제사회이사회에 제출할 수 있다.
5. 이 규약의 당사국은 본조 제4항에 따라 표명된 의견에 대한 견해를 이사회에 제출할 수 있다.

제41조 이 규약의 당사국은 타 당사국이 이 규약상의 의무를 이행하지 아니하고 있다고 주장하는 일 당사국의 통보를 접수, 심리하는 이사회의 권한을 인정한다는 것을 이 조에 의하여 언제든지 선언할 수 있다. 이 조의 통보는 이 규약의 당사국중 자국에 대한 이사회의 그러한 권한의 인정을 선언한 당사국에 의하여 제출될 경우에만 접수, 심리될 수 있다. 이사회는 그러한 선언을 행하지 아니한 당사국에 관한 통보는 접수하지 아니한다. 이 조에 따라 접수된 통보는 다음의 절차에 따라 처리된다.

1. (a) 이 규약의 당사국은 타 당사국이 이 규약의 규정을 이행하고 있지 아니하다고 생각할 경우에는, 서면통보에 의하여 이 문제에 관하여 그 당사국의 주의를 환기시킬 수 있다. 통보를 접수한 국가는 통보를 접수한 후 3개월 이내에 당해문제를 해명하는 설명서 또는 기타 진술을 서면으로 통보한 국가에 송부한다. 그러한 해명서에는 가능하고 적절한 범위내에서, 동 국가가 당해문제와 관련하여 이미 취하였든가, 현재 취하고 있든가 또는 취할 국내절차와 구제

수단에 관한 언급이 포함된다.

(b) 통보를 접수한 국가가 최초의 통보를 접수한 후 6개월 이내에 당해문제가 관련당사국 쌍방에게 만족스럽게 조정되지 아니할 경우에는, 양 당사국중 일방에 의한 이사회와 타 당사국에 대한 통고로 당해문제를 이사회에 회부할 권리를 가진다.

(c) 이사회는, 이사회에 회부된 문제의 처리에 있어서, 일반적으로 승인된 국제법의 원칙에 따라 모든 가능한 국내적 구제절차가 원용되고 완료되었음을 확인한 다음에만 그 문제를 처리한다. 다만, 구제수단의 적용이 부당하게 지연되고 있을 경우에는 그러하지 아니한다.

(d) 이사회가 이 조에 의한 통보를 심사할 경우에는 비공개 토의를 가진다.

(e) "(c)"의 규정에 따를 것을 조건으로, 이사회는 이 규약에서 인정된 인권과 기본적 자유에 대한 존중의 기초위에서 문제를 우호적으로 해결하기 위하여 관계당사국에게 주선을 제공한다.

(f) 이사회는 회부받은 어떠한 문제에 관하여도 "(b)"에 언급된 관계당사국들에게 모든 관련정보를 제출할 것을 요청할 수 있다.

(g) "(b)"에서 언급된 관계당사국은 당해문제가 이사회에서 심의되고 있는 동안 자국의 대표를 참석시키고 구두 또는 서면으로 의견을 제출할 권리를 가진다.

(h) 이사회는 "(b)"에 의한 통보의 접수일로부터 12개월 이내에 보고서를 제출한다.

(i) "(e)"의 규정에 따라 해결에 도달한 경우에는 이사회는 보고서를 사실과 도달된 해결에 관한 간략한 설명에만 국한시킨다.

(ii) "(e)"의 규정에 따라 해결에 도달하지 못한 경우에는 이사회는 보고서를 사실에 관한 간략한 설명에만 국한시키고 관계

당사국이 제출한 서면 의견과 구두 의견의 기록을 동 보고서에 첨부시킨다. 모든 경우에 보고서는 관계당사국에 통보된다.

2. 이 조의 제규정은 이 규약의 10개 당사국이 이 조 제1항에 따른 선언을 하였을 때 발효된다. 당사국은 동 선언문을 국제연합사무총장에게 기탁하며, 사무총장은 선언문의 사본을 타 당사국에 송부한다. 이와 같은 선언은 사무총장에 대한 통고에 의하여 언제든지 철회될 수 있다. 이 철회는 이 조에 의하여 이미 송부된 통보에 따른 어떠한 문제의 심의도 방해하지 아니한다. 어떠한 당사국에 의한 추후의 통보는 사무총장이 선언 철회의 통고를 접수한 후에는 관계당사국이 새로운 선언을 하지 아니하는 한 접수되지 아니한다.

제42조

1. (a) 제41조에 따라 이사회에 회부된 문제가 관계당사국들에 만족스럽게 타결되지 못하는 경우에는 이사회는 관계당사국의 사전 동의를 얻어 특별조정위원회(이하 조정위원회라 한다)를 임명할 수 있다. 조정위원회는 이 규약의 존중에 기초하여 당해문제를 우호적으로 해결하기 위하여 관계당사국에게 주선을 제공한다.
   (b) 조정위원회는 관계당사국에게 모두 수락될 수 있는 5인의 위원으로 구성된다. 관계당사국이 3개월 이내에 조정위원회의 전부 또는 일부의 구성에 관하여 합의에 이르지 못하는 경우에는, 합의를 보지 못하는 조정위원회의 위원은 비밀투표에 의하여 인권이사회 위원중에서 인권이사회 위원 3분의2의 다수결투표로 선출된다.
2. 조정위원회의 위원은 개인자격으로 직무를 수행한다. 동 위원은 관계당사국, 이 규약의 비당사국 또는 제41조에 의한 선언을 행하지 아니한 당사국의 국민이어서는 아니된다.

3. 조정위원회는 자체의 의장을 선출하고 또한 자체의 절차규칙을 채택한다.
4. 조정위원회의 회의는 통상 국제연합본부 또는 제네바 소재 국제연합사무소에서 개최된다. 그러나, 동 회의는 조정위원회가 국제연합사무총장 및 관계당사국과 협의하여 결정하는 기타 편리한 장소에서도 개최될 수 있다.
5. 제36조에 따라 설치된 사무국은 이 조에서 임명된 조정위원회에 대하여도 역무를 제공한다.
6. 이사회가 접수하여 정리한 정보는 조정위원회가 이용할 수 있으며, 조정위원회는 관계당사국에게 기타 관련자료의 제출을 요구할 수 있다.
7. 조정위원회는 문제를 충분히 검토한 후, 또는 당해문제를 접수한 후, 어떠한 경우에도 12개월이내에, 관계당사국에 통보하기 위하여 인권이사회의 위원장에게 보고서를 제출한다.
   (a) 조정위원회가 12개월 이내에 당해문제에 대한 심의를 종료할 수 없을 경우, 조정위원회는 보고서를 당해문제의 심의현황에 관한 간략한 설명에 국한시킨다.
   (b) 조정위원회가 이 규약에서 인정된 인권의 존중에 기초하여 당해문제에 대한 우호적인 해결에 도달한 경우, 조정위원회는 보고서를 사실과 도달한 해결에 관한 간략한 설명에 국한시킨다.
   (c) 조정위원회가 "(b)"의 규정에 의한 해결에 도달하지 못한 경우, 조정위원회의 보고서는 관계당국간의 쟁점에 관계되는 모든 사실문제에 대한 자체의 조사결과 및 문제의 우호적인 해결 가능성에 관한 견해를 기술한다. 동 보고서는 또한 관계당사국이 제출한 서면 의견 및 구두의견의 기록을 포함한다.
   (d) "(c)"에 의하여 조정위원회의 보고서가 제출되는 경우, 관계당사국은 동 보고서의 접수로부터 3개월 이내에 인권이사회의 위원

장에게 조정위원회의 보고서 내용의 수락여부를 통고한다.

8. 이 조의 규정은 제41조에 의한 이사회의 책임을 침해하지 아니한다.
9. 관계당사국은 국제연합사무총장이 제출하는 견적에 따라 조정위원회의 모든 경비를 균등히 분담한다.
10. 국제연합사무총장은 필요한 경우, 이 조 제9항에 의하여 관계당사국이 분담금을 납입하기 전에 조정위원회의 위원의 경비를 지급할 수 있는 권한을 가진다.

제43조 이사회의 위원과 제42조에 의하여 임명되는 특별조정위원회의 위원은 국제연합의 특권 및 면제에 관한 협약의 관계 조항에 규정된 바에 따라 국제연합을 위한 직무를 행하는 전문가로서의 편의, 특권 및 면제를 향유한다.

제44조 이 규약의 이행에 관한 규정은 국제연합과 그 전문기구의 설립헌장 및 협약에 의하여 또는 헌장 및 협약 하에서의 인권분야에 규정된 절차의 적용을 방해하지 아니하고, 이 규약당사국이 당사국간에 발효중인 일반적인 또는 특별한 국제협정에 따라 분쟁의 해결을 위하여 다른 절차를 이용하는 것을 방해하지 아니한다.

제45조 이사회는 그 활동에 관한 연례보고서를 경제사회이사회를 통하여 국제연합총회에 제출한다.

제5부

제46조 이 규약의 어떠한 규정도 이 규약에서 취급되는 문제에 관하여 국제연합의 여러 기관과 전문기구의 책임을 각각 명시하고 있는 국제연합헌장 및 전문기구헌장의 규정을 침해하는 것으로 해석되지 아니한다.

제47조 이 규약의 어떠한 규정도 모든 사람이 그들의 천연적 부와 자원을 충분히 자유로이 향유하고, 이용할 수 있는 고유의 권리를 침해하는 것으로 해석되지 아니한다.

제6부

제48조

1. 이 규약은 국제연합의 모든 회원국, 전문기구의 모든 회원국, 국제사법재판소 규정의 모든 당사국 또한 국제연합총회가 이 규약에 가입하도록 초청한 기타 모든 국가들의 서명을 위하여 개방된다.
2. 이 규약은 비준되어야 한다. 비준서는 국제연합사무총장에게 기탁된다.
3. 이 규약은 이 조 제1항에서 언급된 모든 국가들의 가입을 위하여 개방된다.
4. 가입은 가입서를 국제연합사무총장에게 기탁함으로써 이루어진다.
5. 국제연합사무총장은 이 규약에 서명 또는 가입한 모든 국가들에게 각 비준서 또는 가입서의 기탁을 통보한다.

제49조

1. 이 규약은 35번째의 비준서 또는 가입서가 국제연합사무총장에게 기탁되는 날로부터 3개월 후에 발효한다.
2. 35번째의 비준서 또는 가입서의 기탁후에 이 규약을 비준하거나 또는 이 조약에 가입하는 국가에 대하여는, 이 규약은 그 국가의 비준서 또는 가입서가 기탁된 날로부터 3개월 후에 발효한다.

제50조 이 규약의 규정은 어떠한 제한이나 예외없이 연방국가의 모든 지역에 적용된다.

제51조

1. 이 규약의 당사국은 개정안을 제안하고 이를 국제연합사무총장에게 제출할 수 있다. 사무총장은 개정안을 접수하는대로, 각 당사국에게 동 제안을 심의하고 표결에 회부하기 위한 당사국회의 개최에 찬성하는지에 관한 의견을 사무총장에게 통보하여 줄것을 요청하는 것과 함께, 개정안을 이 규약의 각 당사국에게 송부한다. 당사국 중 최소 3분의1이 당사국회의 개최에 찬성하는 경우, 사무총장은 국제연합의 주관하에 동 회의를 소집한다. 동 회의에 출석하고 표결한 당사국의 과반수에 의하여 채택된 개정안은 그 승인을 위하여 국제연합총회에 제출된다.
2. 개정안은 국제연합총회의 승인을 얻고, 각기 자국의 헌법상 절차에 따라 이 규약당사국의 3분의 2의 다수가 수락하는 때 발효한다.
3. 개정안은 발효시 이를 수락한 당사국을 구속하고, 여타 당사국은 계속하여 이 규약의 규정 및 이미 수락한 그 이전의 모든 개정에 의하여 구속된다.

제52조 제48조 제5항에 의한 통보에 관계없이, 국제연합사무총장은 동조 제1항에서 언급된 모든 국가에 다음을 통보한다.

(a) 제48조에 의한 서명, 비준 및 가입

(b) 제49조에 의한 이 규약의 발효일자 및 제51조에 의한 모든 개정의 발효일자

제53조

1. 이 규약은 중국어, 영어, 불어, 러시아어 및 서반아어본이 동등히 정본이며 국제연합 문서보존소에 기탁된다.
2. 국제연합사무총장은 제48조에서 언급된 모든 국가들에게 이 규약의 인증등본을 송부한다.

이상의 증거로, 하기서명자들은 각자의 정부에 의하여 정당히 권한을 위임받아 일천구백육십육년 십이월 십구일 뉴욕에서 서명을 위하여 개방된 이 규약에 서명하였다.

사회보장기본법

[시행 2017. 7. 26.][법률 제14839호, 2017. 7. 26., 타법개정]

제1장 총칙

제1조(목적) 이 법은 사회보장에 관한 국민의 권리와 국가 및 지방자치단체의 책임을 정하고 사회보장정책의 수립 · 추진과 관련 제도에 관한 기본적인 사항을 규정함으로써 국민의 복지증진에 이바지하는 것을 목적으로 한다.

제2조(기본 이념) 사회보장은 모든 국민이 다양한 사회적 위험으로부터 벗어나 행복하고 인간다운 생활을 향유할 수 있도록 자립을 지원하며, 사회참여 · 자아실현에 필요한 제도와 여건을 조성하여 사회통합과 행복한 복지사회를 실현하는 것을 기본 이념으로 한다.

제3조(정의) 이 법에서 사용하는 용어의 뜻은 다음과 같다.

1. "사회보장"이란 출산, 양육, 실업, 노령, 장애, 질병, 빈곤 및 사망 등의 사회적 위험으로부터 모든 국민을 보호하고 국민 삶의 질을 향상시키는 데 필요한 소득 · 서비스를 보장하는 사회보험, 공공부조, 사회서비스를 말한다.
2. "사회보험"이란 국민에게 발생하는 사회적 위험을 보험의 방식으로 대처함으로써 국민의 건강과 소득을 보장하는 제도를 말한다.
3. "공공부조"(公共扶助)란 국가와 지방자치단체의 책임 하에 생활 유지

능력이 없거나 생활이 어려운 국민의 최저생활을 보장하고 자립을 지원하는 제도를 말한다.

4. "사회서비스"란 국가 · 지방자치단체 및 민간부문의 도움이 필요한 모든 국민에게 복지, 보건의료, 교육, 고용, 주거, 문화, 환경 등의 분야에서 인간다운 생활을 보장하고 상담, 재활, 돌봄, 정보의 제공, 관련 시설의 이용, 역량 개발, 사회참여 지원 등을 통하여 국민의 삶의 질이 향상되도록 지원하는 제도를 말한다.
5. "평생사회안전망"이란 생애주기에 걸쳐 보편적으로 충족되어야 하는 기본욕구와 특정한 사회위험에 의하여 발생하는 특수욕구를 동시에 고려하여 소득 · 서비스를 보장하는 맞춤형 사회보장제도를 말한다.

제4조(다른 법률과의 관계) 사회보장에 관한 다른 법률을 제정하거나 개정하는 경우에는 이 법에 부합되도록 하여야 한다.

제5조(국가와 지방자치단체의 책임) ① 국가와 지방자치단체는 모든 국민의 인간다운 생활을 유지 · 증진하는 책임을 가진다.

② 국가와 지방자치단체는 사회보장에 관한 책임과 역할을 합리적으로 분담하여야 한다.

③ 국가와 지방자치단체는 국가 발전수준에 부응하고 사회환경의 변화에 선제적으로 대응하며 지속가능한 사회보장제도를 확립하고 매년 이에 필요한 재원을 조달하여야 한다.

④ 국가는 사회보장제도의 안정적인 운영을 위하여 중장기 사회보장 재정추계를 격년으로 실시하고 이를 공표하여야 한다.

제6조(국가 등과 가정) ① 국가와 지방자치단체는 가정이 건전하게 유지되고 그 기능이 향상되도록 노력하여야 한다.

② 국가와 지방자치단체는 사회보장제도를 시행할 때에 가정과 지역공

동체의 자발적인 복지활동을 촉진하여야 한다.

제7조(국민의 책임) ① 모든 국민은 자신의 능력을 최대한 발휘하여 자립·자활(자활)할 수 있도록 노력하여야 한다.

② 모든 국민은 경제적·사회적·문화적·정신적·신체적으로 보호가 필요하다고 인정되는 사람에게 지속적인 관심을 가지고 이들이 보다 나은 삶을 누릴 수 있는 사회환경 조성에 서로 협력하고 노력하여야 한다.

③ 모든 국민은 관계 법령에서 정하는 바에 따라 사회보장급여에 필요한 비용의 부담, 정보의 제공 등 국가의 사회보장정책에 협력하여야 한다.

제8조(외국인에 대한 적용) 국내에 거주하는 외국인에게 사회보장제도를 적용할 때에는 상호주의의 원칙에 따르되, 관계 법령에서 정하는 바에 따른다.

제2장 사회보장에 관한 국민의 권리

제9조(사회보장을 받을 권리) 모든 국민은 사회보장 관계 법령에서 정하는 바에 따라 사회보장급여를 받을 권리(이하 "사회보장수급권"이라 한다)를 가진다.

제10조(사회보장급여의 수준) ① 국가와 지방자치단체는 모든 국민이 건강하고 문화적인 생활을 유지할 수 있도록 사회보장급여의 수준 향상을 위하여 노력하여야 한다.

② 국가는 관계 법령에서 정하는 바에 따라 최저보장수준과 최저임금을 매년 공표하여야 한다. 〈개정 2015. 12. 29.〉

③ 국가와 지방자치단체는 제2항에 따른 최저보장수준과 최저임금 등을

고려하여 사회보장급여의 수준을 결정하여야 한다. 〈개정 2015. 12. 29.〉

제11조(사회보장급여의 신청) ① 사회보장급여를 받으려는 사람은 관계 법령에서 정하는 바에 따라 국가나 지방자치단체에 신청하여야 한다. 다만, 관계 법령에서 따로 정하는 경우에는 국가나 지방자치단체가 신청을 대신할 수 있다.
② 사회보장급여를 신청하는 사람이 다른 기관에 신청한 경우에는 그 기관은 지체 없이 이를 정당한 권한이 있는 기관에 이송하여야 한다. 이 경우 정당한 권한이 있는 기관에 이송된 날을 사회보장급여의 신청일로 본다.

제12조(사회보장수급권의 보호) 사회보장수급권은 관계 법령에서 정하는 바에 따라 다른 사람에게 양도하거나 담보로 제공할 수 없으며, 이를 압류할 수 없다.

제13조(사회보장수급권의 제한 등) ① 사회보장수급권은 제한되거나 정지될 수 없다. 다만, 관계 법령에서 따로 정하고 있는 경우에는 그러하지 아니하다.
② 제1항 단서에 따라 사회보장수급권이 제한되거나 정지되는 경우에는 제한 또는 정지하는 목적에 필요한 최소한의 범위에 그쳐야 한다.

제14조(사회보장수급권의 포기) ① 사회보장수급권은 정당한 권한이 있는 기관에 서면으로 통지하여 포기할 수 있다.
② 사회보장수급권의 포기는 취소할 수 있다.
③ 제1항에도 불구하고 사회보장수급권을 포기하는 것이 다른 사람에게 피해를 주거나 사회보장에 관한 관계 법령에 위반되는 경우에는 사회보장수급권을 포기할 수 없다.

제15조(불법행위에 대한 구상) 제3자의 불법행위로 피해를 입은 국민이 그로 인하여 사회보장수급권을 가지게 된 경우 사회보장제도를 운영하는 자는 그 불법행위의 책임이 있는 자에 대하여 관계 법령에서 정하는 바에 따라 구상권(구상권)을 행사할 수 있다.

제3장 사회보장 기본계획과 사회보장위원회

제16조(사회보장 기본계획의 수립) ① 보건복지부장관은 관계 중앙행정기관의 장과 협의하여 사회보장 증진을 위하여 사회보장에 관한 기본계획(이하 "기본계획"이라 한다)을 5년마다 수립하여야 한다.

② 기본계획에는 다음 각 호의 사항이 포함되어야 한다.

1. 국내외 사회보장환경의 변화와 전망
2. 사회보장의 기본목표 및 중장기 추진방향
3. 주요 추진과제 및 추진방법
4. 필요한 재원의 규모와 조달방안
5. 사회보장 관련 기금 운용방안
6. 사회보장 전달체계
7. 그 밖에 사회보장정책의 추진에 필요한 사항

③ 기본계획은 제20조에 따른 사회보장위원회와 국무회의의 심의를 거쳐 확정한다. 기본계획 중 대통령령으로 정하는 중요한 사항을 변경하려는 경우에도 같다.

제17조(다른 계획과의 관계) 기본계획은 다른 법령에 따라 수립되는 사회보장에 관한 계획에 우선하며 그 계획의 기본이 된다.

제18조(연도별 시행계획의 수립 · 시행 등) ① 보건복지부장관 및 관계

중앙행정기관의 장은 기본계획에 따라 사회보장과 관련된 소관 주요 시책의 시행계획(이하 "시행계획"이라 한다)을 매년 수립 · 시행하여야 한다.
② 관계 중앙행정기관의 장은 제1항에 따라 수립한 소관 시행계획 및 전년도의 시행계획에 따른 추진실적을 대통령령으로 정하는 바에 따라 매년 보건복지부장관에게 제출하여야 한다.
③ 보건복지부장관은 제2항에 따라 받은 관계 중앙행정기관 및 보건복지부 소관의 추진실적을 종합하여 성과를 평가하고, 그 결과를 제20조에 따른 사회보장위원회에 보고하여야 한다.
④ 보건복지부장관은 제3항에 따른 평가를 효율적으로 하기 위하여 이에 필요한 조사 · 분석 등을 전문기관에 의뢰할 수 있다.
⑤ 시행계획의 수립 · 시행 및 추진실적의 평가 등에 필요한 사항은 대통령령으로 정한다.

제19조(사회보장에 관한 지역계획의 수립 · 시행 등) ① 특별시장 · 광역시장 · 특별자치시장 · 도지사 또는 특별자치도지사 · 시장(「제주특별자치도 설치 및 국제자유도시 조성을 위한 특별법」 제11조 제1항에 따른 행정시장을 포함한다) · 군수 · 구청장(자치구의 구청장을 말한다. 이하 같다)은 관계 법령으로 정하는 바에 따라 사회보장에 관한 지역계획(이하 "지역계획"이라 한다)을 수립 · 시행하여야 한다. 〈개정 2015. 7. 24.〉
② 지역계획은 기본계획과 연계되어야 한다.
③ 지역계획의 수립 · 시행 및 추진실적의 평가 등에 필요한 사항은 대통령령으로 정한다.

제20조(사회보장위원회) ① 사회보장에 관한 주요 시책을 심의 · 조정하기 위하여 국무총리 소속으로 사회보장위원회(이하 "위원회"라 한다)를 둔다.
② 위원회는 다음 각 호의 사항을 심의 · 조정한다.

1. 사회보장 증진을 위한 기본계획
2. 사회보장 관련 주요 계획
3. 사회보장제도의 평가 및 개선
4. 사회보장제도의 신설 또는 변경에 따른 우선순위
5. 둘 이상의 중앙행정기관이 관련된 주요 사회보장정책
6. 사회보장급여 및 비용 부담
7. 국가와 지방자치단체의 역할 및 비용 분담
8. 사회보장의 재정추계 및 재원조달 방안
9. 사회보장 전달체계 운영 및 개선
10. 제32조 제1항에 따른 사회보장통계
11. 사회보장정보의 보호 및 관리
12. 그 밖에 위원장이 심의에 부치는 사항

③ 위원장은 다음 각 호의 사항을 관계 중앙행정기관의 장과 지방자치단체의 장에게 통지하여야 한다.

1. 제16조 제3항에 따라 확정된 기본계획
2. 제2항의 사항에 관하여 심의 · 조정한 결과

④ 관계 중앙행정기관의 장과 지방자치단체의 장은 위원회의 심의 · 조정 사항을 반영하여 사회보장제도를 운영 또는 개선하여야 한다.

제21조(위원회의 구성 등) ① 위원회는 위원장 1명, 부위원장 3명과 행정안전부장관, 고용노동부장관, 여성가족부장관, 국토교통부장관을 포함한 30명 이내의 위원으로 구성한다. 〈개정 2013. 3. 23., 2014. 11. 19., 2017. 7. 26.〉

② 위원장은 국무총리가 되고 부위원장은 기획재정부장관, 교육부장관 및 보건복지부장관이 된다. 〈개정 2014. 11. 19.〉

③ 위원회의 위원은 다음 각 호의 어느 하나에 해당하는 사람으로 한다.

1. 대통령령으로 정하는 관계 중앙행정기관의 장

2. 다음 각 목의 사람 중에서 대통령이 위촉하는 사람
   가. 근로자를 대표하는 사람
   나. 사용자를 대표하는 사람
   다. 사회보장에 관한 학식과 경험이 풍부한 사람
   라. 변호사 자격이 있는 사람

④ 위원의 임기는 2년으로 한다. 다만, 공무원인 위원의 임기는 그 재임기간으로 하고, 제3항 제2호 각 목의 위원이 기관 · 단체의 대표자 자격으로 위촉된 경우에는 그 임기는 대표의 지위를 유지하는 기간으로 한다.

⑤ 보궐위원의 임기는 전임자 임기의 남은 기간으로 한다.

⑥ 위원회를 효율적으로 운영하고 위원회의 심의사항을 전문적으로 검토하기 위하여 위원회에 실무위원회를 두며, 실무위원회에 분야별 전문위원회를 둘 수 있다.

⑦ 실무위원회에서 의결한 사항은 위원장에게 보고하고 위원회의 심의를 거쳐야 한다. 다만, 대통령령으로 정하는 경미한 사항에 대하여는 실무위원회의 의결로써 위원회의 의결을 갈음할 수 있다.

⑧ 위원회의 사무를 효율적으로 처리하기 위하여 보건복지부에 사무국을 둔다.

⑨ 이 법에서 규정한 사항 외에 위원회, 실무위원회, 분야별 전문위원회, 사무국의 구성 · 조직 및 운영 등에 필요한 사항은 대통령령으로 정한다.

제4장 사회보장정책의 기본방향

제22조(평생사회안전망의 구축 · 운영) ① 국가와 지방자치단체는 모든 국민이 생애 동안 삶의 질을 유지 · 증진할 수 있도록 평생사회안전망을 구축하여야 한다.

② 국가와 지방자치단체는 평생사회안전망을 구축 · 운영함에 있어 사

회적 취약계층을 위한 공공부조를 마련하여 최저생활을 보장하여야 한다.

제23조(사회서비스 보장) ① 국가와 지방자치단체는 모든 국민의 인간다운 생활과 자립, 사회참여, 자아실현 등을 지원하여 삶의 질이 향상될 수 있도록 사회서비스에 관한 시책을 마련하여야 한다.

② 국가와 지방자치단체는 사회서비스 보장과 제24조에 따른 소득보장이 효과적이고 균형적으로 연계되도록 하여야 한다.

제24조(소득 보장) ① 국가와 지방자치단체는 다양한 사회적 위험 하에서도 모든 국민들이 인간다운 생활을 할 수 있도록 소득을 보장하는 제도를 마련하여야 한다.

② 국가와 지방자치단체는 공공부문과 민간부문의 소득보장제도가 효과적으로 연계되도록 하여야 한다.

제5장 사회보장제도의 운영

제25조(운영원칙) ① 국가와 지방자치단체가 사회보장제도를 운영할 때에는 이 제도를 필요로 하는 모든 국민에게 적용하여야 한다.

② 국가와 지방자치단체는 사회보장제도의 급여 수준과 비용 부담 등에서 형평성을 유지하여야 한다.

③ 국가와 지방자치단체는 사회보장제도의 정책 결정 및 시행 과정에 공익의 대표자 및 이해관계인 등을 참여시켜 이를 민주적으로 결정하고 시행하여야 한다.

④ 국가와 지방자치단체가 사회보장제도를 운영할 때에는 국민의 다양한 복지 욕구를 효율적으로 충족시키기 위하여 연계성과 전문성을 높여

야 한다.

⑤ 사회보험은 국가의 책임으로 시행하고, 공공부조와 사회서비스는 국가와 지방자치단체의 책임으로 시행하는 것을 원칙으로 한다. 다만, 국가와 지방자치단체의 재정 형편 등을 고려하여 이를 협의 · 조정할 수 있다.

제26조(협의 및 조정) ① 국가와 지방자치단체는 사회보장제도를 신설하거나 변경할 경우 기존 제도와의 관계, 사회보장 전달체계와 재정 등에 미치는 영향 등을 사전에 충분히 검토하고 상호협력하여 사회보장급여가 중복 또는 누락되지 아니하도록 하여야 한다.

② 중앙행정기관의 장과 지방자치단체의 장은 사회보장제도를 신설하거나 변경할 경우 신설 또는 변경의 타당성, 기존 제도와의 관계, 사회보장 전달체계에 미치는 영향 및 운영방안 등에 대하여 대통령령으로 정하는 바에 따라 보건복지부장관과 협의하여야 한다.

③ 제2항에 따른 협의가 이루어지지 아니할 경우 위원회가 이를 조정한다.

④ 보건복지부장관은 사회보장급여 관련 업무에 공통적으로 적용되는 기준을 마련할 수 있다.

제27조(민간의 참여) ① 국가와 지방자치단체는 사회보장에 대한 민간부문의 참여를 유도할 수 있도록 정책을 개발 · 시행하고 그 여건을 조성하여야 한다.

② 국가와 지방자치단체는 사회보장에 대한 민간부문의 참여를 유도하기 위하여 다음 각 호의 사업이 포함된 시책을 수립 · 시행할 수 있다.

1. 자원봉사, 기부 등 나눔의 활성화를 위한 각종 지원 사업
2. 사회보장정책의 시행에 있어 민간 부문과의 상호협력체계 구축을 위한 지원사업

3. 그 밖에 사회보장에 관련된 민간의 참여를 유도하는 데에 필요한 사업
③ 국가와 지방자치단체는 개인 · 법인 또는 단체가 사회보장에 참여하는 데에 드는 경비의 전부 또는 일부를 지원하거나 그 업무를 수행하기 위하여 필요한 지원을 할 수 있다.

제28조(비용의 부담) ① 사회보장 비용의 부담은 각각의 사회보장제도의 목적에 따라 국가, 지방자치단체 및 민간부문 간에 합리적으로 조정되어야 한다.
② 사회보험에 드는 비용은 사용자, 피용자(피용자) 및 자영업자가 부담하는 것을 원칙으로 하되, 관계 법령에서 정하는 바에 따라 국가가 그 비용의 일부를 부담할 수 있다.
③ 공공부조 및 관계 법령에서 정하는 일정 소득 수준 이하의 국민에 대한 사회서비스에 드는 비용의 전부 또는 일부는 국가와 지방자치단체가 부담한다.
④ 부담 능력이 있는 국민에 대한 사회서비스에 드는 비용은 그 수익자가 부담함을 원칙으로 하되, 관계 법령에서 정하는 바에 따라 국가와 지방자치단체가 그 비용의 일부를 부담할 수 있다.

제29조(사회보장 전달체계) ① 국가와 지방자치단체는 모든 국민이 쉽게 이용할 수 있고 사회보장급여가 적시에 제공되도록 지역적 · 기능적으로 균형잡힌 사회보장 전달체계를 구축하여야 한다.
② 국가와 지방자치단체는 사회보장 전달체계의 효율적 운영에 필요한 조직, 인력, 예산 등을 갖추어야 한다.
③ 국가와 지방자치단체는 공공부문과 민간부문의 사회보장 전달체계가 효율적으로 연계되도록 노력하여야 한다.

제30조(사회보장급여의 관리) ① 국가와 지방자치단체는 국민의 사회보

장수급권의 보장 및 재정의 효율적 운용을 위하여 다음 각 호에 관한 사회보장급여의 관리체계를 구축·운영하여야 한다.

1. 사회보장수급권자 권리구제
2. 사회보장급여의 사각지대 발굴
3. 사회보장급여의 부정·오류 관리
4. 사회보장급여의 과오지급액의 환수 등 관리

② 보건복지부장관은 사회서비스의 품질기준 마련, 평가 및 개선 등의 업무를 수행하기 위하여 필요한 전담기구를 설치할 수 있다.

③ 제2항의 전담기구 설치·운영 등에 필요한 사항은 대통령령으로 정한다.

第31조(전문인력의 양성 등) 국가와 지방자치단체는 사회보장제도의 발전을 위하여 전문인력의 양성, 학술 조사 및 연구, 국제 교류의 증진 등에 노력하여야 한다.

第32조(사회보장통계) ① 국가와 지방자치단체는 효과적인 사회보장정책의 수립·시행을 위하여 사회보장에 관한 통계(이하 "사회보장통계"라 한다)를 작성·관리하여야 한다.

② 관계 중앙행정기관의 장과 지방자치단체의 장은 소관 사회보장통계를 대통령령으로 정하는 바에 따라 보건복지부장관에게 제출하여야 한다.

③ 보건복지부장관은 제2항에 따라 제출된 사회보장통계를 종합하여 위원회에 제출하여야 한다.

④ 사회보장통계의 작성·관리에 필요한 사항은 대통령령으로 정한다.

第33조(정보의 공개) 국가와 지방자치단체는 사회보장제도에 관하여 국민이 필요한 정보를 관계 법령에서 정하는 바에 따라 공개하고, 이를 홍보하여야 한다.

제34조(사회보장에 관한 설명) 국가와 지방자치단체는 사회보장 관계 법령에서 규정한 권리나 의무를 해당 국민에게 설명하도록 노력하여야 한다.

제35조(사회보장에 관한 상담) 국가와 지방자치단체는 사회보장 관계 법령에서 정하는 바에 따라 사회보장에 관한 상담에 응하여야 한다.

제36조(사회보장에 관한 통지) 국가와 지방자치단체는 사회보장 관계 법령에서 정하는 바에 따라 사회보장에 관한 사항을 해당 국민에게 알려야 한다.

제6장 사회보장정보의 관리

제37조(사회보장정보시스템의 구축 · 운영 등) ① 국가와 지방자치단체는 국민편익의 증진과 사회보장업무의 효율성 향상을 위하여 사회보장업무를 전자적으로 관리하도록 노력하여야 한다.

② 국가는 관계 중앙행정기관과 지방자치단체에서 시행하는 사회보장 수급권자 선정 및 급여 관리 등에 관한 정보를 통합 · 연계하여 처리 · 기록 및 관리하는 시스템(이하 "사회보장정보시스템"이라 한다)을 구축 · 운영할 수 있다.

③ 보건복지부장관은 사회보장정보시스템의 구축 · 운영을 총괄한다.

④ 보건복지부장관은 사회보장정보시스템 구축 · 운영의 전 과정에서 개인정보 보호를 위하여 필요한 시책을 마련하여야 한다.

⑤ 보건복지부장관은 관계 중앙행정기관, 지방자치단체 및 관련 기관 ·

단체에 사회보장정보시스템의 운영에 필요한 정보의 제공을 요청하고 제공받은 목적의 범위에서 보유 · 이용할 수 있다. 이 경우 자료의 제공을 요청받은 자는 정당한 사유가 없으면 이에 따라야 한다.

⑥ 관계 중앙행정기관 및 지방자치단체의 장은 제2항의 사회보장정보와 관련하여 사회보장정보시스템의 활용이 필요한 경우 사전에 보건복지부장관과 협의하여야 한다. 이 경우 보건복지부장관은 관련 업무에 필요한 범위에서 정보를 제공할 수 있고 정보를 제공받은 관계 중앙행정기관 및 지방자치단체의 장은 제공받은 목적의 범위에서 보유 · 이용할 수 있다.

⑦ 보건복지부장관은 사회보장정보시스템의 운영 · 지원을 위하여 전담기구를 설치할 수 있다.

제38조(개인정보 등의 보호) ① 사회보장 업무에 종사하거나 종사하였던 자는 사회보장업무 수행과 관련하여 알게 된 개인 · 법인 또는 단체의 정보를 관계 법령에서 정하는 바에 따라 보호하여야 한다.

② 국가와 지방자치단체, 공공기관, 법인 · 단체, 개인이 조사하거나 제공받은 개인 · 법인 또는 단체의 정보는 이 법과 관련 법률에 근거하지 아니하고 보유, 이용, 제공되어서는 아니 된다.

제7장 보칙

제39조(권리구제) 위법 또는 부당한 처분을 받거나 필요한 처분을 받지 못함으로써 권리 또는 이익을 침해받은 국민은 「행정심판법」에 따른 행정심판을 청구하거나 「행정소송법」에 따른 행정소송을 제기하여 그 처분의 취소 또는 변경 등을 청구할 수 있다.

제40조(국민 등의 의견수렴) 국가와 지방자치단체는 국민생활에 중대한 영향을 미치는 사회보장 계획 및 정책을 수립하려는 경우 공청회 및 정보통신망 등을 통하여 국민과 관계 전문가의 의견을 충분히 수렴하여야 한다.

제41조(관계 행정기관 등의 협조) ① 국가와 지방자치단체는 사회보장 관련 계획 및 정책의 수립·시행, 사회보장통계의 작성 등을 위하여 관련 공공기관, 법인, 단체 및 개인에게 자료제출 등 필요한 협조를 요청할 수 있다.

② 위원회는 사회보장에 관한 자료 제출 등 위원회 업무에 필요한 경우 관계 행정기관의 장에게 협조를 요청할 수 있다.

③ 제1항 및 제2항에 따라 협조요청을 받은 자는 정당한 사유가 없으면 이에 따라야 한다.

부칙(정부조직법) 〈제14839호, 2017. 7. 26.〉

제1조(시행일) ① 이 법은 공포한 날부터 시행한다. 다만, 부칙 제5조에 따라 개정되는 법률 중 이 법 시행 전에 공포되었으나 시행일이 도래하지 아니한 법률을 개정한 부분은 각각 해당 법률의 시행일부터 시행한다.

제2조 부터 제4조까지 생략

제5조(다른 법률의 개정) ① 부터 〈183〉까지 생략

〈184〉 사회보장기본법 일부를 다음과 같이 개정한다.

제21조 제1항 중 "행정자치부장관"을 "행정안전부장관"으로 한다.

〈185〉 부터 〈382〉까지 생략

제6조 생략

찾아보기

인명

내용

저자 소개

박태정(Park, Tae Jeong)

경북대학교 사회복지학과를 졸업하고, 동 대학 일반대학원에서 사회복지학으로 석사 및 박사학위를 취득하였다. 현재 서울사이버대학교 사회복지학부 교수로 재직 중이다. 전공분야는 사회복지정책이며, 관심분야는 사회복지법, 지역복지, 인권과 복지, 사회적 자본 등이다. 주요 논문으로는 「Emerging issues regarding social enterprise in South Korea」「베이비부머세대의 자기인식 연구: 퇴직 후 생활세계 형성과정을 중심으로」 등이 있으며, 저 · 역서로는 『사회복지역사탐구』『사회사업과 사회개발』 등이 있다.

사회복지법제의 이해
Social Welfare Law

2018년 8월 20일 1판 1쇄 인쇄
2018년 8월 30일 1판 1쇄 발행

지은이 • 박태정
펴낸이 • 김진환
펴낸곳 • (주) 학지사
04031 서울특별시 마포구 양화로 15길 20 마인드월드빌딩
대표전화 • 02)330-5114 팩스 • 02)324-2345
등록번호 • 제313-2006-000265호

홈페이지 • http://www.hakjisa.co.kr
페이스북 • https://www.facebook.com/hakjisa

ISBN 978-89-997-1634-8 93330

정가 19,000원

이 도서의 국립중앙도서관 출판시도서목록(CIP)은 서지정보유통지원시스템 홈페이지(http://seoji.nl.go.kr)와 국가자료공동목록시스템(http://www.nl.go.kr/kolisnet)에서 이용하실 수 있습니다.
(CIP 제어번호: CIP2018025245)